Spatiotemporal Social Science: Theory and Method

时空社会科学：理论与方法

顾佳峰 著

经济日报出版社

图书在版编目（CIP）数据

时空社会科学：理论与方法 / 顾佳峰著．-- 北京：经济日报出版社，2019.12（2023.7 重印）
ISBN 978-7-5196-0661-9

Ⅰ．①时… Ⅱ．①顾… Ⅲ．①社会科学－研究 Ⅳ．①C

中国版本图书馆 CIP 数据核字（2020）第 018989 号

时空社会科学：理论与方法

作　　者	顾佳峰
责任编辑	黄芳芳
责任校对	李　达
出版发行	经济日报出版社
地　　址	北京市西城区白纸坊东街 2 号 A 座综合楼 710（邮政编码：100054）
电　　话	010－63567684（总编室） 010－63584556　63567691（财经编辑部） 010－63567687（企业与企业家史编辑部） 010－63567683（经济与管理学术编辑部） 010－63538621　63567692（发行部）
网　　址	edpbook. com. cn
E － mail	edpbook@ 126. com
经　　销	全国新华书店
印　　刷	北京九州迅驰传媒文化有限公司
开　　本	710 毫米×1000 毫米　1/16
印　　张	14. 75
字　　数	240 千字
版　　次	2020 年 3 月第 1 版
印　　次	2023 年 7 月第 2 次印刷
书　　号	ISBN 978－7－5196－0661－9
定　　价	52. 00 元

序 言

英国哲学家大卫·休谟（David Hume）在其著名的《人性论》中对于时间、空间有过精辟的论述。他说："空间和时间观念不是个别的或独立的观念，而只是对象存在的方式或秩序的观念；或者，换句话说，我们不可能想象一个没有物质的真空和广袤，也不能想象一段没有任何真实存在物的接续或变化的时间。若从社会系统运行的角度来理解大卫·休谟的这句话，那么，时间和空间的观念是彼此依赖而不可分割的，作为真实存在着的社会系统，必定是在特定的时空框架中运行的，而且也会建构出对应的时空和空间的观念，形成特定的社会时空。这个过程，其实就是社会实践的过程，因为社会时间和社会空间统一于社会实践。这种统一为社会科学研究的创新提供了重要的指引，很多社会学科不约而同出现了时空转向，通过探究社会现象的时空特征以及社会与时空的互动关系来找出社会系统运行的内在规律。这就是时空社会科学出现和兴起的重要理论基础。

时空社会科学的兴起与发展，还具有重要的现实意义。随着社会发展节奏的加快以及通信技术等的迅猛发展，在社会运行过程中出现了一系列新的问题、新的挑战。这类问题具有综合性、复杂性等特征，单学科研究往往很难及时找到破解现实问题的方法，这就需要通过开展跨学科、跨领域综合研究的方式，来全面系统地分析现实世界中的问题及其产生的根源，从而能够及时提供有效的破解办法。时空社会科学研究的是时间、空间和社会之间的关系，通过自然学科、社会学科和人文学科在社会时空概念、理论和方法上的交叉，进行跨学科的研究，产生原创性的研究成果，从而可以提升对于社会系统运行规律的把握和洞察，为有效解决社会问题提供新的解决方案。时空社会科学是一门交叉学科，是自成体系的知识系统，是社会科学研究的一种新的范式。

中国的快速发展，为开展时空社会科学的研究提供了非常好的环境和土壤。中国在高铁领域获得了世界级的创新，中国速度不仅改变了中国社会的时间观念，也大大缩短了地区之间的社会距离，改变了中国社会的空间观念，形成了具有中国特色的社会时空。随着高铁技术的输出，中国也在逐渐改变世界社会的时空观念；中国在太空中建立起来的高分卫星系统已经在民用上取得了令世人瞩目的成绩，不仅推动了中国社会与经济的发展，而且为老百姓的出行等社会活动提供了便利；共享单车的出现，充分体现了空间定位技术和社会生活之间的融合。这些技术及其应用的发展，客观上推动了具有中国特色的社会时空的建设与发展，推动了时空与社会的深层次融合。这为建设和推动时空社会科学的发展，奠定了客观的基础，也提出了新的需求。

由于传统社会学科教学中一般都比较缺乏时空分析以及时空与社会的跨学科研究方法的讲解，因此，对于一些学习者而言，就如何开展时空社会科学研究，还是比较陌生的。有些研究者在尝试用这种方法进行社会科学研究，但是，因为存在着理论与方法的脱节，也很难真正有效地实现跨学科研究的目的，无法形成具有创新性的研究成果。也有一些研究者对于空间分析方法比较熟悉，但是，在应用这类方法开展社会科学研究上，往往会显得比较生硬。究其原因，不外乎理论部分比较薄弱，很难真正把社会系统中的时空因素分析透。为了更好地帮助广大学习者掌握时空社会科学研究的基本思路、方法，有必要从理论和方法两方面对于时空社会科学进行系统性介绍。为了实现这个目标，本书重点从理论和方法两方面来阐述时空社会科学的研究范式。

在具体内容安排上，本书分成八章。第一章是导论，主要介绍不同社会学科的时空转向以及时空社会科学的兴起及其研究内容。第二章和第三章是理论篇，集中讨论了时空社会科学研究中的社会时空思想和概念。第二章重点介绍了社会时空思想发展与演进的历程。第三章重点介绍了社会科学研究中的时空实证主义思想及其发展。第三章是从理论到实证方法的过渡，重点介绍了社会时空系统及其数据。第五章和第六章是方法篇，分别介绍空间横截面数据模型和空间面板数据模型的具体方法。在这两章内容中，不仅介绍具体的模型，而且还通过实例来演示具体的实证研究的步骤。这两章都是用Stata15 软件进行空间回归模型的模拟与预测，并且给出了对应的Stata 语句，便于学习者参考这些语句来开展自己的时空社会科学研究。第七章通过给出三个具体的实例来介绍时空社会科学研究的基本范式和具体应用。第八章则介绍了时空社会科学未来的发展趋势和挑战。

本书普遍适合广大社会科学的学习者阅读。本书所介绍的时空社会科学方法，主要是指空间计量方法。当然，除了这种方法之外，还有大量的时空分析方法。由于篇幅的限制，这些方法就不再在本书中进行介绍了。若读者已经掌握了基本的计量经济学的知识，那么，就更能够理解和掌握本书的相关内容。本书同样适合社会科学研究者阅读，因为它可以为这些研究者提供理论和方法上的启发。对于读者而言，可以根据自己的情况来有选择性、有重点地阅读本书。已经掌握时空分析方法的读者，可以把重点放在第二、三章的理论篇，而想要学习时空实证研究方法的读者，可以把重点放在第五、六章上。

目　录
CONTENTS

表目录

图目录

第一章　导　论

时间和空间会对社会产生深远的影响。随着越来越多的社会学科研究出现了时空转向，时空社会科学的出现也逐渐成为一种共识。时空社会科学不是一个单纯的社会学科，而是一个跨学科研究的范畴，是一门综合性社会研究的新范式。从现代社会的发展来看，随着现代信息技术的飞速发展及其广泛应用，推动了时间和空间从社会外部环境要素转化为内在因素，成为推动社会发展的重要内在力量不可分割的一部分。信息化社会的深入发展对社会科学理论研究提出了新的要求，社会研究需要能够整合时空因素。在这种社会背景下，时空社会科学的出现和产生成了一种必然。时空社会科学强调社会与时空的不可分割与互相依赖，时空因素会影响社会现象和社会系统的运行，时空并不独立于社会之外，而是与社会具有内在的联系。也就是说，在时空社会科学中，时空具有社会性，是社会时空。从社会运动的角度来看，所谓的社会时空特性，其实是社会系统运行的规律性在时空关系上的体现。时空社会科学是把社会现象和社会实践活动的研究置于时空框架之中，从而可以有效解释现代社会在时空压缩和时空延伸过程中的种种现象，有助于揭示社会运动的发展规律。

第一节　社会科学的时空转向

社会科学是用科学的方法来研究人类社会的种种现象的各学科总体。一般而言，社会科学是研究各种社会现象的科学，如社会学研究的是人类社会的发展规律，政治学研究的是政治、政策和有关的活动，经济学研究的是资源优化分配。社会科学所涵盖的学科是比较广泛的，一般包括：经济学、政治学、法学、伦理学、历史学、社会学、心理学、教育学、管理学、人类学、民俗学、新闻学、传播学、公共卫生、人口学等。社会科学所研究的社会现象，都是发生在特定的时空之中，受到所处时空的约束和影响。因此，探讨时空因素对于社会现象的影响与互动，成了时空社会科学研究的一个重要课题。近些年，社会科学研究存在着一种时空转向的明显趋势。这是各个社会学科发展的内在趋势，也是跨学科社会科学研究发展的必然结果。时空转向的一个重要结果，就是催生了时空社会科学的出现和发展。

一、经济学

经济学被誉为“社会科学皇冠上那颗最为璀璨的明珠”，在整个社会科学中占据举足轻重的地位。经济学的快速发展，已经延伸到了社会学科的其他学科和领域之中，形成了所谓的“经济学帝国主义（economics imperialism）”。经济学所探讨和分析的是经济行为，而所有经济行为都是发生在特定的时空背景下。因此，经济学很早就开始探讨时空对经济活动的影响，其中一个体现就是经济地理学的发展与繁荣（Combes et al. 2008）。当空间对经济的影响日趋显著时，空间被认为是经济学的最后前沿（Krugman 1998），空间经济学就成了经济学研究的热点（Arnott 1987；Duranton 2008）。空间经济学把经济活动视为在自然的时空中商品生产和消费行为，经济在不同时空中的互动会产生流量（flow），因此，就可以动态分析时空与经济运行之间的关系（Beckmann and Puu 1985）。空间经济学的兴起，进一步推动了经济地理学的发展，产生了新经济地理学（Krugman 2007）。毫无疑问，空间经济学的兴起与发展，大大拓展了人们对于区位与经济行为关系的认识，拓展了经济学的疆域（Proost and Thisse 2019）。

除了单纯的空间分析之外，经济学也把时空作为一个整体进行分析。例如在对从1995年到2010年共224个国家的国际并购行为进行时空分析表明，国际并购行为存在明显的时空效应（Dueñas et al. 2017）。在对从1990年到1999年期间新加坡54282笔商品房交易数据进行时空分析显示，地产发展与交易存在着明显的时空特征（Sun et al. 2005）。在经济空间布局上，动态的标准差椭圆分析方法其实就是时空分析法的一种，通过比较不同时间上的标准差椭圆的形状和相关参数，就可以有效测量经济布局重心的演变路径与轨迹（赵璐和赵作权 2014）。在城市经济学中，综合了各种自然物理和社会经济变量与规则的离散时空系统动态学模拟模型，是探讨城市增长复杂性管理的有效手段（沈体雁等人 2007）。

人类任何经济活动都是在特定时空环境下实施的，受到时空因素的影响和约束，同时也在一定意义上塑造着人类对于时空的感知。其实，早在1977

年，关于时空的经济学研究就已经开始了（Faden 1977）。在这种背景下，时空经济学被明确地提出来了（周扬明 2000）。在时空经济学中，时间和经济活动的结合与交互，形成了经济时间的概念。空间和经济活动的结合与交互，形成了经济空间的概念。因此，时间和空间成为经济学研究以及理论建构中不可分割的一部分（Asada and Ishikawa 2007）。美国经济学家威廉·诺德豪斯（William D. Nordhaus）通过建立时空整合的区域气候－经济综合评估模型（RICE 系列模型）与全球经济活动的地－经济学（G–Econ）项目，以动态的方式呈现了经济要素和经济活动在全球空间上的发展情况，为经济学的发展做出了重要的贡献（Nordhaus 2006）。2018 年诺贝尔经济学奖颁给了威廉·诺德豪斯，这也说明时空研究对于经济学发展的重要性。

二、社会学

对社会现象的时空分析，是社会学的一个重要研究领域。在社会学研究中，空间的作用往往是不可忽视的，社会不平等往往体现在空间上的不平等（Tickamyer 2000）。在社会分层与区隔领域，空间分割也是社会分层的重要体现（Sharkey 2014）。空间在社会学领域中几乎是无所不在的。随着地理信息系统和分析方法的不断发展，对于社会现象与活动的地理空间分析成了社会学发展的一个新方向，地理社会学（Geographical Sociology）的蓬勃发展说明了这股潮流不可阻挡（Porter and Howell 2012）。这些研究，基本上都是建立在列斐伏尔的社会空间概念之上的。社会空间不仅仅是个社会学的概念，也是一个哲学概念。因此，社会空间概念成了分析建构时空与社会互动关系的重要概念，是介于建构主义理论（constructivism）和结构主义（structivism）的一个关键概念（Bourdieu 1989）。在社会学的研究中，探讨时空与社会关系的研究，基本上要么采用了建构主义，要么采用了结构主义，因此，充满了思辨性。

在社会学中，不仅有社会空间的概念，还有社会时间（social–time）的概念。如果说社会空间是空间社会学的核心概念，那么，社会时间则是时间社会学的核心概念。时间是社会变革中不可忽略的因素。天文时间的范畴只是时间的几个概念之一。这些时间概念在哲学、心理学和经济学领域有所不同。社会时间根据群体共同的信仰和习俗而有质的区别。社会时间不是连续的，而是被关键日期打断（Sorokin 1937）。在社会系统中，社会时间具有其内在的结构和内涵（Lewis and Weigert 1981）。对于时间与社会的联系的探讨与分析，社会学从来没有停止过，时间社会学（Sociology of Time）就是专门研究时间的社会学（Hassard 1990）。时间社会学的发展，推动了社会学的发展，拓展和深化了社会学的研究范畴（Arriola and Broniowski 1992）。专门有个学术期刊，就是《时间和社会（Time & Society）》。可见，在社会学研究中，时间和社会是重要的研究议题。

随着空间社会学和时间社会学的发展，彼此的边界在互相交汇，于是，具有跨学科性质的时空社会学就开始兴起了（景天魁 et al. 2012）。时空社会学的兴起，是社会空间和社会时间彼此交融的必然结果。社会空间不是静止不变的，而是会随着时间的变化而进行动态变化的。社会时间也不是孤立存在的，而是与特定的社会空间相伴相随（Urry 1985）。因此，社会空间和社会时间就会彼此融合，出现了社会时空的概念，那么，时空社会学就会自然出现。社会时空也不是静态的，而是会出现时空扩展（space - time expansion）的情形，对于社会空间不平等以及其他社会现象都会产生影响（Lanen 2017）。当然，社会时空的这种动态性就为建构动态时空社会学提供了重要的基础，有助于相关理论能够更好地解释社会变迁的规律和机制。

三、政治学

空间对政治学的影响是深远的。地理学家哈尔福德·麦金德（Halford John Mackinder）在研究空间对社会的影响过程中，发现了空间对政治的影响，为地缘政治学（Geopolitics）的建立打开了重要的大门。哈尔福德·麦金德认为政治问题要从实地探索得到的结果来决定（Mackinder 1887）。在此基础上，他提出了地缘政治学中两个重要的概念，就是“世界岛”与“心脏地带”，对当代的政治战略学的发展具有极强的影响力（Mackinder 2004）。地缘政治在国际政治体系的重要性，充分体现了空间对于政治的深远影响。当然，地缘政治学中的地域（field）概念与时空体系中的空间概念（space）是有区别的（Cahnman 2017）。政治格局中的地域不仅仅是个空间的概念，同时也是个社会的概念，是特征地理位置上的、承载特定社会关系的场域。在政治体系中，这种场域往往具有其他地理位置上的地域所难以复制的优势。那么，谁掌握和占据了这种场域，就占据了某种重要的优势，就拥有某种权力。其实，就此本质，地缘政治学就是不同政治力量在特定空间上的空间博弈。

地缘政治的形成、确立和演变，是一个动态的过程，而不是静止不变的。也就是说，空间和时间交织在一起，共同会对政治格局和权力的配置产生影响。地缘政治学的研究，常常和社会达尔文主义（social Darwinism）结合在一起，用来解释特定地域的权力演变机制及其过程（Dodds et al. 2016）。所谓的社会达尔文过程，就是一个动态演变的过程。特定空间上所形成的地缘政治，会随着时间的变化而进行演变，就会出现“城头变幻大王旗”的情形，控制地缘政治的力量会随时间变化而改变。在政治格局中，权力的形成往往与时间有重要的联系（Clark 2019）。而且，在时间的管理和使用上，也会存在着权力的分配和政治，即所谓的时间政治（Mulgan 2017）。这说明，时间不仅对于政治产生影响，政治因素也会对时间产生影响。因为在社会系统中，时间既是一个外生给定的因素，也是内生的社会时间，是社会活动中的一个重要的内生变量。此外，时间政治和政治时间往往交汇在一起，会使得政治格局与权力配置变得更加复杂与微妙（Bulmer 2009）。

时间、空间和政治之间的关系，是动态地缘政治学及政治地理学所研究的重要课题。在国家、民族主义和种族的形成过程中，空间转化为领土和疆域，时间则与国民记忆和国民性的出现与形成密切相关（Alonso 1994）。也就是说，正式的政治系统的形成，往往与其空间边界的形成同步，而这往往也是个时间过程，因为特定的空间边界会随着时间的变化而出现扩张与收缩等特征。在政治学领域，民主历来是个重要的议题。追求民主是社会发展的重要内在动力，是推动政治改革的重要内在因素。但是，民主并非存在在虚无的真空之中，而是存在于特定的时空之中，是需要有特定的时空条件（Walker 1991）。尽管，目前还没有时空政治学的提法，但是，把政治视为时空背景下的结构化过程进行研究，则逐渐成了一种共识（Hall 2016），政治时空成为政治学研究的一个重要内容（王恩涌 et al. 1998）。

四、教育学

教育经济学中的一个重要课题是如何实现教育资源的均等化和均衡配置。世界各国在发展教育上，都面临一个普遍的挑战，就是教育发展的地区性差异。在一个国家之间，由于地理位置的不同，教育在有些地区的发展比较好，但是在有些地区则比较落后。因为教育发展存在着这种空间不均衡性，所以，不同地区的学生在接受教育上存在着差异性，就会削弱教育的平等性。用空间分析的方法来研究教育资源的非均衡配置，并最终实现从非均衡到均衡的转化，这为教育均等化研究提供了新的思路（顾佳峰 2010）。教育资源在空间上的分布和配置，往往不是独立的，而是受到邻近地区的教育资源配置情况的影响，这种空间邻近性会对教育资源的空间配置产生显著影响，形成不同类型的聚集（Gu 2012b）。这种分析方法，可以从全局和区域不同空间尺度来对教育活动和教育资源配置进行系统分析，有助于找出现象背后的规律，是教育经济学发展的一个重要的新方向（Misra et al. 2012）。

教育资源在空间配置上的动态性，表现在资源配置的扩展与收缩上（Gu 2012b）。《道德经》中有这样一句话："天地之间，其犹橐龠乎？"也就是说，时间和空间的运行模式，就像鼓风炉一样，不断地压缩和膨胀。从特定空间上的教育资源配置上来看，在不同的时间体现出富裕和不足等特征，这种特征不仅仅来自空间内部的因素，还可能受到邻近空间上的因素的影响。这种空间互动和空间依赖，从一个角度说明了教育资源配置时空的膨胀与压缩，与之相对应的就是空间发散和空间收敛。对于教育资源配置而言，当资源随着时间的变化而越来越集中时，就会出现所谓空间收敛的特征（顾佳峰 2008）。这种空间收敛性是时间和空间共同作用的结果，是教育资源配置的基本特征之一。此外，教育资源随着时间的推移而体现空间膨胀的特征，那么，这就是空间发散性。可见，空间发散与空间收敛是两个对立的概念，分别代表了两种不同的时空进程。

因为教育资源是有限的，因此，就会存在资源竞争。对于教育机构而言，生源就是重要的资源。对于生源的空间竞争，会因为生源所在地的经济、社会、教育因素而有所不同，也与生源与高校之间的距离有关（Lourenço and Sá 2019）。也就是说，高校在竞争生源过程中，具有明显的场域特征（顾佳峰 2012）。当然，这种空间竞争并不是静态的，而是会随着时间的变化而出现很强的动态性。可见，动态空间博弈分析同样可以用在教育研究领域，尤其是在分析时空对教育活动的影响作用时，动态空间博弈理论可以提供重要的理论支撑。高校之间的空间竞争，与经济系统中的厂商之间的价格竞争，存在着不少相似性（Gu 2015a）。其中的道理并不复杂，都是特定时间中的空间博弈，所以，都可以用动态空间博弈理论来进行分析。这也说明了这种分析方法的跨学科性，同时，也为传统的教育经济学带来了新的发展启示。

五、其他学科

除了上述四个社会学科之外，还有很多的社会学科都越来越重视时空因素的影响，都来探讨如何结合时空因素来创新学科知识体系，形成新的学说和理论。例如，在法学（Schill and Wachter 1995）、伦理学（Liaschenko 1997）、历史学（Gregory and Geddes 2014）、心理学（McNamara et al. 1992）、管理学（Bertuglia et al. 1997）、人类学（Low 2011）、民俗学（Rogers 2002）、新闻学（Schmitz Weiss 2015）、传播学（Rinke and Röder 2011）、公共卫生（Robertson et al. 2010）以及人口学（Gregory and Patuelli 2015）等领域，时空分析方法的应用越来越多，研究也越来越深入。这些研究不约而同地采用了时空分析的思路，探讨时空因素对所研究社会现象的影响作用和机制，在理论建构上有意识地导入了时空因素，形成了一种潮流和趋势。这么多学科都在采用这种方法，至少说明了两层意思：其一是时空是一种普遍存在，在各个学科中都是重要的研究课题；其二是在各个学科中整合时空因素可以提高理论对于社会现象的解释能力。自20世纪90年代中期以来，各个学科都在探索时空与所研究社会对象之间的内在联系，并取得了一定的突破性进度。

当然，由于学科之间存在着一定的差异性，所研究的对象和重点也各异，所以，在时空探索上也会有不同的表现方法，采用的方法也是有差异的。这是学科差异的必然结果，也说明了时空因素的影响会因对象而异。各个学科都从自己学科的角度和视角来探索时空的作用，从中找出社会事物与社会关系发展的规律，这体现了各个学科的个性。如果把这些学科的研究整合起来，形成一个整体，那么，就可以更加综合地探索和呈现时空对于社会的影响，这就是空间社会科学的基础。也就是说，个性中有共性。只要把各个学科中对于时空的探索和研究汇整起来，就不难从中找出共性。这种共性就是时空与社会的互动与交互，体现的是整体层面上的时间、空间和社会的交织关系。因为有这种共性，所以，时空社会科学的建设和发展就有了可能。而且，随着各个学科在时空上的探索越来越深入，客观上也有产生跨学科研究和知识融合的需求，因为单个学科的研究已经不足以全面解释时空的影响，所以，需要从跨学科、多学科的角度来展开研究。

第二节 时空社会科学的兴起

时空社会科学的产生与兴起，一方面是社会学科发展的内在需要，另一方面是社会实践发展的需要。从社会学科的发展来说，时空因素本身就是贯穿在各个社会学科所研究的社会现象之中，因此，有必要从整体、跨学科的角度来研究时空与社会。从社会时间的发展来看，任何社会实践活动都是在特定的时空之中发生的，那么，如何有效利用时空因素来获得社会实践的更好成效，就是社会实践所需要解决的一个普遍课题。对于这些课题的探索，需要打破单学科的束缚，采用多学科、多视角来进行系统地研究，才可能获得相关知识以及有效解决这个源自实践的问题。在这个方向上，一些智者和学者进行了不断地思考、摸索和探究，从思想到方法，逐渐形成了一些具有启发性的成果，指导社会实践活动，也取得了一定的效果。时空社会科学研究的兴起，成为社会科学发展的一个重要趋势。

一、时空思潮

2013 年 11 月，在一本葡萄牙语的学术期刊《快速社会（Tempo Social）》上刊发了一篇名为“空间社会学的空间转向之后（After the spatial turn：for a sociology of space）”的文章。这个题目说明，在 2013 年之前，社会学的空间转向已经开始，并且相关的研究也已经取得了一定的成果。社会学的空间转向，早在 20 世纪 80 年代就已经开始了，一个标志性著作就是安东尼·吉登斯（Anthony Giddens）在 1984 年发表的《社会的构成：结构化理论大纲》。在这部经典著作中，对于传统的社会学进行了批判，认为传统社会理论的主要缺陷之一是不能考虑社会行为的时间和空间属性。在批判与反思中，对于空间的社会学研究开始引起越来越多的学者的关注，社会学的空间转向特征日趋明显。这是空间社会学研究的一个脉络，主要是通过思辨的方式来进行的规范性研究，重在建构和阐述空间在社会中的影响及其作用机制。这类研究，主要是建立在对传统社会学批判和反思的基础上的，大多与后现代性以及结构主义等理论相结合，往往叙事宏观，逻辑复杂，言语晦涩，比较难理解。但是，这类研究往往能够从哲学高度来审视空间的社会意义，阐述时间、空间与社会的辩证关系，具有很强的思辨性，对于认识和理解时间、空间与社会深层次互动具有启发性。社会学领域中的“空间社会学”，主要是指这个流派。

跨学科研究的兴起，使得空间社会学能够不断吸收其他学科的最新研究方法。逐渐地，一个新的空间社会学诞生了。与思辨的空间社会学不同，新的空间社会学以实证研究为主，充分吸收了包括空间统计和空间分析最新方法，对于空间与社会进行系统深入地研究。2000 年，在《国际地区科学研究（International Regional Science Review）》期刊上刊发了由美国科学院院士迈克尔.F. 古特柴尔德（Michael F.Goodchild）、卢克·安瑟伦（Luc Anselin）等人所著的“走向空间整合社会科学（Toward Spatially Integrated Social Science）”一文，明确提出了“空间整合社会科学”，并从思想、方法、技术与工具等方面分析了开展空间整合社会科学研究的基本思路。这类研究，主要是强调在社会科学研究过程中如何应用空间分析方法来开展实证研究。随着动态性空间分析方法的广泛应用以及空间数据的可获得性不断提高，越来越多的学者开始在社会学研究中应用这种方法，形成了空间社会学的一个新的流派。与思辨的流派相比，这种实证的流派更加偏重于对于空间与社会关系的假设的实证检验。由于假设就是思辨的结果，所以，这种实证的流派和思辨的流派之间可以有机整合起来，进而形成一个整体性空间社会学的理论与研究范式。当然，要实现这种“合流”，也存在一定的挑战和障碍，但是，空间社会学的这种“合流”应该是大势所趋，是这个学科发展的必然趋势。

无论是思辨的流派还是实证的流派，理论的起源都来自西方，因此，带有明显的西方色彩。其实，中国古代就早已系统性研究和探索空间与社会的关系，并且产生了宝贵的思想财富，而且理论与实践相结合，思辨和实证相结合。在《周易》中，就有非常丰富的时空分析，阐述了时间、空间、位置与前途、命运、祸福等社会活动之间的关系。在《黄帝内经》中，也有关于时间、空间与个人的活动和作息的关系以及这种关系对于人体健康的影响。这些都是朴素而丰富的时间、空间与社会互动关系的思想，强调的是一种社会与时空之间的动态平衡与统一的思想。这种时空分析的思想，不是仅仅停留在理论层面，还形成了具体指导社会活动的方法，比如风水学。这种东方的学问，可以和西方的学问有机地整合起来，形成东西方“大合流”的时空社会知识体系。所以，时空社会科学是思辨与实证合流的学问，也是东方与西方合流的学问，是一门基于古今中外的思想、方法的整合与创新的关于时间、空间与社会的综合学问。这样的学问，有助于汇集和梳理各方面的智慧，全面而系统地阐述时间、空间与社会的辩证关系，也有助于打破特定研究方法的局限性，充分发挥实现跨学科研究的特点，实现理论上的创新。

二、空间整合社会科学

从名称上来看，“空间整合社会科学”这个名称就具有明显的外来性，即用社会科学外部的知识来整合社会科学。事实上，当初提出和倡导这个称呼的主要是做地理分析的研究者，其初衷是希望把地理空间分析的方法对外输出，应用到社会科学中去，从而在社会科学的研究中占一席之地。在这个整合的过程中，这些先驱者通过在社会科学领域中的应用空间方法，进一步提升空间分析方法的影响力，并开发出所谓的新一代空间分析方法（Anselin 1999）。这个整合的方式，已经有过成功的经验。比如，地理学家们已经成功地用地理分析的方法整合了政治学，建立了地缘政治学。地理分析也被广泛应用到经济学研究之中，形成了区域经济学等，对研究贸易、地区发展等具有重要的影响。这些跨学科研究的成功，进一步激励了传统的地理研究者去思考和开发更多的适合社会科学研究的空间方法和工具。在这种背景下，空间整合社会科学被提出来，并且初步形成了一套研究方法，也逐渐被一些社会科学研究者所接受，在其相关的领域进行应用。当然，提出和倡导空间整合社会科学的学者显然比其地理学前辈要具有更大的野心，因为所要整合的不仅仅是某个社会学科，而是整合社会科学。

空间整合社会科学研究不仅是一个跨学科的研究，而且还是一个多层次的研究。一般而言，在研究层次上可以分成个人、家庭、邻居、地区四个层次（Goodchild and Janelle 2004）。在这四个层次中的每个层次，都可以应用空间分析的方法来开展研究，探究空间对于社会的影响。这部直接以“空间整合社会科学”命名的书，是在2004年出版的。经过了十年的发展，到了2014年，一部关于具体开展空间整合社会科学研究的方法与工具书出版了（Stimson 2014）。这部工具书具体介绍了开展空间整合社会科学研究的具体方法、步骤和过程，使得这种方法更具有应用性。具体而言，包括了五部分内容：关于空间整合社会科学的介绍；设定研究；数据源、数据采集和信息获取；研究工具、技术和应用；产生研究结果。这是开展空间整合社会科学研究的基本步骤。这种研究思路和方法，在社会科学研究中也得到了一定的应用。

随着空间整合社会科学研究的深入发展，在人文科学领域，也开始兴起了空间分析（林珲和周成虎 2010）。空间人文学和空间整合社会科学开始逐渐融合，出现了空间整合人文学和社会科学（林珲等人 2012）。2006 年，哈佛大学成立地理分析中心（Center for Geographic Analysis，简称 CGA），其中一个重要的研究课题就是通过对历史的空间分析来开展历史学研究。在诗歌研究中，空间分析的视角也能产生新的发现。苏轼有首著名的《题西林壁》："横看成岭侧成峰，远近高低各不同。不识庐山真面目，只缘身在此山中。"其中，整首诗都在讲一个事情，就是空间。由于空间位置的不同，对于事物的看法就会不同，得到的结论也会不同。苏东坡做自我评价时，也是采用了时空分析，他说："问汝平生功业？黄州、惠州、儋州耳。"也就是说，苏东坡用三个关键时间点（时间）及三个地名（空间）总结了自己的一生境遇（社会）。这其实就是典型的动态空间分析的一个重要思想。可见，对社会现象进行空间分析的思想，是古已有之。当然，现在的很多空间分析方法和技术，比过去要先进得多。

三、时空社会科学

空间整合社会科学的提法，最近几年开始有弱化的趋势。其实，这个提法本身也存在一定的问题和局限性。用空间来整合社会科学，那么，空间和社会科学似乎是彼此区隔的两个事物，因此，才需要通过整合来结合在一起。这是一种错觉，容易误导研究者去思考和实施相关的研究。事实上，空间和社会本身就是一体的，彼此本身就是不可分割的。社会是空间中的社会，空间是社会中的空间，即社会空间。因此，也就不存在所谓的整合。如同禅宗讲的"本来无一物，何处惹尘埃"，空间和社会本来就是浑然一体的，那么，何处去整合呢？此外，一旦提到整合，那么，就会涉及谁整合谁的问题。地理学的专家往往喜欢用空间方法去整合社会科学，而社会科学的研究者往往并不认同自己的学科被空间分析所整合，而是在学科研究中应用到了空间分析的方法。因此，社会学科的研究者更多的是认为社会科学吸收和整合了空间分析方法。所以，这个提法很难获得社会学科研究者的广泛认同，因此在提法上，还有改进的地方。

空间整合社会科学研究还有一个局限性是静态分析的比较多，而动态分析的比较少。传统的空间分析主要是围绕和基于地图来展开的，强调的是静态呈现。但是，社会变化是很快的，时时刻刻都在发生变化。因此，需要对社会现象进行动态分析。一旦进行动态分析，就需要分析时间因素的影响，那么，空间分析就需要改成时空分析（spatiotemporal analysis）。在英语中，时空分析常用的还有一个，就是 space-time analysis。时空分析是用来分析和理解事情为什么会在何时与何地发生（An et al. 2015）。因为加入了时间分析，所以，对社会现象的空间分析就不再是静止的，而是动态的，因此，能够有效模拟真实世界的演变和发展，有助于揭示社会现象背后的规律，也有助于预测社会系统运行的未来趋势。在实证研究的方法上，时空分析的模型和估计方法也被不断研究出来，对于时空数据的量化分析也更加深入（Catania and Billé 2017）。可见，由于获得时空数据的成本在下降，分析时空数据的方法在增多，在社会科学研究中应用时空分析的门槛在降低，因此，空间分析和时间分析的融合是社会科学研究的大势所趋。

时空并不是独立于社会之外的，而是社会系统的内在构成。研究时空与社会的互动及其规律，就可以称之为时空社会科学。这一称呼，一方面避免了谁整合谁的问题；另一方面也可以通过动态分析的方法，有效模拟社会系统在不同时空下的运行情况，从而可以更加立体地呈现社会系统运行的原貌，便于发现和掌握社会系统运行的规律，预测其未来发展趋势，从而进行有效的引导和应对，确保社会朝向有利于人类的可持续发展方向前进。时空社会科学并非某个单独的社会学科，而是既贯穿于各个社会学科又自成一个完整体系的知识系统。也就是说，时空社会科学的发展与单个社会学科的发展并不矛盾，因为在单个社会学科的发展过程中可以通过开展时空研究的方式来丰富和推动时空社会科学的发展，而时空社会科学的发展又反过来为单个社会学科的发展提供新的思路和启示，可以进一步推动单个社会学科的发展。可见，两者之间是相辅相成的关系。

第三节 时空社会科学的内容

作为一个自成体系且与各个社会学科又相辅相成的知识系统，时空社会科学有其自己的特点，就是往往会采用时空体叙事的方式来对社会现象进行分析和检验，综合考察时空与社会之间的互动关系，从而有效揭示社会系统的运行规律。恩格斯在其著作《反杜林论》中指出："一切存在的基本形式是时间和空间，时间以外的存在和空间以外的存在，同样是非常荒诞的事情。"

所以，在研究任何社会现象和社会活动时，都需要结合时间和空间来开展研究，来进行具体的叙事。在社会科学的研究中，这种具有明显的时空体叙事的研究思路、方法和技术，就是时空社会科学研究的典型特征。在社会科学的研究中，由于学科的不同，因此，研究对象及其重点各异。只要是通过时空体叙事的方式来开展社会科学研究的，都可以认为是在开展时空社会科学的研究。抓住了这个核心特征，那么，就比较容易处理好时空社会科学研究和单个社会学科研究之间的关系了。

一、时空叙事

时空社会科学是时空框架下的社会科学研究及时空叙事。对于社会现象的研究，可以在不同的框架下进行，而时空框架是一种客观存在，是社会现象和社会实践活动发生和存在的客观框架。因此，在时空框架下进行和开展社会科学研究，符合客观事实。人是一种被限定了时空框架的有限生物，人类社会也是一种在特定的时空框架的存在。所以，时空框架是社会科学研究的天然框架。在时空框架下开展社会科学研究，就需要对于社会现象和社会实践活动进行时空叙事。任何社会现象都具有其特定的时空特征和时空框架，脱离时空框架的社会科学理论是空洞的理论，对于社会实践会产生误导作用。只有在时空框架中建立起来的社会科学理论，才是具体的、生动的和符合客观现实的。时空社会科学就是在时空框架下来研究社会现象和社会实践活动，注重时间、空间与社会的一体化表达，为人类社会行为特征分析与规律探索提供基础方法支撑以及系统性理论上的解释。

社会科学研究中的时空框架，强调的是时空一体，而不是时空割裂。所谓的时空一体，就是时空和空间是同时存在的，是彼此依赖的。巴赫金在《小说的时间形式和时空体形式》中认为，时间是空间的第四维度，它们不可分割，融合为一个均匀的思维连续区。这种小说中的时空体叙事方式，其实也是开展时空社会科学研究时的一般性叙事方式。对于社会现象和社会活动的分析，需要在时空一体的框架中来进行，才能有效解释时空与社会运行之间的关系以及社会时空系统的运行规律，才能更好地指导社会实践。所以，在开展时空社会科学时，其实研究的是时间、空间和社会这三者之间的关系。在时空一体的基础上开展研究，产生过一个学科，就是时间地理学（Time geography or time-space geography）。时间地理学出现在 20 世纪的 60 年代，便很快就成了社会理论中的一种新共识（Pred 1981）。时间地理学不仅仅研究时间和地理空间，更是研究社会，是把社会放在具体的时空框架下来展开研究。这种研究方法不仅适用于社会科学，在人文研究中也具有极强的适用性（Pred 1977）。也就是说，时间地理学是一种具有结构性的时空叙事，通过这种结构性的时空叙事来揭示社会系统中的个体和社会的运行轨迹和规律，从而提出社会改进的具体对策。因此，这种研究方法具有很强的实用性，其所揭示的社会理论往往是贴近社会实践的，是具体的。时间地理学的发展，为时空社会科学的建立提供了重要的基础。当然，鉴于时间地理学的局限性，从时间地理学到时空社会科学，无论在理论上还是在方法上，都需要有一个飞跃。

在对社会现象和社会活动进行时空叙事时，理论分析往往和图形分析结合起来，使得时空叙事更加立体和生动。时空社会科学中的图形分析可以是具体的地图，也可以是其他类型的图形，比如标准差椭圆图、Moran's I 散点图、LISA 图，等等。这些图形分析方法可以把社会现象和社会活动以比较直观的方式呈现出来，便于分析其轨迹和在空间上的分布特征，从而有助于从中找出规律。例如，在时间地理学中，就有一个基本的分析工具，那就是时－空图。时－空图其实就是对社会现象和活动进行时空叙事的一种重要的辅助工具，是用动态图形的方式来刻画和描述社会个体在时空框架中的变化轨迹和呈现特征。时－空图的三个基本要素就是人们的移动路径（Path）、停留地点（Station）和活动束（Activity bundle）（Short 1991）。这三个要素其实就是时间、空间和社会实践，就是时空社会科学研究的三个基本概念。在时空社会科学研究中，对于这三者之间的关系的分析，则更加具有动态性和系统性。

二、社会时空

时空社会科学研究一个基本的核心概念就是社会时空。在时间地理学理论中，其实已经有了社会时空的思想。时间和空间不仅仅是影响社会运行的外生因素，而且也是社会系统的内生因素。当时空框架成为社会活动的约束条件时，那么，时空约束是影响社会系统的外生因素。但是，社会系统也可以通过自身的运行和变化来改变自己所处的时空约束，表现出时空膨胀或时空压缩的特征。这说明，时空也是社会系统的内生因素，社会系统可以改变时空约束。当社会中的个体在时间和空间的预算约束下进行社会实践活动时，那么，时空预算会对个体的社会活动产生影响。在这个影响的过程中，个体也会通过提升效率等方式，一方面，改变给定时空预算约束下的社会产出；另一方面，可以修正时空预算。可见，时空预算与社会实践之间是彼此互相影响的，是一个具有内在联系的整体。例如，在犯罪学研究中，时空预算的方法可以有效提高破案的效率（Hoeben et al. 2014）。警察在侦破案件的过程中，通过分析作案者的时空预算有助于找出破案的线索。这是社会时空在现实社会中的一个典型例子。在犯罪学，这是一种破案的基本方法之一。可见，社会时空不是个抽象的概念，而是个具体的概念。在犯罪学中，作案者的动机、过程以及具体的时空约束构成了犯罪活动的社会时空，而破案的过程本质上就是通过各种侦查手段和证据来重新再现犯罪活动的社会时空原貌，从而找出真相，给予犯罪者惩罚。

在研究时空社会科学时，社会时空包括了社会时间和社会空间，还包括了两者之间的交互。社会中的每一个人在连续不断的社会行动和事件中，会塑造每一个人之存在的时间与空间属性，这些时间与空间属性，就是社会时间和社会空间。也就是说，这种时间与空间属性，不仅仅是外在给定的，还是社会塑造的，具有社会性，因此，称之为社会时间和社会空间。在社会学中，社会时间是总社会现象（total social phenomenon）在运动上所呈现出来的收敛或发散的时间（Gurvitch 1964）。总社会现象有时候也被称为总社会事实（total social fact），强调了社会现象的客观性（Meštrović 1987）。一旦定义了总社会现象，那么，社会时间就可以界定了。总社会现象都是在特定的空间中出现的，所以，社会空间的界定也是建立在总社会现象的基础上的。可见，无论对于社会时间还是对于社会空间而言，总社会现象的定义和界定都是关键。值得注意的是，总社会现象并不仅仅是指全局的、整体性社会现象，也可以是群体层面上的社会现象或者是微观社会层面上的社会现象。总社会现象的界定，有助于定义特定时空社会科学研究中的社会时空。

社会时间和社会空间并非彼此独立的概念，而是统一于社会实践，而社会空间概念就是建立在社会实践的基础上的。社会时间和社会空间具有一体性，彼此互相影响和交互。因此，社会时空不仅仅包括社会时间和社会空间，还包括了两者之间的交互。在现实的社会中，时间和空间是不可分割的。社会现象和社会活动都是在时空框架下存在和发生的，因此，社会时空包括了时间和空间之间的一切联系，而且这些联系往往具有社会意义。这就是社会时空所强调的意涵，也是时空社会科学研究的重点内容。在社会时空中，社会时间和社会空间是可以互相转化的。人在社会实践中创造了自由的社会时间，也就为自己开辟了发展的社会空间，这是人的社会实践在时空关系上的表现。人的社会实践使得社会历史可以表现为两个相反的运动过程：即社会时间的空间化和社会空间的时间化。这是两种看似对立的转化运动，其实是统一于人类的社会实践所建立起来的社会空间之中。考察社会时空的内在联系，就是考察社会结构和社会活动结构的相互转化，以及社会时间和社会空间的相关转化，这是解释社会规律及其实现机制的根本途径，也就是时空社会科学研究的重要课题。

在新地理学和新考古学的研究中，空间往往被视为一个抽象的概念，或者被视为是一个容器，而社会互动就是发生在这个容器里面（Tilley 1994）。这是一种狭义和静态的社会时空观。在时空社会科学中，时空不仅仅是一个容器，同时也是社会实践的源头，是引发社会活动的重要因素。也就是说，时空不仅仅是个社会实践活动的外部环境，也不单纯是社会活动的载体，而是社会实践活动的内容和社会实践活动不可分割的部分。人类社会活动发生在特定的时空框架之中，同时也在通过社会活动改造和建构着新的时空。这才是社会时空的完整内涵，与新地理学或者新考古学的内涵有所不同。在开展时空社会科学的研究时，要能够正确界定社会时空的概念和内涵。

三、时空分析

在案例分析中，时空叙事是常用的方法。根据有无时间维度变化和有无空间维度变化，时空叙事方法可以分成四种具体的类型，即动态比较、空间比较、时序比较和反事实比较（Gerring 2006）。这种时空叙事的分类方法，同样可以应用在时空社会科学的研究之中。在时空社会科学研究中，包括了定量分析和定性分析。无论是定量分析还是定性分析，都各自包括了多种分析方法，而且新的分析方法还在被不断研究出来。总体而言，时空社会科学研究的分析方法可以分成表 1 所示的四类。

表 1–1：时空分析的四种类型

	有时间维度变化	无时间维度变化
有空间维度变化	动态空间分析	空间比较分析
无空间维度变化	空间面板分析	静态社会分析

当所研究的社会现象在研究过程中存在着时间维度上的变化和空间维度上的变化时，就需要开展动态空间比较，即比较时间变化和空间变化前后的社会现象的特征是否存在显著的变化。若存在显著变化，就需要进一步探讨出现这种变化的原因。在数据上，可以是不规则的空间面板数据。之所以是不规则的，是因为空间观测点会随着时间的变化而变化，即存在这空间维度上的变化。若不存在显著变化，说明所观测的社会现象在观测期间处于相对静止状态。面对这种情形，要么延长观测的时间，要么提高观测的精度。

若观测对象无时间维度上的变化，但是有空间维度上的变化，这种情况就是空间比较分析，通过比较不同空间观测点上的社会现象的特征来探究空间位置的影响和作用。一般在数据上，是空间横截面数据，主要研究的是特定时间点上的空间分布特征及其机制。

若观测对象有时间维度上的变化而无空间维度上的变化，这一般是给定空间观测点进行观测，从而获得随时间变化的相关数据。因此，这种数据往往是规则的空间面板数据，一般通过空间面板模型进行回归和估计。这是进行时空社会科学研究的常用的方法。根据不同时间点上的空间观测值，建立对有关社会现象的假设，再通过空间面板模型进行回归和检验，从而获得社会现象发展和变化的规律，预测其发展趋势。

若观测对象既无时间维度上的变化又无空间维度上的变化，那么，就是静态社会分析。这种研究方法在传统的社会科学研究中是常见的方法，一个基本假设是所研究的社会现象处于一个给定的社会时空之中，由于假设时间和空间都没有发生变化，因此，研究的重点就是社会变化的内在因素。

四、特征和优势

与传统意义上的社会科学研究相比，时空社会科学具有基础性、跨学科性和溢出性的特征。在整个社会科学体系中，时空社会科学是属于基础性研究，可以为其他社会科学研究提供重要的支撑作用。时空社会科学不是一个单一学科领域中的研究，而是属于跨学科研究，通过打破学科壁垒和边界来探究社会运行的规律。时空社会科学对于其他社会科学的研究而言，具有溢出性，即时空社会科学研究的方法和知识会对其他社会科学的研究产生重要的借鉴和启发作用，能够推动其他社会科学的发展。这些特征也是时空社会科学的优势所在，体现了时空社会科学的强大生命力。

时空社会科学研究的主题是时间、空间和社会之间的关系，发现其中的规律，探究其中的原理。时空是社会存在和运行的客观前提，时空也是影响社会系统运行的重要基础性因素。这就决定了时空社会科学所开展的研究是社会科学研究中的基础性研究。时空社会科学研究的是时空社会系统运行的基本规律，这种基本规律具有普遍性和中立性。为了达成这一研究目的，时空社会科学研究者需要确保在研究过程中的客观性和科学性，尽可能全面掌握真实的社会时空数据，通过采用包括定量方法和定性方法在内的多种方法开展科学研究。

时空社会科学一般都是跨学科研究，具有明显的跨学科性。社会时空概念，本身就是一个跨学科的概念。在时空框架中的社会现象及社会实践，是普遍联系和永恒发展着的，是一个整体。社会现象的这种普遍性和整体性，就要求在开展研究时，不能仅局限于单一学科的视角来进行探究，而是需要从多学科交叉的角度来进行科学研究，才能有效避免以偏概全的失误出现，才能有效揭示社会发展与变化的深层次规律。

时空社会科学研究具有显著的溢出性。在方法层面，越来越多的社会科学研究借鉴、移植时空社会科学的方法，推动了相关社会学科的发展。在理论层面，时空社会科学自成一个知识体系，这个知识体系通过与其他社会学科的知识体系的互动，成为这些社会学科的创新性理论的重要来源之一。时空社会科学知识的溢出性表明，通过各种模仿效应，时空社会科学研究在一定程度上带动了其他社会学科的发展，有助于启动和深化社会学科的知识再造过程，进而提高社会科学研究对于社会重大问题解决的能力。

小 结

在社会科学的各个学科之中，出现了一股时空转向的潮流和趋势。时空与社会的关系，越来越成为各个学科普遍关注的课题。随着信息技术和地理分析技术的不断发展，社会发展过程中的时空轨迹数据获得的成本越来越低，客观上促进了社会科学研究中的时空分析的应用与发展。在这种背景下，时空社会科学的产生与发展是一种必然。时空社会科学是在时空框架下对社会运行规律进行探究，进而找出社会发展的规律。在时空框架中，时间和空间不仅仅是客观存在，而且具有社会性，是社会时空。时空社会科学研究具有基础性、跨学科性和溢出性的特征，推动了其他社会学科的发展，具有强大的生命力。

第二章　社会时空概念的发展与演化

任何事物都是在特定的时空下存在着，对时空的思考在人类思想史中占据着重要地位。时间、空间与社会的关系，是人类思想史中永恒的经典内容。社会生产和社会关系都是在特定时空下产生和发展着。人类的生产活动一方面受到了特定时间和空间的限制；另一方面，人类通过社会实践在不断拓展着生存的空间，也在不断提高时间的使用效率。也就是说，时空既是人类社会活动的外生变量，也是人类生产活动的内生变量。这种时空与社会之间的外生性和内生性统一的概念，就是社会时空概念。社会时空思想的产生与发展，有一个过程。随着人类的社会生产力的不断提升，对于空间的拓展能力也有了显著提升，对于时空的思考也会越来越深入，社会时空思想也就越来越完善。社会时空思想从古代的萌芽时期到近现代的发展，通过与社会科学研究进行结合，出现了社会科学研究的时空转向。这个过程，既是时空哲学在社会科学研究中不断深化的过程，也是社会科学研究不断突破传统边界进而实现理论创新的过程。

第一节　古典萌芽时期

在古希腊时期，先哲已经从形而上层面来开始思考时间、空间与社会的关系。在古希腊社会中，有几种不同的空间概念（吴国盛 2010）。其一是“处所”（topos），就是特定时间所在的居住地。这个概念，对于近现代有深远影响，例如，1516 年，英国人托马斯·莫尔（St. Thomas More）发明了“乌托邦”这个词，就是源自希腊文“ou（无）”和“topos（处所）”，直译是“无处所”，而更为文雅的翻译就是“乌有之乡”。处所就是个特定时间下的空间概念，也是社会家庭关系发生的重要载体。其二是“场所”（chora），在古希腊中主要是指事情发生的地点。其三是“虚空”（kenon），这是一种形而上的空间，因为在古希腊思想家看来，空间是存在呈现出的形式，是实在和虚空的结合。其四是空隙“（diastema）”，就是事物与事物之间的空间。由此可见，古希腊人已经具有比较丰富的空间概念，并且能够把具体的空间概念与特定时期中的社会生活活动结合起来，进而区分不同的社会空间特征。这种空间概念的区分说明，古希腊人已经细腻地感受到了不同空间结构对现实生活的影响和作用，因此，需要加以区分以便于彼此互相交流，避免在社会生活中产生误解与矛盾。这种源于社会生活的观察，通过先哲的提升，进而体现在古希腊哲学中，形成了那时的时空哲学思想。

一、苏格拉底时空思想

在古希腊哲学乃至整个西方哲学中，苏格拉底占有重要的地位。苏格拉底并没有著书立说，关于他的哲学思想，都是在他的学生柏拉图等人的记录中保存下来。在苏格拉底的哲学思想中，并没有关于时空的系统性的论述。其实，苏格拉底的哲学思想都是通过与周围人的对话而流传下来的。对话，其实就是特定时空中的一种社会活动。当苏格拉底和一些人坐下来进行对话时，就产生了这项社会活动的三个重要因素，就是对话的时间、地点和对话的内容。也就是说，在苏格拉底的世界中，对话所涉及的时间、空间和社会活动是一个完整的整体。因此，研究苏格拉底的时空思想，就需要研究这些经典对话。从某个意义上来说，苏格拉底通过对话来展示时空与社会的整体性（Hawtrey 1972）。所以，研究苏格拉底的思想，往往从这些对话入手。

对于苏格拉底而言，这些特定时间、空间中的对话，既是特定时空的社会现象，又是超越时空的社会活动。所谓特定时空的社会现象，是指这些参与讨论的人及其时间和地点都是既定的，都是发生在特定时空中的，是不可复制的。所谓超越时空的社会活动，是指在苏格拉底看来，对话的目的是发现真理，而真理是超越时空的。可见，在苏格拉底的世界中，对话既是时空的产物，也可以超越时空，甚至形成新的时空。尽管，苏格拉底的这些经典对话发生在两千多年前，但是，对话中的思想至今还在被不断研究和反思，现代思想家都在进行某种意义上的与苏格拉底的对话。这种意义上的对话，已经是超越时空的，是跨时空的对话。其实，这种跨越时空的对话，在苏格拉底死后就一直没有中断过。列奥·施特劳斯（Leo Strauss）就通过这种跨时空对话，赋予古典政治思想新的活力（Pangle and Thomas 1989）。这样的例子，在政治学、经济学、社会学等领域屡见不鲜。

可见，苏格拉底式对话，既是特定时空的产物，也是超越时空的存在。

其实，苏格拉底只是借助对话这种形式，试图在寻找一种普遍性知识：在现实世界中，特定时空背景下的特殊的事件、具体的事物和个体的行为是会随着时空的变化而变化且是易消逝的，然而，它们的本质特征、定义、在内容上的特定意义与规范是同一的，是可以超越时空而保持不变的，在不同的时空中也从不消逝。这是苏格拉底在对话中所展现出来的社会时空思想，其中已经包含了相对时空和绝对时空的思想萌芽了。对于社会系统而言，时空既是一种绝对的存在，也具有相对意义。苏格拉底的目标就是希望从相对时空中找出绝对的存在。

二、柏拉图时空思想

哲学源自社会生活。古希腊人关于时间、空间与社会关系的观察以及对于其内在关系的思考，不仅成为当时哲学家思考的重要命题，也影响着当时哲学家的思考方式。例如，柏拉图在《理想国》中，有个经典的“洞穴之喻”（Plato 1992）。这不仅仅是一个哲学寓言，更是体现了空间切换对于事物规律认识和把握的影响（Rankin 2010）。在这个寓言最开始的空间场景是在狭小的地穴里面，因为空间狭小，所以，里面的人不能转头，只能朝前看，看到的是洞壁上的影子。在这个场景中，空间的束缚和限制直接决定了里面的人所能看到的事物以及观察事物的视角。这里场景里面，对于空间有个很严格的假设：洞穴内的空间要足够小以至于里面的人连转头的空间都没有。如果这个假设不成立，那么，也就无法接下去继续展开“洞穴之喻”的叙事。假如把这个假设略微放松一点，假设修改为：洞穴内的空间很小使得里面的人只能转头而不能转身。对于洞穴空间的界定，这个新假设显然比原来的假设要松一点，但是，这样一来，“洞穴之喻”就难以为继，因为洞穴里面的人可以转首看洞穴内左边和右边的事物，而不仅仅只能看到前方墙壁上的事物。从空间的视角来分析，这个场景的一个重要含义就显现出来了。在柏拉图看来，时间和空间是影响和制约人们自由的重要因素，最终会影响人们的世界观。这里，已经可以看到时空约束思想的雏形。

在第二个场景中，柏拉图继续在空间上做文章。与第一个静态空间场景相比这次用了动态空间场景，即强调了时间的影响。他强调了在洞穴里面的人的后上方有一堆火，还有一条横贯洞穴的小道，而沿小道筑有一堵矮墙。洞穴的人扛着各种器具走过墙后的小道，而火光则把透出墙的器具投影到囚徒面前的洞壁上。囚徒自然地认为影子是唯一真实的事物。柏拉图显然对于空间方位了然于心，所以，可以很好地驾驭空间方位来阐述哲学思想。为了写好这个场景，柏拉图很可能提前做足了功夫，很可能自己亲自到一个狭小的洞穴，去体会其中的感觉和视角。在这个时空叙事的场景中，柏拉图大胆且很有把握地采用了移步换景的空间叙事方式，一步一步推演出最后的哲学结论。第一个场景假设就是人在狭小空间中只能朝前看，而在这第二个场景中，一开始就提出了另一个前提就是火在人的后方，人在洞穴中间的小道上，而囚徒面前是洞壁。所以，这样的空间结构和位置布局，最终导致了一种情况的出现，就是洞穴中的人可以通过移动的方式来改换自己所处的空间位置，但是，也只能通过面前的墙壁来感受到身后的火光，而墙壁上只有影子。此时的柏拉图，俨然是空间切换的高手，通过精心设计的空间场景来让观众顺着预先设定的逻辑去感受和领悟剧情里面的高潮。

当剧情发展到一定程度，柏拉图就会修改空间假设，给予剧中人物更多的空间自由度，于是，剧情就会出现一个新的高潮。在洞穴中的人们，如果他们中的一个碰巧获释，转过头来看到了火光与物体，他最初会感到困惑，他的眼睛会感到痛苦，他甚至会认为影子比它们的原物更真实。柏拉图用“碰巧获释”这个词来告诉观众，从现在开始，空间假设已经发生了改变。在第一个场景中，有一个非常严格的空间假设，就是洞穴非常狭小以至于里面的人连转头的空间都没有。这个假设在第二个场景中继续，但是，到了这第三个场景，这个假设就被抛弃了。柏拉图用“碰巧获释”，很巧妙地把第一个空间假设给突破了，并且非常自然地给予了另一个空间条件，即洞穴内肯定存在有比较开阔的地方，而这个地方至少可以允许人们自由转头。洞穴中的这两种空间，显然是为不同的人所准备的。不能转头的狭小空间是为囚徒所准备的，而可以转头的较为开阔的空间是获释者可以中转的空间。所以，在这个场景中，获释者和囚徒之间最大的根本差异就是所处的空间条件的不同。因为获释者获得了更大的空间自由度，所以可以转头看周围的事物，所以就会产生困惑甚至痛苦，才会形成影子比原物更真实的错觉。在这个场景中，柏拉图再次提醒世人，人的判断会直接或间接受到空间的影响。

当然，精彩还在继续，柏拉图要进一步放松对于空间约束的假设，阐述在更自由空间中人们的表现和反应。所以，柏拉图继续着他的时空叙事。当这位获释者走出洞穴，到阳光下的世界，他会更加炫目，甚至会发火。起初他只能看事物在水中的倒影，然后才能看阳光中的事物，最后甚至能看太阳自身。到那时他才处于真正的解放状态，会开始怜悯他的囚徒同伴、他原来的信仰和生活。获释者从洞穴走出来的过程，就是从狭小空间走向广阔空间的过程。在这个空间转换过程中，由于这个人突然获得了充分的空间自由度，能够自由自在地看清楚周遭的人、事、物的变迁，反而会让这个人觉得不适应。柏拉图在这个场景中，实际上引导出了一个重要的概念，就是所谓的"空间适应性综合症"。当一个人从已经习惯的空间突然进入到一个全新的空间，就会出现生理和心理上的一系列不适应反应。例如，在航天的过程中，航天员从长期适应的重力环境突然进入到失重环境，人体内的生理系统和心理就会产生一系列适应失重环境的变化。有如，习惯被聚光灯聚焦的演员明星，往往在个人生活上感到明显的不适应，结果，出现所谓"人生如戏"的生活悲剧。这些例子，其实与柏拉图在这个场景中所描述的情形相似，说明的都是一个问题，即空间变化会影响人们的思考与行为。

在这则寓言的最后，柏拉图设想了一个新的空间场景。柏拉图假设，如果这位被释放者返回去拯救他的囚徒同伴，他得有一段时间去适应洞中的黑暗，并且会发现很难说服他们跟他走出洞穴。这是一个假想出来的结局，因为柏拉图说得很清楚，用的是"如果"，这是假设复句。这说明最终这个被释放者实际上是并没有回到洞穴中去，柏拉图并没有解释其中的理由。其实，原因不言而喻。在社会生活中，人们都在追求更为广阔和自由的空间。但是，柏拉图所要强调的不是人们的普遍偏好，而他关注的是另一个重要命题，就是所谓的"空间依赖性"。假设这位被释放者再次回到洞穴内，并试图去说服里面的囚徒跟他一起从洞穴中走出来，这时，问题就出现了，而这个问题就是柏拉图所想要解释的问题。当洞穴里面的囚徒都早已习惯里面狭小的连头都不能转动的空间时，就会认为这就是这个世界的唯一存在的空间，因此，就已经毫无怀疑地适应了这个空间。当有人说还有更为广阔和自由的空间时，因为囚徒们对于原来的地方已经产生了根深蒂固的空间适应性，就根本不会再去相信还有更好的空间的存在，因此，也就不会想着去改变现状，而是会机械地甚至是顽固地继续留在原来的空间而拒绝变化。其实，这里面就还隐含着另外一层意思，就是因为太适应原来空间而产生了强大的惰性。在现实社会生活中，因为有这种惰性，所以人们经常会不愿意主动去寻求改变。在物理的世界中，这种惰性体现在摩擦力上。任何想要改变事物现有空间格局的动作，都会有一种不愿被改变的力量进行对抗，这种力量就是物理世界中普遍存在的摩擦力。

社会时空的基本思想，可以追溯到柏拉图的“洞穴之喻”。在柏拉图的这个寓言中，时间和空间是关键因素。从这个剧情的开始到最后，顺着时间的推展，随着空间的变化和切换，主人公的视角也在发生着变化，看到的事物也开始有了不同，所思所想也随着不同。如果把里面的洞穴转化为社会空间，那么，就很自然会引导出列斐伏尔（Henri Lefebvre）的社会空间理论。所以，20世纪的列斐伏尔关于社会空间的思想，其实与柏拉图的思想有着内在的关联。在“洞穴之喻”中，物理空间和社会空间是动态交互作用的关系，因为物理空间的变化与囚徒到被释放者的社会角色变化是对应的关系。因为社会角色的变化，所以，物理空间和位置也随着发生了变化，而物理空间的变化又产生了观察社会的新视角，导致对于社会结构和社会现象的认识产生了新的判断。所以，在柏拉图的这个小故事中，包含着非常丰富的社会含义。因此，“洞穴之喻”可以被视为时空社会科学的早期研究。在这则研究中，尽管并没有明确提出社会时空的概念，但是，其基本思想和要素都已经包含在里面了。

三、亚里士多德时空思想

社会时空是一个具体的概念，而不是一个抽象的概念。社会是具体的，时间是具体的，空间也是具体的。亚里士多德在研究物理的世界时，就开始对时间和空间进行了系统性的思考。在他所著的《物理学》一书中，一个很重要的主题就是变化。在他看来，物理世界中的万事万物都在发生着变化，这种变化就是一种运动，一种在时空中出现不同特征的运动。在这部书中，亚里士多德把变化区分成四种，其中一种变化是生存与毁灭。在这些万事万物的变化之中，时间和空间都发挥着重要的作用。这些变化都是发生在具体的时空之中的，而不是发生在超越时空之外的虚空之中。亚里士多德认为，在具体之外的虚空是不可能存在的。无论是多么快的变化，都是发生在两个时间点之间。所以，任何变化都是不能脱离时间之外而独立存在的。任何变化也都是发生在特定的空间之中的，因此，也不可能脱离具体的空间而独立存在。所以，亚里士多德在阐述变化时，就已经把变化放在具体的时空框架之中了。

亚里士多德反对虚空的存在，认为只有充实的空间而不是空无的空间才是运动与变化的可能性条件。但是，亚里士多德并不否定无限的存在。其实，这个无限的概念已经是社会时空中的概念了。与无限相对的概念是有限，比如有限的时间、有限的空间，等等。这些都是局部的时空概念。当时间和空间向外不断延伸时，就可能超出人类认知的范畴，那个就是无限的意涵所在。也就是说，要理解无限这个概念，就需要理解和承认有限这个概念，而有限就是人们生存与发展所处的特定的社会时空的范畴。可见，亚里士多德关于无限的概念中就已经包含了社会时空的思想。在亚里士多德那里，无限并不是一个至大无外的东西，可以包含其他东西，是一种潜能，一种未来的可能性。潜能的意思就是当前尚未被开发，但是未来可能在特定空间中被开发的能力，这是一个当下时间和未来时间之间的概念，具有明显的时间和空间的烙印。所以，亚里士多德的有限概念，体现的也是社会时空的思想，是一种具体的存在，而非存在在虚空之中。

在亚里士多德哲学中，社会时空是一个统一的整体，是在物理世界中特定时空下的"现实"中存在的"形式"除了表现为社会事物的"外观"之外，它还规范、指导着社会事物与社会关系的本性，将生成着的、自身维系的社会事物与社会关系统一为一个如其所是运动或活动的整体。也就是说，社会在时空中表现出来的存在形式，是事物外观和内在在时空中的统一整体，事物运动与变化都体现了时空的约束与影响，并与时空形成统一的整体。这是亚里士多德社会时空的核心思想。虽然亚里士多德的研究重点在于物理学，聚焦于物理世界的时空整体的影响，但是，对于社会世界的运行和发展，亚里士多德的哲学思想也具有重要的启示。尤其是亚里士多德关于社会事物的外观和内在的统一性，充分体现了社会时空的重要特征及其对于时空与社会统一的整体性思想。

第二节　近现代发展时期

从社会科学的角度来看，空间不仅仅是一种形而上的概念，更是影响社会生活的重要存在。时间、空间的思想和观点，会对于社会运行产生重大的影响。一个典型的例子就是古希腊的亚里士多德以及托勒密的空间思想，曾对于西方社会产生过重大的影响。这些空间思想后来与基督教结合起来，曾一度是主导西方社会运行的现实力量。在这个过程中，时空不再是独立于社会之外的存在，而是社会系统内部的重要构成。比如“地心说”曾被认为是唯一正确的世界观，教会组织以及其基督教捍卫者通过经济、政治、刑法、文化等措施，系统性向社会宣导这种时空思想，并且以此为基础建立起严密的组织，维护这一时空思想，打击和迫害与这种时空思想相违背的异己人士。时空与社会的密不可分关系，在中世纪西方社会体现得很明显。时空观念甚至成为社会划分的标准，“地心说”是社会的正统，认同“地心说”的就是社会的好公民，而“地心说”之外的时空思想就是异端，坚持这些异端的人就是社会的破坏者，是对现有社会的威胁者，因此，需要加以压制、破坏甚至消灭。所以，中世纪的欧洲社会是研究时空思想对社会运行非常好的素材，时空观念与社会运行之间存在着非常紧密的联系。尽管这种联系对于社会发展而言可能是具有负面作用的，比如黑暗的欧洲中世纪，但是，这也是人类时空思想发展的一个重要的历史阶段。

一、笛卡尔空间

笛卡尔被誉为现代西方哲学的奠基人，其时空思想对于现代社会的影响是深远的。在开展时空社会科学研究的过程中，笛卡尔的时空思想往往能够提供重要的启示和指引，帮助研究者发现社会时空变化的规律。

（一）空间的广延性

随着中世纪的终结，“地心说”的空间思想也逐渐被淘汰了。科学技术的发展，产生了新的空间思想和观念。哥白尼的“日心说”空间思想，激发了更多科学家去思考空间的结构与社会的变迁。在这种历史背景下，笛卡尔对于空间进行了深入的思考，提出了空间的“广延性”，他说：“具有长、宽、高的广延构成了有形实体的本质，思想构成了能思实体的本质（Descartes 1964）。”可见，笛卡尔的空间定义具有二元性，既强调有形实体的空间存在，又认为实体空间的本质是思想。这就是典型的关于空间的二元论，空间既是客观的存在，又是主观意识的产物。这也就是笛卡尔“我思故我在”的时空思想。这种时空思想，具有一定的合理性。与物理空间相比，社会时空是一种更为复杂和难以清楚界定边界的时空，但是社会时空结构会对社会中的人们产生影响，影响人们的思考以及行为，最终影响社会运行的结果。也就是说，社会空间在很大程度上存在于社会中人们的感知。俗话说：“心有多大，舞台就有多大。”从时空社会科学来分析，这里的“舞台”就是社会时空，而“心”就是思考的过程。可见，社会时空的存在、结构及其范围大小，会受到一个人的主观意念和思想的影响，而这恰恰是笛卡尔的时空思想的重要内容。

（二）笛卡尔坐标

对于现代空间社会学而言，笛卡尔的贡献远不止于此。据说笛卡尔是在生病卧床休息时，看到蜘蛛在织网而受到启发创立了平面直角坐标系，即所谓的笛卡尔坐标系（Cartesian coordinates）。相交于原点的两条数轴，构成了平面放射坐标系，如两条数轴上的度量单位相等，则称此放射坐标系为笛卡尔坐标系。两条数轴互相垂直的笛卡尔坐标系，称为笛卡尔直角坐标系，否则称为笛卡尔斜角坐标系。笛卡尔坐标系的创立，不仅仅是数学和几何学上的重大突破，更是具有深远的社会学含义，使得社会空间中的社会计算成了可能。例如，在全球经济中心的测量和计算上，笛卡尔坐标系是常用的坐标系（Quah 2011）。现代空间社会学的一个重要特征就是计算社会空间内部人、事、物之间的距离以及人、事、物发展变化的规律，而要进行这种社会计算，就需要有直观的空间参照，笛卡尔坐标系是一种平面坐标系，是进行社会空间计算的重要基础。在社会空间中的空间位置的描述，需要在一个特定的系统下采用特定的方式来进行，这一特定的系统被称为坐标参照系，即提供系统原点、尺度、定向及其时间演变的一组协议、算法和常数，而笛卡尔坐标系能够为社会空间分析提供这种系统。现代的地理信息系统（Geographic Information System 或 Geo-Information system，GIS）采用的是球面的数据，一般用的是大地坐标系，但是，大地坐标系和笛卡尔坐标系可以互相转换，因此，笛卡尔坐标系还能通过坐标系转化的方式从平面坐标变成球面坐标，在社会空间的测量和计算中发挥出重要的作用。

（三）笛卡尔空间

社会学鼻祖奥古斯特·孔德（Auguste Comte）对于社会学有一幅宏大愿景：社会学希望使用一种类似于物理学这样的自然科学的方法与理论，统一所有的人文科学学科，从而建立一门经得起科学规则考验的新的人文学科。但是，要实现这种跨学科的统一和整合，需要有一定的前提。其实，笛卡尔的研究为这种学科整合与统一提供了重要的支撑，尤其是笛卡尔空间（Cartesian Space）的建立，使得社会学科中的跨学科整合与统一成了可能。

比如在微观经济学研究中，笛卡尔空间是一个重要的基础（Gruver and Xu 1994）。在笛卡尔空间的基础上，就可以建立一整套用计算科学方法为重要研究工具，以传统人文社会科学理论与思想为指导，帮助解决经济、政治、社会、人文等诸多领域问题的理论和方法学体系。这就是现代实证空间社会学的基本特征和研究范式，就是以迈克尔.F. 古特柴尔德和卢克·安瑟伦为首所倡导的“空间整合社会科学”的基本思路。但是，16 世纪时笛卡尔的这种思想提出来之后，在相当长的时间内并没有被社会学科的研究者所重视，当然，造成这种局面的一个重要原因是地理信息技术的限制。在笛卡尔死后的三百多年以后，随着现代地理信息技术的不断发展，地理统计等新的计算工具的突破，使得空间分析与社会科学研究可以更好地整合起来，现代意义上的空间社会学才能够建立起来。

笛卡尔空间的创立，使得在特定空间上进行社会计算成为可能。值得注意的是，笛卡尔空间上的社会计算采用了空间转换矩阵的方法计算不同空间上的动作以及移动的空间路径，这种方法在后来机器人的机械手运动设计中获得了广泛的采用，成了现代机器人空间行动规划的经典方法之一。事实上，这种方法在原理上和现代时空模型分析是一脉相承的。在现代空间统计和空间建模的过程中，为了刻画空间邻近关系，都很需要建构空间权重矩阵（Spatial Weight Matrix）。对于空间统计和空间建模而言，空间权重矩阵是一种有效的表达空间关系的方式，是用量化的方法表示了数据之间的“空间结构”以及观测点之间的空间距离和彼此之间的空间互动机制。在空间网络研究中，空间权重矩阵是动态的，即空间关系随着时间的变化而变化（Cheng et al. 2014）。这种思想和计算方法可以追溯到三百多年前的笛卡尔，当他创立了笛卡尔空间以后，空间权重矩阵的概念以及空间路线规划方法就可以在笛卡尔空间中实现了。例如，在现代机器人的开发过程中，当需要机器人的机械臂能够非常精准地完成很精细的任务时，笛卡尔空间轨迹规划是最好的选择。在社会应用上，只要把笛卡尔空间转换为社会空间，那么，就可以对社会系统运行进行笛卡尔空间的规划，就可以进行精准地计算，模拟和预测社会的发展轨迹，研究现实社会空间中的诸多问题，从而促进和优化人类的社会活动。

二、牛顿时期的空间思想

17 世纪，牛顿提出了万有引力定律，由此牛顿物理学问世。在进行时空社会科学研究中，也会经常用到牛顿的引力函数来进行建模，例如在对商品贸易、人口迁徙、社会网络、学生择校等开展时空研究时，引力模型（Gravity Model）的应用都是比较广泛的。引力是一种由时空弯曲所形成的力量，使得有质量的物体之间存在着加速靠近的趋势。可见，引力是与时空不可分割的概念。在社会中，有质量的事物之间，都会存在着这种引力，这是社会事物之间互动的一般性规律，对于社会系统的运行会产生深层次影响。与自然世界中的引力相似，社会时空中的引力，是由社会时空的弯曲所引起的一种力量，这种力量也会促进有质量的社会事物之间出现加速接近的趋势。在时空社会科学研究中，这种社会时空的引力是人际互动的重要基础（Farber and Li 2013）。当然，牛顿对时空社会科学的影响还不仅限于此。

（一）牛顿－莱布尼茨公式

比笛卡尔年轻的牛顿和莱布尼茨，继续在时空上进行思考。这两位科学家在对空间的哲学思考上，都有很高的见解。同时，在具体空间的一些思想上，这两位科学家之间也存在着对立。但是，他们却共同为空间社会科学留下了一份非常宝贵的财产。牛顿在1666年写的《流数简论》中以及莱布尼茨在1677年的一篇手稿中都提到了一个公式，那就是牛顿－莱布尼茨公式（Newton–Leibniz formula），通常也被称为微积分基本定理。这个重要公式揭示了定积分与被积函数的原函数或者不定积分之间的联系，使得社会系统的模拟与计算变得更为简单。社会系统的运行，往往存在所谓的乘数效应（multiplier effect）。这是一种宏观的社会效应，是指社会活动中某一社会变量的增减所引起的社会总体上的变化，或者社会某一子系统的变化所引起的社会整体上的系统变化的连锁反应程度。约翰·梅纳德·凯恩斯（John Maynard Keynes）曾在《就业、利息和货币通论》中阐述过经济系统中的乘数效应（Keynes 1936）。这是经济学领域中的经典议题，因为经济计算中往往能遇到乘数效应（Ono 2011）。这种乘数效应在区域社会发展过程中，往往会起到显著作用，是空间社会科学研究的一个重要课题。在区域社会与经济发展的中会存在一种普遍的现象，就是一个地区的发展往往对周围地区发生示范、组织、带动作用，而且通过循环和因果积累这种作用不断强化放大、不断扩大影响。要模拟和测量这种社会发展的乘数效应，常用的方法就是牛顿－莱布尼茨公式。

（二）牛顿－欧拉方法

当然，牛顿对于现代时空社会科学研究还有另一个重要影响，那就是牛顿－欧拉方法（Newton–Euler Method）。在利用牛顿－欧拉方法进行空间建模和空间分析时，采用笛卡尔坐标描述系统位形，由于需要和运动副中的约束方程联立，最终得到的系统动力学方程为代数－微分方程形式，且积分变量也全部是笛卡尔坐标。在开展时空社会科学研究中，牛顿－欧拉方法是进行社会空间并联机制（spatial parallel mechanism）建模与分析的重要方法。正如德国社会思想家尼可拉斯·卢曼（Niklas Luhmann）所提出的“社会系统理论”那样，社会是个复杂而变化着的系统（Luhmann 1997）。在社会系统的变化中，存在所谓的双重偶联性（Doppelte Kontingenz）。所谓的双重偶联性，简单地说，就是在一个社会中，一个人的行动必然要考虑到其他人的行动才能够确定，因为社会是一个并联互动的系统。在塔尔科特·帕森斯（Talcott Parsons）看来，社会系统是一种行动者互动过程的系统，行动者之间的关系结构就是社会系统的一种基本结构，而动态变化着的社会中行动者之间的关系结构往往不是串联的，而是并联的，是彼此联动的（Parsons 1964；Parsons and Shills 1953）。由于社会系统并不存在于虚空之中，而是存在于特定的时空之中，因此，对于社会系统中的并联机制的模拟与预测，就需要通过建立动态的社会空间并联机制模拟与预测模型，而这种模型的重要方法之一就是牛顿－欧拉方法。可见，时至今日，在复杂社会系统的社会计算过程中，牛顿的时空思想依然发挥着重要的影响力和作用。

在时空社会科学研究过程中，都会在不同阶段遇到莱昂哈德·欧拉（Leonhard Euler），因为欧拉距离几乎是无所不在。在进行社会时空分析的过程中，一般都会遇到空间的边界问题，就会出现所谓的空间一致性问题，而度量空间一致性最常用的指标就是欧拉函数。当社会资源或者现象在特定空间范围之内呈现不均等分布时，体现在空间上就是会存在稀疏之分、中心与边缘的差别。若目标空间的内部分配不均等程度越高，那么，目标空间就呈现出破碎程度高的特点，内部出现如“孤岛”般的聚集现象，在计算上，就用欧拉数来描述，公式是：

$$欧拉数 = 空洞数 - (碎片数 - 1)$$

这里的空洞数是外部多边形自身包含的多边形空洞数量，碎片数是碎片区域内多边形的数量。这种关于空洞数的实证思想，对于人际网络和社会资本的研究，产生了重要的影响。后来罗纳德·伯特（RonaldBurt）在研究人际网络时提出了结构洞（structural hole）概念并建立起相关的理论，为社会资本研究提供了新的视野（Burt 1995）。在人际网络中，不仅存在着一些结构洞，还有不少网络碎片，也会对一个人对社会资本产生影响（Burt et al. 1998）。可见，罗纳德·伯特的社会资本理论，处处可见欧拉数的烙印。

在时空社会科学研究中，还会用到欧拉法来建立环境与社会行为的影响效应模型。建立这种社会模型一般有两种主要方法，一种是拉格朗日法（Lagrangian），另一种就是连续欧拉法（Eulerian），简称就是欧拉法。例如，在研究社会中的随机游走现象时，这两种方法都是常用的方法（Lumley and Corrsin 1959）。在欧拉法中，提取社会人群密度在某一区域内针对任一个体的密度函数来表征社会群体的连续性，或者说，一个集群模型中的每个个体成员不作为单个实体来研究，而是通过密度概念将整个群体作为一个连续集描。基于欧拉法的社会群体动力学用一个动态连续模型描述，即以浓度或社会人群密度的偏微分方程形式给出。欧拉模型的基本方程是平流－扩散－反应方程，其中水平对流和扩散项是个体行为以及环境影响联合作用的结果，而反应项是由群体动力学引起的。

三、时空哲学的发展

时空不仅仅是个社会学概念，更是哲学上的概念，哲学家们对于时空的思考从未停止过。从时空到社会时空，从哲学到社会科学，其中存在着丰富的内在联系。因此，从事时空社会科学研究，需要能够跳出社会科学的范畴，从哲学的层面上来思考社会时空的内涵，从而可以对于社会现象具有更强的洞察力。康德、黑格尔和马克思这些哲学家，都曾系统性地思考过时空的内涵，这对于理解社会时空概念具有重要的启示作用。

（一）康德的经验空间

康德的空间观对于现代空间社会学具有深远而重大的影响。康德在《纯粹理性批判》写道："借助于外感官（我们内心的一种属性），我们把对象表象为在我们之外、并却能在空间之中的。在空间之中，对象的形状、大小以及互相之间的关系是确定的，或是可以被确定的。"（康德 2017）在这里，康德很明确地完成了对空间的描述，具体而言，有两层意思：第一，外部事物以及社会关系的存在一定是一种空间的存在，就是说，人类是以空间或地点的方式与外部事物发生关系的，即人类社会的一切关系都在“空间之中的”；第二，外部事物的存在是以其在空间中的相辅相成为表象的，就是说，包括社会关系在内的所有外部事物只有当被表象为在空间中的相互联系与区别时才得以存在，而且空间中的社会关系是可以被理解的，即“关系是确定的”，“或是可以被确定的”。因为这些时空框架中的社会关系是可以被确定的，所以，就可以通过时空与社会的互动研究来认识这些社会关系，进而掌握社会发展与变化的规律。由此，我们就可以理解康德所说的，只有在拥有了社会关系所处的空间的表象之后我们才能够真正理解我们与外部经验的关系，才能真正理解社会关系以及社会关系的作用机制，才能理解我们所处的社会。

用几句话讲完时空与社会关系之间的联系与作用后，康德怕别人还听不懂，于是他在《纯粹理性批判》第 28 页进一步强调说：“空间不是什么从外部经验中抽引出来的经验性的概念。因为要使某些感觉与外在于我的某物发生关系（也就是与在空间中不同于我所在的另一地点中的某物发生关系），并且要使我能够把它们表象为互相外在、互相并列，因而不只是各不相同，而且是在不同的地点，这就必须已经有空间表象做基础了。”（康德 2017）这就是在强调不同地点之间的互相作用和依赖关系，就是现代空间分析中所强调的基本特征，即所谓的“空间依赖性”，就是指当地理空间中某一点的值依赖于和它相邻的另一点的值时，就产生了空间依赖性，于是在这一个地理空间中各个点的值都会影响相邻的其他点的值。当然，康德所强调的不同地点之间的联系，不仅仅局限于邻近地点之间的联系，还包括彼此距离很远的地点之间的联系。在现实社会中，这种远距离或者跨距离的联系，也是常见的现象。例如，在社会关系中往往会出现所谓的“近攻远交”的现象，距离远的反而会出现正向的关联关系，而距离近的则出现负向的关联关系。这说明，距离远近不仅会对社会关系产生影响，而且还会影响到社会关系的性质。这种社会关系的空间特征，就是康德所强调的不同地点之间的“互相外在、互相并列”的关系。在时空社会科学研究中，用社会距离来代替康德所说的“不同的地点”的距离，就可以直接来分析社会行为以及互动的空间机制。

（二）黑格尔的精神空间

在黑格尔看来，社会空间无非是所谓的“精神空间”的建构和外在存在。

尽管在黑格尔那里，空间是绝对精神在自我矛盾的运动中获得自身并改造其形式、功能和社会意义的过程，是绝对精神自我实现的过程，空间无非是绝对精神的外化。但是，他也强调空间与社会的互相依存关系，他在《自然哲学》写道："人们决不能指出任何空间是独立不依地存在的空间，相反地，空间总是充实的空间，决不能和充实于其中的东西分离开。所以，空间是非感性的感性与感性的非感性。"（黑格尔 1980）显然，黑格尔所谓的"充实于其中的东西"包括各种社会关系，因为时空与充实于时空的社会关系之间存在着互相依存的关系，所以，"独立不依地存在的空间"对于社会中的人们而言，是不存在的。也就是说，社会与时空之间存在着互为依存和互相作用的关系。社会行为的产生与发展，离不开特定的时空。人们对于特定时空存在的感知与界定，与其所处社会中的角色以及特定社会关系有着密切的联系。处于特定时空中的人们，因为所处社会关系的影响，会表现出"感性"与"非感性"的情绪特征，这种社会性的情绪表达会影响人们对于特定时空的认知。例如，对于一般的人们而言，身处惊涛骇浪的大海中而孤身与鲨鱼搏斗是一件很恐怖的事情，这种时空对于大多数人而言是一个非常危险的时空。但是，在海明威的小说《老人与海》中，那位老渔夫却丝毫没有感觉这是一个多么危险可怕的时空。类似的例子，在人们的社会生活中也是常见的现象。从"精神空间"到社会空间，黑格尔的空间思想为空间社会学提供了重要的启发。

对于空间与社会的联系，黑格尔批判了"无差别的同一"的观点，提出了"具体的同一"思想。黑格尔在《小逻辑》写道："无论什么可以说得上存在的东西，必定是具体的东西，因而包含有差别和对立于自己本身的东西。"（黑格尔 1950）这里所谓的"具体的东西"，是指具体时空中的人事物，这些具体的人事物与特定的时空之间存在一定的"同一"性，是其所处的时空赋予了特定的人事物的具体属性和特征，而具体的人与事物又丰富了时空的内涵，使得时空成为一种被感知的东西。因此，从这种社会时空的视角来看，时空已经不是抽象的形而上的时空，而是具体社会情境中的"具体的东西"。黑格尔提出的"具体的同一"思想，其实是对统治近代自然科学研究的一种重要预设及假设进行了批判和颠覆。他认为，近代自然科学预设了一个均质性的空间，这种假设是一种僵死的存在，没有任何辩证的规定性。然而，事物的发展是一个辩证运动的过程，事物辩证发展的运动过程是在不均质的空间中进行的。在他看来，所谓的均质性的空间假设本质上是一种无差别的同一，这种无差别的同一丢掉了世界的丰富性与差异性，成了无法进行辩证运动的东西，因此，应该予以批判和抛弃。可见，黑格尔的“具体的同一”思想，其实是对自然科学研究的假设前提进行了修正。

黑格尔批判的是自然科学领域中的假设，但是，在社会科学领域中的研究也存在同样的问题。在社会科学的实证研究中，长期以来有一个前提假设，就是社会现象在空间上是彼此独立不相关的，即在空间分布上是呈现了同质性。这种空间同质性假设成了传统社会科学实证分析建模的前提。现实中，社会现象存在着广泛的空间不均等特征，社会化过程和格局在空间分布上具有明显的不均匀性及其复杂性，即所谓的“空间异质性（spatial heterogeneity）”。因此，要客观地分析和理解社会过程，就需要抛弃均质空间的前提假设，而以异质空间来代替。唯有如此，才能真正实现黑格尔所提出的“具体的同一”，才能真正揭示空间与社会之间的关系及其发展规律。事实上，现代空间分析正在这个方面获得了突破，在社会空间的建模过程中，对于传统的均质空间假设进行了抛弃，直接在异质空间的前提下进行实证分析。这种突破，使得社会空间模型更加贴近现实的情况，具有更强的社会空间动态模拟能力，显著提高了时空社会科学的分析与预测能力。社会科学领域中的这种突破，与黑格尔当前对自然科学研究的批判有着内在的联系。在黑格尔的批判之下，自然科学研究逐渐抛弃了均质空间的假设前提，大自然中大量的不均质空间分布的现象被挖掘了出来，并成了自然科学研究的一种共识。这种研究共识逐渐对社会科学研究产生了渗透和潜移默化地影响，直到异质假设被正式引入到实证社会科学研究中。

（三）马克思的社会时空

在黑格尔思想体系里，人类历史空间的生产就是“精神空间”的生产，强调的是形而上的空间概念。与黑格尔不同，马克思则把空间从形而上层面转变到社会实践层面，空间是人类社会实践的空间，这就是马克思的社会时空思想的基本出发点。空间是需要感官去感知的，因此，空间与感性之间就存在关联。黑格尔讲到空间时，有“空间是非感性的感性与感性的非感性”的著名论断。但是，这是基于形而上的思辨理性主义的视角来思考空间，无法解决社会现实中的问题。对此，费尔巴哈加以批判，他说：“空间和时间是一切实体的存在形式。只有在空间和时间内的存在才是存在。”（路德维希·费尔巴哈 1984）费尔巴哈试图把空间从黑格尔的“思想世界”搬到“现实世界”中来，但是并未完成。马克思在与恩格斯合著的《德意志意识形态》中，批评了费尔巴哈，“他从来没有把感性世界理解为构成这一世界的个人的全部活生生的感性的活动”。在对黑格尔以及费尔巴哈批判的基础上，马克思最终让时空真正进入到社会现实生活中，成了现实中的社会时空。在时空与社会的关系中，马克思在两者之间架了一座坚固的桥，这座桥就是人类社会实践活动。时空和社会通过人类的社会实践活动而实现了统一，社会实践是社会历史空间生成以及社会关系产生的源头。如此一来，时空就真正从纯粹的“思想王国”精神空间变成了感性的“现实世界”中的社会时空。

因为有了社会实践这个桥梁，马克思就把时空和社会统一了起来。在马克思的思想体系中，时空是具体的时空，社会是具体的社会，真正实现了黑格尔所说的“具体的同一”。人类社会实践具有物质生产和人类社会关系生产与再生产的二重功能，伴随着人类社会实践的不断深入，自然物质时空也就会不断获得属人的社会性质，自然物质时空就会不断被打上了“社会”的烙印，并逐渐与社会互相融合，形成具体的现实中的社会时空。在马克思之前，时空是社会系统的外生变量。马克思则把时空引入到社会系统内部，成为社会系统的内生变量。此时的时空，已经不是一个独立于社会系统之外的概念，而是由社会系统内部生产和决定的具有社会内生性的概念。于是，社会时空与社会现实以及社会关系的生产与再生产就可以有机地结合起来，马克思也因此能够深入剖析资本和时空之间的内在关系。马克思说：“资本一方面要力求摧毁交往即交换的一切地方限制，夺得整个地球作为它的市场；另一方面，它又力求用时间去消灭空间，就是说，把商品从一个地方所花费的时间减缩到最低限度。资本越发展……也就越是力求在空间上更加扩大市场，力求用时间去更多地消灭空间。”（马克思和恩格斯 1980）这里的时空，已经是现实世界中的时空，是可以用来分析和解决现实问题的时空概念。

时空一旦从精神世界进入现实世界，就会和现实世界中的具体问题牢牢地结合起来。马克思分析了资本主义世界中的空间聚集和分化现象，他说：“较多的工人在同一时间、同一空间（或者说同一劳动场所），为了生产同种商品，在同一资本家的指挥下工作，这在历史和逻辑上都是资本主义生产的起点。”（马克思 2004a）随着资本的发展与壮大，体现在具体时空上，就是资本与劳动者在特定时空的高度聚集。这种时空上的高度聚集，一方面，导致了资本通过生产活动来增殖；另一方面，为工人阶级意识的产生创造了时空上的条件。可见，时空聚集对于社会阶层的分化产生了直接的影响，而社会阶层的分化带来了社会的阶级矛盾和对抗，形成社会发展的推动力。在马克思的思想体系中，时空既是社会生产的产物，又是社会关系再生产的动因之一。因此，时空是社会系统的内生变量，时空只有在特定的社会关系中才能被有效界定。也就是说，社会时空是一个完整的系统，社会中有时空，而时空中也有社会。现实社会中的社会实践活动，既可以在地理空间，又可以在无形的虚拟空间，实践过程中又形成了不可见的各种社会关系空间。所以，地理性的物质空间与无形的虚拟空间和社会关系空间又构成了物质性和精神性社会时空于一体的现实世界中的富含社会内容的时空。这种时空与社会的辩证关系，是马克思社会空间思想的核心。

在马克思看来，现实世界、社会时空以及社会与时空关系，本质上都是在人们的物质生产和社会实践中形成和发展起来的，社会时空与人们的物质生产和社会实践是同构的，而且也是同步变化发展的。因此，无论是考察社会时空形态，还是分析时空问题，都不能从头脑的想象和抽象的思维出发，更不能从抽象的绝对理性出发，而必须从现实的社会生活实际出发，从具体的历史的社会实践出发。这实际上就是时空社会科学的基本研究范式与分析方法，就是在具体的社会情境中去分析时空结构、时空聚集、时空关联等社会空间现象。具体而言，就是先从社会实践中去提炼出可供实证检验的假设，再通过对于相关数据的时空建模和分析来检验这些假设，在此基础上进行实证结果的分析和讨论，建立起符合社会实践的相关理论。所以，时空社会科学的理论缘于社会实践，最终还是要回归到社会实践中去。这样的研究范式之所以是一种科学的研究方法，是因为社会与时空统一于社会实践，所以，社会实践就成了时空社会科学研究的起点和终点。这样的时空社会科学理论是具体的、生动的、贴近社会生活的，而脱离社会实践的研究就是抽象的。

第三节　时空转向的社会思潮

时空与社会中的人之间的关系，既是一种现实世界中客观存在的关系，也是哲学中追求人与世界和谐的重要命题。人的存在，就是存在于特定时空之中。海德格尔说："并不是有人，此外还有空间；因为，当我说'一个人'

并且以这个词来思考那个人的方式存在，也即栖居的东西时，我已经用‘人’这个名称命名了那种逗留，那种在寓于物的四元整体中的逗留。”（马丁·海德格尔 2005）在这里，海德格尔其实就是在建构一个动态的社会时空模型，而这个社会时空模型的均衡就是海德格尔所谓的“逗留”。所谓的“逗留”，用经济学的意思翻译过来，就是动态社会时空模型中的短期均衡。时空对于社会中的人而言，其实是一种约束条件，而社会中的人根据各自的效用最大化原则进行决策和选择，确定自己在这个约束条件中的效用最大。在海德格尔的世界里，经济学中获得这种约束条件下的效用最大化求解的过程就是“栖居”，并进行一定时间的“逗留”，即在特定时空约束条件下的个人效用最大化。但是，这种“栖居”并不是静止不变的。当时间和空间发生了变化，个人栖居的方式也会随着进行调整，于是，就会出现下一个均衡。可见，尽管哲学家所用概念和经济学家是不同的，但是概念背后的意思其实是相通的。

一、列斐伏尔的“空间生产”

列斐伏尔在批判和继承马克思的社会时空理论的基础上，进一步探索社会空间的内涵，取得了丰硕的成果。在空间的哲学思想上，列斐伏尔遵循了马克思的基本思想，强调空间的社会实践基础，他说：“空间性的实践界定了空间，它在辩证性的互动里指定了空间，又以空间为其前提条件。”（Lefebvre 1992）列斐伏尔重视社会实践对于空间的作用与影响，强调社会空间是特定的生产力与生产方式的产物，体现了特定的生产关系。空间与社会实践之间并不是单向、线性的联系，而是双向的、非线性的关系，而且这种关系会随着社会生产关系的变化而发生变化，进而使得社会空间呈现出不同的表现形式。也就是说，空间是社会的，是社会生产的产物。如同列斐伏尔所指出的那样，“将不同种类的空间和它们起源的形态集合在一种理论之中，来揭示实际的空间的生产”，这种“实际的空间的生产”，就是社会生产的一部分，是由社会生产力和生产关系所决定的。这说明，在列斐伏尔的思想体系中，存在一种关于社会空间的生产函数。对于这样的生产函数而言，空间作为其中的要素之一，与其他的要素一起投入到这种社会生产之中。根据生产函数的特征，生产出另一种社会空间。这种社会空间的生产函数思想，一方面，体现了马克思主义经济学中的生产理论，就是从“具体的、现实的人”为出发点，把社会空间既看作生产要素，又作为生产主体来进行研究；另一方面，也体现了西方经济学的以“经济人”为出发点的生产理论，社会空间的生产受到特定的技术条件约束，而生产出来的社会空间是产量最大化或成本最小化的理性体系作用的结果。

从现代空间社会学的视角来看列斐伏尔这种社会空间生产函数的表达方式，会发现这种思想所包含的内容是非常丰富的，其实已经和现代空间分析中的空间滞后模型非常相似了。也就是说，列斐伏尔的社会空间生产函数包含有社会现象空间建模的思想。现代空间分析中的空间滞后模型，社会空间是直接作为自变量进入模型中，同时，社会空间也是因变量。所以，在这个模型中，社会空间同时出现在模型的左右两侧，社会空间既是投入又是产出。这种空间建模思想，与列斐伏尔的社会空间生产函数是一脉相承的，有着天然的和内在的一致性。列斐伏尔自己称这种研究方法为“空间分析”或“空间学”。其实，他的空间分析已经包含了现在的空间建模思想了。即使是以当下的眼光来审视列斐伏尔的空间分析方法，他的思想和方法也是很先进的。当然，列斐伏尔的社会空间生产函数要比空间建模要丰富得多、深刻得多，也更为复杂。斯图亚特·埃尔登（Stuart Elden）说：“列斐伏尔的‘生产’概念不但具有经济学的意味——事物的生产，更是一个更宽泛的哲学概念——知识的生产、体制的生产等，甚至可以关联于尼采的‘创造’”。（Elden 2004）所以，列斐伏尔的社会空间生产函数有些是可以通过现代空间建模的方式以具体函数表达出来，有些则很难用具体函数来表达。

在西方经济学中，生产函数一般都是指微观厂商的行为，比如在一个工厂或分散在不同空间上的工厂的生产活动。例如，马克思发现：“生产资料越是大量集中，工人也就越要相应地聚集在同一空间，因此，资本主义的积累越迅速，工人的居住状况就越悲惨。”（马克思 2004b）这是资本主义空间体系中以工厂为中心的空间聚集。资本的集中也导致了劳动力的集中，进而导致了生产要素在微观厂商空间上的聚集。列斐伏尔则从更为宏观的社会生产函数的角度来分析社会空间的生产与再生产，他指出：“任何一个社会、任何一种与之相关的生产方式，包括那些通常意义上被我们所理解的社会，都生产一种空间，它自己的空间。”（Lefebvre 1992）这里，列斐伏尔不仅仅是说社会空间的微观生产函数，而强调的是空间的社会生产函数，这是一种宏观的生产函数。这种空间的社会生产函数与西方经济学中的所谓的总量生产函数存在着本质上的不同。总量生产函数是指经济社会的产出与总就业量、资本之间的函数关系。在西方经济学中，总量生产函数是进行宏观经济数量分析的基础，不论长期增长问题，还是短期波动问题，总量生产函数的设定都是宏观经济模拟与预测的前提（Colacchio and Soci 2003）。显然，列斐伏尔的空社会生产函数要比总量生产函数要更为复杂，要分析和预测的不仅仅是经济变量，更是资本主义社会空间的发展规律。

从空间生产的社会过程中，列斐伏尔发现空间结构具有重要的作用，于是，他就进一步去剖析空间结构的社会内涵，把空间结构区分为三个要素，分别是：空间实践（spatial practices）、空间再现（representation of space）与再现空间（representational space），即空间的实在（lived）、构想（conceived）和认知（perceived）的三个层面。列斐伏尔认为，空间不仅仅是历史与社会过程的产物与附属，更是与历史与社会处于并列的地位，彼此互相影响和互为依存。这就是列斐伏尔著名的“历史性—社会性—空间性”这三位一体的“三重空间辩证法”，又称“空间—社会辩证法”。可见，“三重空间辩证法”对于空间结构分析而言，是一个重大的突破。传统意义上的空间结构，基本上都是在讲地理空间的具体结构，是一种物理空间的概念，而不是社会与历史意义上的空间概念。空间一旦具有了社会性以及历史性，那么，空间结构的内涵就丰富了很多，不仅仅包括物理空间结构，还包括特定空间内所承载的社会关系的结构以及历史形成的社会结构。所以，这时的空间结构就是有形的空间结构再加上无形的空间结构，是当下的社会空间结构，又印刻着历史延续至当下的空间结构的变迁痕迹。所以，“三重结构辩证法”其实就是空间结构与社会结构动态交互与变化的辩证法。换言之，当下的空间结构既体现了历史上的空间结构的沉积过程，也体现了历史上以及当下的社会结构。同样的道理，当下的社会结构既体现了历史上的社会结构的沉积过程，也体现了历史上以及当下的空间结构。在漫长的历史市场尺度中，空间结构和社会结构是互相依存和互为作用的，而不是彼此割裂的。

列斐伏尔的“空间—社会辩证法”，强调了空间与社会的平等性。在这个动态社会模型中，空间与社会互相建构，没有任何一方拥有优先权。空间与社会都是平等地参与彼此的建构之中，并且这种关系随着历史的演变以及时间的延续而重新建构与解构，形成某种平稳性。这种辩证关系，可以说是一种共积关系（cointegration）。无论是空间还是社会都在历史发展中不断地建构与再建构，始终都在变化之中，结构上都体现了非平稳性。但是，具有非平稳性的空间和社会互动而共变，则反而能够形成一种稳定性，这就是空间与社会的既对立又统一的辩证关系。正因为存在着这种辩证法，所以，空间和社会之间是互为因果的关系，空间既是社会生产的产品，又是社会生产的要素，空间既是社会关系交织的结果和产物，都是推动社会关系重组和社会秩序建构的重要因素。在列斐伏尔看来，“空间再现”就是社会再现，空间分裂就是社会分裂。空间不仅仅是社会关系演变的静止的、独立于外的容器，而是社会关系生产的直接参与者，与社会关系的发展与演变密不可分。

二、福柯的异质空间

黑格尔曾说：“时间、空间……都是超出自身之外，是奔流，……是它们的统一体永久的自身生产。”（黑格尔 1966）在黑格尔看来，时间与空间具有共同的“统一体”。但是，不同时期的学者对于时间和空间的研究兴趣是不同的。1967 年 3 月 14 日，福柯在一次建筑学研讨会上发表了一次演讲，题目为《异质空间》，在福柯逝世的当年才被他允许公开出版，出版后的标题为《不同空间的正文与上下文》（米歇尔 · 福柯 2001）。这是一个大约十分钟的演讲，而演讲的第一句就强调了空间的重要性。福柯说：“诚如我们所知，19 世纪非常迷恋的是历史：发展和停滞的主题，危机和循环的主题，过去的积聚，人之死亡的过度重负、全球变冷的威胁等主题。热力学第二原理为 19 世纪提供了神话学的资源的本质核心。当今时代也许是一个空间的时代。我们都处在一个同时性的时代，一个并列的时代，一个远近的时代，一个共存的时代，一个散播的时代。我认为我们存在于这样的时刻：世界正经历着像是由点线联结编织而成的网络版的生活，而非什么随着时间而发展的伟大生活。”（米歇尔 · 福柯 2003）当然，福柯用词还是很准确的，他对于当今时代的判断，“也许”是一个空间的时代。尽管用了“也许”，但是，他对于空间在当今时代中的影响力和作用还是给予了很高的评价，接连用了“点”“线”“网络”这些具有明显空间色彩的词汇来描述当代社会生活的情况。这样的开篇，已经预示着演讲的主题应该是与空间有直接的关系。

接下来，福柯集中讨论了一个重要的空间概念，就是“位所”，他说：“在我们今天，位所（emplacement）正在取代延绵，延绵本身已经取代了局部化。位所是通过点与点或要素与要素之间的邻近关系来确定的。”（米歇尔 · 福柯 2003）这里的“位所”与古希腊思想中的“处所”存在相似之处，与古代中国思想中的“安身立命之所”的意思颇为接近，都是一个社会空间的概念。但是，福柯的“位所”概念，更加强调人事物所处空间位置的局部结构与邻近关系。空间的广延性是无穷无尽的，任何空间都可以向四方延展，而空间的边界甚至会超出人类认知的范畴。要认识这种无限广延的社会空间，就需要采用合理的认识方法。在福柯看来，这种认识方法就是由近及远，从局部开始顺着广延空间去认识更广范围内的社会空间。因此，这种空间认识论自然就是从邻近关系出发的，自然就会高度重视邻近关系以及邻近的空间结构。值得注意的是，在之前他强调了“热力学第二原理为 19 世纪提供了神话学的资源的本质核心”，结合上下文，福柯有一种判断，经典热力学第二原理似乎不太适用于这个空间的时代。福柯似乎当时隐隐约约已经感觉到应该有一个关于邻近关系的原理能更适用于空间时代。当然，福柯本人并不是地理学家，因此，他无法准确提出这样的原理。美国地理学家沃尔多·托布勒（Waldo Tobler）在 1969 年举行的国际地理联合会数量方法专业委员会议上的演讲中提出：“任何事物都与其他事物相联系，只不过相近的事物关联更为紧密”的判断，后来发表在《经济地理》期刊上，这个判断被誉为“地理学第一定律（Tobler’s First Law of Geography）”。（Tobler 1970）从思想层面来说，福柯的“邻近关系”与沃尔多·托布勒的定律之间是相通的，只不过前者从哲学与社会学角度来表达，而后者则从地理学来表述。

事实上，福柯脑海中的“邻近关系”既是空间的，又是时间的，这是一种动态的空间关系。福柯说：“人的位所这一重要问题不只是弄清对这个世界上的人来说是否将有足够的空间（这个问题极其重要），而且要搞清如下问题，在人类各种要素中，何种邻近关系、何种类型的储存、循环、辨识和分类系统将被优先保留在某种情境之中，以便获得某种结果。我们所处的时代乃是一个空间以位所关系的形式呈现在我们面前的时代。”（米歇尔·福柯 2003）也就是说，每个人在社会空间中所处的位所不是固定不变的，而是时时刻刻都在变化着的，因此，局部空间内部的邻近关系也是时刻都在变化着的。福柯空间思想中的“人的位所”与中国古代的《周易》中的空间思想有相通之处。在《周易》中，八卦中爻的位置以及邻近爻的位置，会影响和决定该卦整体的社会启示。由于卦象是变化着的，即所谓的“变卦”，因此，处于特定卦象之中特定爻的位置的邻近关系都在发生变化，其社会启示也在发生微妙的调整。福柯用“存储、循环、辨识和分类系统”来描述“变卦”过程中的社会信息的编码、存储、转码和解码的过程，这是一个完成的社会空间动态调整、演变和社会信息表达与释放的过程，是社会与空间之间的耦合共变的过程，体现了社会与空间之间的辩证与统一。

人的位所的变化，充满了不可预知性，会产生与人们常规认识的位所不同类型的位所，甚至会出现位所的“变异”，生产出新的空间位所的类型。位所“变异”的产物之一，就是出现福柯所谓的“异托邦（heterotopias）”或者“异位”。福柯指出：“因为它们全然不同于它们所意指或反映的各种位所，所以我将把这些位所称之为‘异位’（heterotopias），与乌托邦相对立。”（米歇尔·福柯 2003）福柯的“异位”，与马克思的“异化”就差一个字，但是含义具有明显的不同。“异位”强调的是社会空间变化过程中出现的超出常规思维之外的异变，而“异化”强调的是人的生产及其产品反过来统治人的一种社会现象。但是，两者也存在一定的联系。福柯的“异位”思想中，也存在着被社会生产出来的空间反过来控制人的现象。他说：“我们的生命实际上消逝于其中的空间，我们的时间和历史发生于其中的空间，吞噬和磨平我们的空间，也是一个自在的异质空间。”（米歇尔·福柯 2003）这说明人类既生产了空间，又被自己所生产出来的异质空间所控制，最终“消逝于其中”。从这层意义上来看，“异位”和“异化”也是存在一定的联系的。

福柯的“异质空间”，其实折射的是社会在空间上的异质性，即社会现象以及社会存在的空间异质性。与一般的空间异质性不同的是，福柯强调局部邻近关系之间的异质性。在福柯看来，空间是与人、社会和万事万物的存在联系在一起的，而各式各样的社会空间并不是空洞的均质存在，而是由不同的位所构成，而这些位所的远近取决于这些聚集在上面的社会关系亲疏程度，社会关系的亲疏与强弱决定位所的等级。这些远近并非实际的距离，因此空间便不再是均质的存在了，而是异质空间。这种社会空间的异质性，就是福柯空间思想的核心内容。因为是异质空间，所以会有“异托邦”的存在。为了要去认识“异托邦”，就需要通过对应的方法，比如像镜子那样的折射，对此，福柯强调说：“在这个意义上说，镜子起到了一个异位的功能。”（米歇尔·福柯 2003）福柯的这种“镜子之喻”与柏拉图的“洞穴之喻”存在着一定的相似性。福柯说：“在镜子中，我在一个非真实的空间中看到我不在其中的我自己，这个非真实的空间实际上就在那个外表后面。”（米歇尔·福柯 2003）透过这种镜子折射，福柯找出了处决台、精神病院、监狱以及全景敞观建筑之间的通性，为空间社会学的发展打开了一扇大门。

三、吉登斯的时空模型

在社会科学的研究中，因为学科的局限性，时间和空间往往被分开来进行研究，不利于完整地分析与解释社会现象。对此，英国当代著名的思想家安东尼·吉登斯（Anthony Giddens）曾经指出："由于学科的划分，时间可能受到历史学家们的极大关注，空间可能受到地理学家们的关注，而社会理论的研究者极大地忽略了这些方面。"（安东尼·吉登斯 2003）在吉登斯看来，具体的社会现象应该放在具体的时空背景下进行研究，也就是说，时空不能人为地加以分割。这种时空整合的社会科学研究，需要打破学科的界限，开展跨学科研究。其实，吉登斯本人关于时空与社会学的研究就是一个很好的跨学科研究的例子。在吉登斯的这种跨学科体系中，他把时空思想作为社会理论的核心，用时空思想来阐述和解构社会行为与社会现象，进而分析社会结构化的动态过程。本质上，吉登斯时空模型是个"时间—空间—社会"三维动态模型，与苏贾（Edward W. Soja）基于三元辩证法提出的"第三空间"理论，有着某种继承关系。苏贾曾说："今天，一种第三存在维度正在挑战，在为历史性和社会性的传统联姻注入新的思考和解释模式……空间性—历史性—社会性的这一三面的情愫，正在带来的不仅是我们对空间思考方式的深刻变化，同样也开始导向我们历史和社会研究方式的巨大修正。"（爱德华·索亚 2005）只要把苏贾的"空间性—历史性—社会性"模型中的"历史性"替换为"时间性"，那么，就可以转换为吉登斯三元动态的时空模型。吉登斯非常重视时空问题，他这样写道："在我的大多数著作中，我都已经强调必须把时空带到今天社会理论核心位置的观点。"（Giddens 1990）

当然，在模型建构的次序和方向上，吉登斯和苏贾还是存在明显的不同。苏贾是从历史性和社会性的基础上来导入和建构空间性，他说："直截了当地对历史决定论作出批判而又不跌入简单的反历史的泥潭，这是对批判思想和政治行为进行空间化的一个必要步骤。"（爱德华.W. 苏贾 2004）苏贾认为历史性和社会性的二元模型不足以解释动态变化着的社会现象，因此，需要导入空间因素，进而形成空间性、历史性和社会性的三位一体的模型。与苏贾不同的是，吉登斯的时空模型并不存在着这种先后次序关系，空间、时间以及社会都是平行同时进入模型，同时具有互动作用，这三者是互相依赖而密不可分的整体。正如吉登斯所言，“任何驾驭现代性经验的企图，都必须从这个最终发源于时间—空间的辩证法的观点出发”（吉登斯 2002），所以，在吉登斯的时空模型中，时间和空间是辩证存在的，不能彼此割裂看来。在这种时空辩证法的作用下，社会制度出现新陈代谢的变迁，进而开启了制度变迁的多种可能性，成为现代社会发展的重要推动力，为现代社会生活的独特特征及其合理化的组织结构提供了运行的机制，为现代性镶上了鲜明的时空特征。这是社会制度、时间与空间互相嵌套与作用的结果，既是时空的社会生产与再生产，也是社会在时空中的再造。

在吉登斯的时空动态模型中，一个鲜明的特点就是非线性关系，即空间、时间和社会之间的关系都不是直线的，而是曲线、曲面或不确定的，也就是非线性的。由于社会的发展充满着各种不确定性，时空动态又加剧了社会变迁的复杂性，使得非线性成了复杂社会的典型性质之一。吉登斯反复强调，在现代性条件下，时空动态发展与社会制度演变并不是按单一的直线形式发展，而是同时包含着社会空间延展中的时空压缩和重叠。在他看来，“现代世界是从和以往的世界所发生的断裂中诞生的，而不是后者的延续”（安东尼·吉登斯 1998b），这就是一种典型的非线性关系，因为有所谓的时空“断裂”。“断裂”意味着线性关系的中断，意味着新的关系在新的时空背景中诞生，“而不是后则的延续”。可见，吉登斯的时空模型中存在着“断裂”，存在着不同的“拐点”，这些都是非线性关系的特征，而恰恰是对线性关系的否定。当然，吉登斯也不是彻底否定线性关系，而是认为线性关系是非线性关系的局部或者特例。在局部时空环境下，社会发展可能会呈现出线性关系，发展过程中也不会出现“断裂”的现象。但是，当时空背景发生了变化，这种线性关系就会出现“断裂”，新的发展路径就会诞生。所以，在吉登斯的时空模型中，总体上是非线性的，但是局部上可以是线性的。这是一种线性与非线性的辩证统一，这样的时空模型更加接近社会发展的客观现实。

除了“断裂”之外，吉登斯还有一个很重要的概念就是“脱域”，他说：“现代性的动力机制派生于时间和空间的分离和它们在形式上的重新组合，正是这种重新组合使得社会生活出现了精确的时间——空间的‘分区制’，导致了社会体系（一种与包含在时空分离中的要素密切联系的现象）的脱域（disembedding）；并且通过影响个体和团体行动的知识的不断输入，来对社会关系进行反思性定序与再定序。”他认为，“脱域”是指“社会关系从彼此互动的地域性关联中，从对不确定的时间的无限穿越而被重构的关联中‘脱离出来’”。（安东尼·吉登斯 2000）其实，吉登斯的“脱域”并非完全脱离的时空结构，而是社会从一种时空结构向另一种时空结构的过渡。在这种过渡阶段，会出现吉登斯所谓的“脱域”现象。这是非线性关系特征的一种表现，“脱域”往往和“拐点”联系在一起，说明社会制度变迁和改革还存在恒大的增量空间。但是，如果按照现行的发展模式、发展框架发展下去而不做制度变革，这种增量空间就很难得到挖掘。可见，“脱域”是社会空间发展或者延展的一种必然结果。而吉登斯的结构二重化（dulity of structure）——即行动者利用结构，并且在利用结构的特质时改变或再生产这一结构的理论，也体现了“脱域”与社会制度变革之间的互为因果的关系。这是一种积极主动的关系，并非一种消极无为的关系，正如吉登斯所指出的那样，“个体不是从外部的社会世界中退缩回来，而是勇敢地参与其中”（安东尼·吉登斯 1998a），社会中的个体并不因为“脱域”而消极避世，而是在生产一种新的社会空间。

小 结

从历史上来看，社会时空的思想产生比较早，在古希腊时代的哲学思想中都能找到早期的雏形。无论是苏格拉底、柏拉图和亚里士多德，都曾对于时空与社会的关系进行过深入的思考。随着科学的发展，到了近现代，人们对于时空与社会的哲学思考也更加深入和系统，笛卡尔、牛顿、康德、黑格尔、马克思等都曾系统阐述过时空对于自然和社会的影响与作用。在社会科学出现时空转向的过程中，列斐伏尔、福柯、吉登斯等人的研究，起到了重要的推动作用。这些思想，都为社会时空概念的丰富起到了积极作用，对于时空社会科学的研究，具有重要的启示。在开展时空社会科学研究的过程中，这些智者先贤的思想如同航海中的灯塔，可以提供有效的指引，帮助研究者透过数据迷雾去发现社会发展的规律。

第三章　社会科学与时空实证方法

时空社会科学的出现与发展，在一定程度上而言，是实证社会科学和空间分析方法互相发展和融合的结果。19 世纪法国著名思想家奥古斯特·孔德在 1844 年出版了《论实证精神》一书中，系统性阐述了实证主义的特征和重要性，并认为这是人类思辨发展的必然阶段和产物，人类思辨必然会从神学阶段、形而上学阶段发展到实证阶段。在实证阶段，包括自然科学和社会科学在内的一切科学研究的对象只能是可观察、可检验的经验事实，而科学研究的任务就是客观且精确地描述和系统逻辑地分析经验世界的实际运行，并通过探寻不同现象之间的稳定关系进而发现支配事物运动变化的规律。在此基础上，进行实证检验，确保所发现规律的有效性，从而对于事物发展趋势做出合理预测。在实证阶段，要认识客观外部世界的人、事、物的变迁规律，就需要对于各种理论的猜想、假设等进行检验和证明，或者证伪，最终找出现象背后的本质。如同胡适所言的“大胆假设，小心求证”的那样，实证主义研究一般会有两个必不可少的研究环节，就是假设和检验。假设是对于外部事物现象的一种猜想，这种猜想是不是符合事物发展的实际规律，就得通过检验来判断。

第一节　实证主义

社会时空思想在古希腊的哲学思想中就已出现，但是，对于一种思想或理论进行实证检验的思想，则是经历很长的时间之后才出现。在社会科学的研究中，思想家从很多角度来探讨和解释社会现象，提出了各自的理论。这些理论是否正确，则有待于实证的检验。在这种背景下，社会科学的实证研究就成了一种需要。实证研究的目的就是通过对于现实世界的客观存在进行研究，用客观事实来检验相关理论的正确性。在对社会现象实施实证研究时，研究者需要通过收集和分析现实中的数据或信息，并对收集上来的数据和资料进行分析，据此来对相关理论假设进行检验。所以，从实证研究的角度来看，未通过实证检验的理论其实都是假设，可能是正确的，但是也可能是不正确的。这种假设是否成立，就需要通过收集实证证据来进行检验。所以，开展实证研究的研究者，在进行实证研究设计阶段，就已经对于这些假设进行一定的分析，根据这些假设进行有针对性地设计和规划实证研究方案，从而系统性地收集实证的证据，用来检验这些假设是否成立。在社会时空思想中，时间、空间和社会之间的关系是客观存在的，但是落实到特定社会现象和社会活动时，就需要假设可能存在着的时空与社会的具体关系，并通过实证研究来检验这种假设的科学性。在社会科学研究中，这种实证研究思想的产生与发展，也是有一定的阶段的。

一、孔德的空间实证精神

孔德在《论实证精神》中说："据此基本学说，我们所有的思辨，无论是个人的或是群体的，都不可避免地先后经历三个不同的理论阶段，通常称之为神学阶段、形而上学阶段和实证阶段。"（奥古斯特·孔德 2011）在孔德看来，这三个阶段的重要性和意义是不同的。前两个阶段分别是预备阶段和过渡阶段，都是为第三个阶段做准备和铺垫，而第三个阶段才是最为重要的阶段。孔德对于实证阶段的重视，可谓溢于言表，他说："最后这一阶段才是唯一完全正常的阶段，人类理性的定型体制的各个方面均寓于此阶段之中。"（奥古斯特·孔德 2011）换言之，实证阶段之前的阶段都不是"完全正常的阶段"，都存在问题，都有其明显的不正常性，所以，最终就需要进入到第三阶段，就是实证阶段。可见，孔德把实证精神提高到一个很高的地位，认为自然科学和社会科学的研究都需要通过实证的方式来开展，相关知识的获得以及辨别真伪都需要通过实证来予以检验。这种实证研究的精神，体现了科学的精神。基于这种实证精神的实证研究，强调的是研究者和研究对象之间的互相验证与感应。这是一种身体和外部世界之间的一种新的关系，体现的是一种新的世界观。这种新的世界观需要用新的研究方法去研究外部世界以及人与世界之间的关系，这种新的方法就是实证研究方法。

事实上，孔德的实证精神之中就已经包含了空间实证的思想。孔德说："我们的实证研究基本上应该归结为在一切方面对存在物做系统评价，并放弃探求其最早来源和终极目的；不仅如此，而应该领会到，这种对现象的研究，不能成为任何绝对的东西，而应该始终与我们的身体结构、我们的状况息息相关。”（奥古斯特·孔德 2011）从空间的角度来看，这强调的就是外部空间和身体空间之间的内外呼应。在神学和形而上学阶段，身体空间和外部世界是互相隔离的，其共同的缺陷在于它们都把空间视为均质的、连续的、与人的身体无关的“客观空间”。结果，往往得到的是“固有的根本无用的含糊而武断的解释”，无法真正认识世界，更无法改造世界。孔德进一步批判说：“那些含糊原则，不具备任何充分证据，向来引起毫无结果的争论。”（奥古斯特·孔德 2011）实证研究就是要打破传统的对象化身体的思维模式，把身体放到哲学问题的中心，进而真正地去理解人与世界的关系。在阐述这个思想时，孔德采用了举例的方式来说明，他说：“在一个盲人的种族那里不可能有任何天文学，不管设想该种族如何聪慧。”（奥古斯特·孔德 2011）天文学是研究宇宙空间天体、宇宙的结构和发展的学科，是一门古老的科学，自有人类文明史以来，天文学就有着重要的地位。但是，孔德用这样的例子来说明宇宙空间既不是神学家所理解的纯粹空间，也并非哲学家所理解的理智的直观空间，而是于现象身体与世界的关联之中的现象空间，也就是社会空间。因此，人类要认识宇宙空间，就需要通过身体空间去实证地认识，而不是单纯通过思辨去认识。如果思辨能够达到认识宇宙空间的目的，那么，盲人也应该有天文学。

孔德觉得可能还有不少人理解不了，他就进一步强调：“无论是可能为数更多的暗黑星体的背面，还是我们透过大气去观察的天体，到处都是一片阴霾。”（奥古斯特·孔德 2011）这句话通过进一步强调观察宇宙空间的角度和媒介对于所看到景象的影响，是一种典型的空间实证的研究思路。其实，孔德讲到这里，读者应该可以很快就联想到“盲人摸象”的典故，因为不同的盲人所站的位置是不同的，站在大象前后左右的盲人分别伸手去触摸大象，这就是一种实证研究的方法，就是通过人体空间中的手去实际触碰大象，进而去认识大象。但是，由于盲人们所站空间位置的不同，所触摸到大象的部位也不同，因此，所感觉到的大象也不同，对于大象有各自不同的描述和认识。摸到了大象的牙齿盲人认为大象就像一个又大、又粗、又光滑的大萝卜，摸到大象耳朵的盲人认为大象是一把大蒲扇，摸到大象腿的盲人认为大象是根大柱子，而摸到大象尾巴的盲人认为大象只不过是一根草绳。尽管这些盲人的结论都是片面的，但是其实证研究的方法是一样的，都是通过用身体去接触的方式来认识大象。把所有这些实证研究汇集起来，关于大象的真实情况就会出现，这就是实证研究的魅力所在。对此，孔德进一步解释道："在这种关系中，我们自身的整个条件，无论是内在的或外在的，都必然和我们每一项实证研究息息相关。"（奥古斯特·孔德 2011）这层空间实证的思想后来被梅洛·庞蒂捕捉住，他据此提出了"身体空间"理论，说："我是通过我的身体对世界的某种占有，我的身体对世界的某种把握。"（梅洛·庞蒂 2012）所以，孔德的实证研究思想本身就包含有空间实证的概念。

孔德的空间实证思想并非静态空间的分析方法，而是动态空间的研究方法，是时空一体的实证研究方法。孔德说："这样，既然已经说明实证精神拥有构成我们知性最终统一的自发能力，也就不难通过从个体推广到群体而对此基础解释加以完善。"（奥古斯特·孔德 2011）这就是从身体空间推演到社会空间、外部世界的"空间延展"研究方法，这是空间的"广延性"的一种体现。空间因为具有广延性，因此，就可以从身体空间推广到社会空间、宇宙空间，这是实证精神的内在逻辑，也是空间实证方法的内在程序。对此，孔德说："无论在任何问题上，实证精神总是趋向于在存在观念与运动观念之间建立正确的基本和谐，从而导致结构观念与生命观念之间的持久关系，特别是对于生命体而言更是如此。"（奥古斯特·孔德 2011）这里的"结构"既包括空间结构，又包括社会结构、世界结构等，最终实证研究就是要达到"天人合一"的空间和谐状态。所以，这不仅仅是一种做研究的方法，更是一种生存境界。当然，空间实证并非单纯指物理空间，对此，孔德曾批评几何学家，他说："几何学家有理由为自己处于唯理实证观念的真正源头而自豪，却盲目坚持把人类灵性纳入真正思辨发展的纯粹初级阶段中，而从不考虑其必然的唯一目标。"（奥古斯特·孔德 2011）几何学是研究空间区域关系的数学分支。"几何学"这个词，是来自阿拉伯文，原来的意义是"测量土地技术"。但是，几何学家过于局限于物理空间的研究，而忽视了空间的社会属性以及现象空间的存在。作为现代社会学的奠基者，孔德对此显然无法感到满意，他的空间实证方法需要和对社会现象的实证研究结合起来，就是社会时空的实证方法，这才是他的实证社会科学的核心。

二、涂尔干的空间实证研究

在实证主义社会科学研究的发展上，法国知识界发挥了重要的作用。受到了孔德的启发和影响，涂尔干把孔德的实证精神具体化，用实证方法研究社会现象，开启了实证社会科学的研究路线。值得注意的是，涂尔干已经把孔德隐形的空间实证思想显性化，深入阐述了空间与社会发展之间的辩证关系，并通过空间分析方法来具体研究社会现象。涂尔干发现空间与人们的情感表达密切相关，因此，空间具有社会性，对此，他说："既然单一文明中的所有人都以同样的方式来展现空间，那么显而易见的是，这种划分形式及其所依据的情感价值也必然是同样普遍的，这在很大程度上意味着，它们起源于社会。"（涂尔干 1999）顺着这个空间分析的思路，涂尔干发现北美印第安普韦布洛人的居住空间安排，发现了空间布局与这个氏族群体之间的密切关系。当然，空间与社会之间的关系是相互的，其影响是双向的。社会影响了空间的布局，而空间结构也会影响社会结构及社会制度。在对安普韦布洛人进行空间实证分析之后，涂尔干得出一个结论，他说："这样，社会组织就变成了空间组织的模型和翻版。"（涂尔干 1999）可见，空间结构会影响社会组织的结构，而社会结构也在影响着空间结构。这就是空间结构与社会结构互相影响的"二重结构论"的思想。所以，空间分析是涂尔干的社会分析的一个重要组成部分，体现了涂尔干社会科学的重要特色。

涂尔干认为，对于社会现象的空间分析，其前提就是社会现象在空间分布上存在着异质性。他强调说："本质而言，空间的表现是感官经验材料最初达成的协调。然而，如果各部分空间的品质是相同的，并且实际上可以互相转换的话，那么这种协调就不可能产生。"（涂尔干 1999）换言之，要实现社会系统的协调运作，需要空间与社会的良好匹配。这里隐含着一层深意就是存在空间结构和社会结构的最优匹配解，一旦达到了这个最优匹配解，那么，社会系统就可以在特定的空间上协调发展和运行。当然，涂尔干并没有直接阐述这个最优匹配解的具体内容，而是设想了有这样的对应和优化关系存在。与涂尔干处于同时代的另一位实证主义研究者的维弗雷多·帕累托，弥补了涂尔干的不足，明确提出了社会改进的最优解，即所谓的"帕累托解"，而社会改进的过程也被后人称为"帕累托改进"。"帕累托改进"主要强调的是社会制度和社会系统的改进，使得社会运行更有效率，社会制度的设计更加合理。作为一名实证主义者，维弗雷多·帕累托主要是从社会系统角度来进行实证考察和研究，提出了社会改进的思想。与他不同的是，涂尔干从空间与社会匹配的这个更大范围的角度来思考社会改进问题，强调社会空间的最优化。因此，同样是实证社会科学研究，在具体的思考问题的角度和实证研究的切入点上，也是存在着差异的。

涂尔干的社会空间分析，还强调动态性，即时间的重要性，其实这就是社会时空的研究思路，强调空间与时间的同一性。他说："要想在空间上安排各种事物，就应该尽可能地把它们有所区别地安置下来，诸如左或右、上或下、南或北、东或西，等等，就像在时间上来安排各种意识状态一样，必须尽可能地把它们定位于某个确定的日期。也就是说，假如我们不像对待时间那样去划分和确定空间，那么空间也就不能称其为空间了。"（涂尔干 1999）所以，在涂尔干看来，在社会科学的研究中，采用空间分析和采用时间分析具有相似性，在具体方法上应该互相借鉴。尽管涂尔干并没有建立时空模型，但是，时空模型思想已经在里面了。在社会科学的分析中，要把特定事物放在特定的时空背景中来进行实证研究。这是建立时空模型的前提，在这个前提之下，特定时空背景下的事物就成了时空模型的一个案例，很多这样的案例放在一起，就成了时空模型的时空序列数据，就可以在这些数据基础上建构时空模型。一旦这样的时空模型通过统计检验和其他检验，并且符合事物发展的内在逻辑，那么，这样的时空模型就在一定程度上揭示了社会中事物发展的规律。这是社会科学中时空实证分析的基本范式，其实，其基本思想已经出现在涂尔干的论著中了。

涂尔干在《宗教生活的基本形式》中所阐述的空间实证研究思想，其实是他在之前的包括《自杀论》的研究中已经付诸实施了。《宗教生活的基本形式》是在 1912 年出版的，比《自杀论》晚了 15 年才出版，后者是在 1897 年出版的。可见，涂尔干是先完成了《自杀论》，后来再开展关于宗教生活的研究。在《自杀论》中，涂尔干已经很充分地利用了空间分析的实证研究方法来对欧洲大陆上的自杀行为进行研究。为了研究自杀和酗酒之间是否存在相关性，涂尔干就以法国为例，通过比较自杀和酗酒发生率的法国地图进行比对，发现两者在地图上的分布并不呈现出显著的重合。因此，他就得出结论，说："如果比较一下现实自杀和酗酒情况的法国地区，人们看不到两者之间有什么关系。"（涂尔干 2008）这种空间分析方法，至今在社会科学的研究中还在广泛使用，是空间实证分析方式中最常用的方法之一。若社会现象在空间上存在着显著的重合度，那么，可以推断出这些社会现象之间存在空间分布上的关联性。导致出现这种空间分布上关联性的原因可能是多种的，比如不同社会现象之间本来就是相辅相成、不可分割的，也可能是共同受到其他因素的影响。反之，若在空间分布上不存在显著的重合度，那么，从静态的角度来看，这些社会现象之间就不太可能存在空间上的关联性。对此，涂尔干总结说："因此，两种现象的地理分布很不相同，所以不能说一种情况的发生对另一种情况的发生起了重要的作用。"（涂尔干 2008）这种结论的得出就是依据社会现象在空间上的分布特征，这是空间实证研究的基本模式，即从空间分布来推断出社会现象背后的可能原因。

当然，涂尔干的空间实证分析除了空间分布的轮廓分析之外，还重点分析空间分布的内部特征。他说："此外，自杀的地图上显示南部最严重的地区是瓦尔省和罗纳河口省，而在酒精中毒的地图上则根本不是这样。"（涂尔干 2008）这是空间实证分析中的热点分析（hot spots analysis）方法，目前，在流行病、犯罪学等领域也应用得很广。在空间分析的基础上，涂尔干还加入了气候等环境分析，他说："这个地带的相对位置本身清楚地表明，气候并不是这个地带发生许多自杀的原因。从地图上看，这个地带不是由单一的、几乎是同等和同质的长条构成的，它包括所有气候相同的国家，而是由两个截然不同的地区构成的：一个地区以法兰西及其周围几个省为中心，另一个是萨克森和普鲁士。"（涂尔干 2008）涂尔干的研究还涉及了空间尺度的问题，他说："就法国而言，一般的地图只是按省来表现自杀率，对这种分析来说是不够的。实际上，在仿效的结果上应该最明显的地方，即同一个省的不同县，在这种地图上却看不出仿效可能产生的结果来。"（涂尔干 2008）涂尔干在这里谈的就是空间实证研究中的空间尺度问题，即需要根据研究目的需要来选择和确定最佳的空间尺度。他这里所指的"在这种地图上"，就是法国省级地图，这种地图由于空间尺度大，无法有效研究自杀行为的仿效问题。于是，他自己做了一张法国县级层次上的地图，得到了很好的结果。对此，他肯定地说："因此，为研究这个问题，我们特别绘制了一张分县地图；这张地图涉及 1887–1891 年这五年时间。阅览这张地图给我们提供了最意想不到的结论。"（涂尔干 2008）所以，涂尔干在《自杀论》中为开展时空社会科学提供了一个非常好的实证研究范本。尽管当时的时空分析技术还比较落后，但是，对社会现象开展时空实证研究的基本范式和要素都已经具备了。当然，他的这个研究也存在一定的局限性，一个主要的局限就是采用的是静态的空间分析。尽管涂尔干用了国别和时间的数据，但是，空间和时间的分析基本上是彼此独立的，所以，他的空间分析主要是静态的分析。

三、新韦伯主义的影响

新实证主义社会科学的重要人物塔尔科特·帕森斯曾经这样评价韦伯，他说："他非常重视理论，同时又对细节和积累大量事实有广泛的兴趣。一种理论体系的大轮廓仅仅在某些关键之处清楚地显露于大量细节之中——而且必须通过从一个明确界定的起点出发，一步一步地追踪他的兴趣。所以，才能把这些大轮廓揭示出来。这就是我们将要尝试去做的。"（塔尔科特·帕森斯 2003）韦伯的社会科学研究，一般都会通过收集大量的资料来对特定问题展开深入的实证研究。对此，塔尔科特·帕森斯予以肯定，他说："任何人想要比较完整地了解韦伯在社会学方面所做的研究工作，对于他占有的大量详细历史材料都不能不留下深刻的印象，并为此而深深感到迷惑。他占有的材料真的是如此浩瀚，其中大部分又是在各个领域之中具有高度专门性的材料，以致普通人要进行任何种类的批评分析都非常困难，因为要真正实际地对韦伯进行的全部研究工作加以检查，是任何在世的学者都力所不逮的。"（塔尔科特·帕森斯 2003）可见，韦伯在开展研究过程中对于实证材料的要求是很高的，不仅要广博，而且要有深度，要具有专业性，实证材料之间还需要有一定的关联性。韦伯正是通过这些实证材料而抽丝剥茧，一层一层地去探究社会中的人事物背后的关联和规律，从而建构了具有韦伯特质的理论。对于韦伯的实证研究，塔尔科特·帕森斯这样评价："它不是一个逻辑上完善的和完成了的完整体系，而是一种伟大的先驱性的工作。"（塔尔科特·帕森斯 2003）

在开展实证社会科学研究的过程中，韦伯向来重视时间、空间对社会的影响。1920 年，韦伯出版了《社会组织和经济组织理论》一书，提出了著名的科层制的组织结构。韦伯在研究组织结构的过程中，曾经非常深入细致地观察过组织中工作人员的空间分配和布局，从中分析了科层制的奥秘。在论述科层制时，韦伯对工作人员的办公地点和生活场所等细节，进行了深入的论述。通过对于组织现象的空间分析，韦伯发现组织内部的权力机制与空间存在内在的关联。在官僚组织体系中，不同身份的工作人员其拥有的工作空间是不同的，体现了明显的等级性。但是，这种空间的等级性符合了科层制的内在需要，有助于实现这种组织结构的内部运作效率，实现内部的权力分配和分工与协作。通过对于工作人员的空间分析，韦伯为社会发展提供了一种高效率、合乎理性的管理体制，标志着管理进入了现代管理阶段。韦伯的组织结构理论在古典组织理论中具有不可动摇的地位，意义非凡。对此，塔尔科特·帕森斯评价说："如同帕累托和涂尔干的理论一样，他的理论之所以引人注目，主要就在于此。"（塔尔科特·帕森斯 2003）从时空社会科学的角度来看，韦伯的科层制理论，更是开辟了空间结构分析和组织结构分析相匹配的研究范式，即所谓的新韦伯主义空间实证研究。

韦伯善于从微观的细小之处看出问题的关键所在，进而延伸到社会，发现社会运行的规律。组织内部的空间与权力配置机制，其实是现实社会系统的一个部分而已。韦伯关注生活机会在市场中的划分，将阶级看作是一种社会学建构，并采用多重标准进行划分，而且阶段划分和空间划分存在着明显的内部联系。韦伯的多样性阶级划分标准以及社会空间的阶级性特征为新韦伯主义提供了新的社会结构研究途径和视角。新韦伯主义空间实证研究的代表人物主要有雷克斯、摩尔、帕尔和桑德斯。雷克斯和摩尔以伯明翰内城斯巴克布鲁克的住房更替变迁为研究对象，揭示了住房阶级的形成与住区的分化，说明了空间与阶级之间的对应关系。他们的"住房阶级"理论指出"在城市的初始居住分配中，三个群体由自身拥有财产的不同，形成各自的居住分化，并形成了自身的社区文化"，这三个群体分别为上中产阶级、下中产阶级和工人阶级。（Rex and Moore 1969）上中产阶级拥有阔绰的住房，在接近城市文化和商业的中心地段聚居。下中产阶级租住住房但其向往上层住房拥有者的生活方式，而工人阶级则租住平台小舍。因此，居住空间的格局体现了不同阶层的特征。这种居住空间格局的形成与发展，与社会权力的配置有着直接的关系，如同科层制下的工作人员的办公空间，空间体现的是一种社会权力。从这层意义而言，雷克斯和摩尔的"住房理论"与韦伯的科层制下的组织空间理论具有内在的一致性。因此，雷克斯和摩尔成了新韦伯主义空间理论的重要代表性人物。

雷克斯和摩尔的"住房理论"描述了一种社会居住的空间分布特征，体现了空间结构和社会结构之间的某种对应性。这是一种局部的现象，还是一种全局的现象？这是空间社会学的一个重要研究问题。对于这个问题，帕尔曾一针见血地指出："自相矛盾的是，城市社会学最基本的失误在只注意到用城市去理解城市；相反，城市应该被看作一个竞技场，要理解它必须理解创造它的整个社会。"（Pahl 1975）在社会空间的演变过程中，局部的空间特征往往是受到整体空间特征的影响，而整体空间特征也受到内部不同的局部空间特征和内部空间与社会结构的影响。所以，在帕尔看来，要正确认识局部社会空间的结构及其变化趋势，就需要从整体社会空间的角度来看，需要从全局社会空间的角度来分析。在统一局部和全局的关系上，帕尔从三个角度来阐述，分别是资源受限思维、空间视角和资源分配探索。在帕尔的理论体系中，这三个方面相辅相成，构成其社会空间分析的框架。因为资源是有限的，所以，社会资源在空间上的配置与分布往往呈现出不均等的现象，这是有限资源约束的必然结果。在社会资源的空间均等化上，帕尔提出了著名的“城市经理人”思想。但是，这种想法在现实中也存在局限性。信息经济学的研究表明，只要委托人和代理人之间存在信息不对称，那么，代理人就会存在自利的行为而损害委托人的利益。在社会资源的空间配置上，所谓的“城市经理人”在社会实践中其实是很难真正达成资源均等化配置的目标。当然，帕尔从资源受限、空间视角和资源分配这三个层面来辩证思考空间结构和社会结构之间的辩证关系，具有创新性。

对于雷克斯、摩尔以及帕尔的研究，桑德斯在《社会理论和城市问题》一书中予以系统地回顾（Saunders 1986）。在这部著作的第四章的名字就是“作为社会空间系统的城市（The urban as a socio-spatial system）”，集中分析和讨论了新韦伯主义的社会空间视角下的城市研究。遵循新韦伯主义的研究思路，桑德斯利用社会结构和空间结构的互动机制，建构了关于城市矛盾、政治和政策建议的研究分析框架。这是一个综合了空间、社会、经济、政治等多元因素于一个体系的社会空间分析框架。消费、投资、社会福利、中央与地方的关系等相当广泛的议题，在桑德斯的体系中都打上了时空的烙印，都体现在特定的空间结构之上。本质上，桑德斯的理论体现可以分成两个结构：社会制度结构和空间结构。社会制度结构包括了所有社会、政治、经济等因素，是一种制度上的设计。空间结构则强调了社会现象在空间上的分布以及空间上的关联等情况。在这种双重结构的基础上，桑德斯提出了“双重国家”（dual state）的概念，强调社会空间分异的特征。在消费日益成为社会的重要驱动力的时代背景下，桑德斯把空间分析和消费分析结合起来，提出了消费空间结构论。桑德斯认为，在住宅、教育、福利等城市社会消费项目周围形成的消费集团，形成了一种新的城市社会空间结构。这些研究，都为时空社会科学的发展提供了重要的基础。

第二节 社会与空间实证研究

2010年卢克·安瑟伦在《地理科学论文》期刊上发表了题为“空间计量经济学三十年”的论文，系统回顾了空间计量经济学在过去三十年中的发展历程。（Anselin 2010）在卢克·安瑟伦看来，这三十年见证了空间计量经济学从一个边缘学科变成了社会科学和应用计量学中的主流学科。卢克·安瑟伦把空间计量经济学在这三十年中的发展分成了三个阶段，分别是：前提、起飞和成熟。卢克·安瑟伦把20世纪70年代作为空间计量经济学的准备阶段。值得注意的是，恰好就在这个时期，包括社会学在内的社会科学的“时空转向”发展势头明显。从此后的发展来看，社会科学的“时空转向”的发展往往和空间实证研究方法的发展是相辅相成的，彼此互相呼应。从某种意义上来说，空间实证研究方法的发展与完善为从时空视角来分析社会现象提供了新的方法、技术和分析工具。反过来，社会科学的实证研究为空间分析方法提出了新的需求，并且在应用空间分析方法的过程中不断检验各种空间实证方法，提出进一步完善的思路和方向，对于空间分析方法的发展和完善产生了推动力。因此，这是一种相向而行的发展轨迹，空间方法与社会研究互相渗透，共同推动了社会科学研究的“时空转向”。

一、萌芽阶段

地理学家很早就开始认识到地理空间在社会系统中的作用。早在1953年，地理学家弗雷德·谢弗（Fred Schaefer）教授就曾经呼吁：“这些变量涵盖了社会科学的所有方面，这是人们所期望的。空间变量是其中基本的和不可避免的变量，但是，与传统的经济和社会变量相比，空间变量的分量相对比较弱。这是我们的责任让地理变量在社会过程中的角色更明显。”（Schaefer 1953）随后，地理学发生了一场计量革命。新的地理学强调严谨的方法论，这也是空间实证主义地理学的开端。当计量方法与地理空间分析相结合后，对于传统的地理科学而言，产生了革命性效果。地理学的这种变革，不仅激活了地理科学的能量，而且还为其向社会科学研究的辐射奠定了基础。计量实证方法不仅仅是为地理学的蓬勃发展提供了契机，也是社会科学实证研究的基础性方法。因此，计量实证方法是地理学和社会科学研究共同的方法，这为两个领域之间的跨学科研究提供了共享的基础。后来的发展之所以能够如同弗雷德·谢弗预测的那样，地理空间变量在社会过程中的角色越来越明显和重要，一个重要原因是计量实证方法在地理学和社会科学领域中的应用。可见，时空相关的计量实证方法从某种意义上是促成社会科学“时空向”的基石。

20 世纪 70 年代以来，社会学开始出现了所谓的“时空转向”，时空问题成了社会学研究的热点问题。事实上，从那时候开始的并不仅仅只是社会学的“时空转向”，而是整个社会学科的“时空转向”。推动社会科学研究的这种新潮流的一个重要因素就是时间与空间分析技术和方法的日益成熟。20 世纪 50 年代，澳大利亚统计学家帕克·莫兰（Patrick Moran）就开始系统性地研究空间统计，空间统计的概念开始产生并逐渐影响到包括经济学、社会学、犯罪学等社会科学的研究。1960 年，《空间分析：统计地理学读本》的出版，空间分析的方法逐渐形成了一定的雏形（Berry and Marble 1968）。当然，当时的社会科学一般只是应用到了相对比较简单的空间统计的方法，研究的深度和广度具有明显的局限性。为了突破这种局限性，统计学家开始采用空间计量的方法，来通过建立空间实证模型的方式开展社会科学的研究。在这个过程中，统计学家让·帕林克（Jean Paelinck）贡献显著，他在 1966 年区域科学协会年会的报告中就提到了“空间经济计量学”的概念。但是，当时并没有引起太多的关注。1970 年，安德鲁·克里夫（Andrew Cliff）和基思·奥德（Keith Ord）对空间自相关（spatial autocorrelation）现象进行了回顾，具有承上启下的作用。（Cliff and Ord 1970）　总体而言，20 世纪 60 年代，空间分析和社会分析出现互相结合的萌芽。

到了 20 世纪 70 年代，空间分析有了质变（Cliff and Ord 2010），空间计量方法也逐渐完善（Cliff and Ord 1973），在社会科学中的应用也有了飞跃式的发展。1974 年，列斐伏尔发表了《空间的生产》一书，标志着社会学开启了“空间转向”的运动。也许是历史的巧合，就在同一年 5 月 2 日，让·帕林克在荷兰统计协会年会大会致词时提出“空间经济计量学”（Spatial Econometrics）的名词，空间实证方法更是进入了高速发展的时期，对于社会科学研究的辐射能力也有了大大的提升。空间统计学家主要从方法上加以改进，使得源自地理学的空间实证方法更加贴近社会科学（Ord 1975）。社会科学的研究者，则从社会时空的角度来思考时间、空间对于社会的影响以及社会空间的建构与变迁过程。从实证社会科学的影响来，关于社会空间的争论逐渐使得更多的学者开始采用空间实证方法对各种假设进行检验，社会科学的“时空转向”从思想和研究方法上都出现了显著的“转向”特征。从社会学内部的发展来看，应该是思想上的“空间转向”要早于实证研究方法上的“空间转向”，包括列斐伏尔、福柯等学者对社会学加以改造，使之具有更为明显的空间内涵，并逐渐完善空间与社会的辩证关系，形成内涵丰富的空间社会学的思想。但是，从整个社会科学和空间实证方法的发展来看，思想上和方法上的“时空转向”几乎是同步的。

20 世纪 80 年代，空间与社会的结合更为明显。在这个过程中，一个重要的特征就是从动态过程的角度来分析和研究社会空间的变化，即是社会时空的视角。社会是一个与空间互相包容的系统，因此，社会的变迁也就包含着空间的变化。在 1981 年，《空间过程：方法和应用》一书的出版，充分体现了这种思想空间不仅仅是一种静态的存在，而是一种发展与变化着的动态过程，这个动态过程体现了社会的变迁（Cliff and Ord 1981）。在这种思潮的影响下，关于社会空间过程的模拟与分析，成了空间与社会学科交叉于融合的催化剂。这种学科融合体现了当时的时代背景，社会变化日趋复杂，非线性变化的趋势更为明显。要研究特定空间与区域内的动态社会的变迁过程，就需要考虑时间的因素。因此，在这个时期，时空数据库（spatio-temporal database）开始受到研究者的关注，对于社会系统的时空动态研究成为检验社会空间辩证法的重要实证研究方向。当对特定空间范围内的社会系统进行持续观测时，就会产生时间序列数据。若在不同的空间点设立观测点，那么，最终获得的是关于社会变迁的时空数据序列。用于储存这类时空数据序列的数据库就是时空数据库，是一种时态数据库和空间数据库的统一体。当社会系统变迁的数据以时空数据的形式存储和展开分析时，就可以建构时间、空间和社会的三维动态模型。这在思想上，已经与吉登斯的“时间—空间—社会”时空模型很接近了。

在社会学的实证研究中，空间分析方式也很快被社会学研究者所采纳。1980 年，匹兹堡大学社会学家帕特里克 · 多雷安（Patrick Doreian）把 Ord’s（1975）对于空间效应的极大似然估计法（MLE procedure）应用到菲律宾武装暴动以及美国路易斯安那行政区划的总统选举行为的实证研究之中，发现空间实证方法要明显优于传统的线性模型。在文章的结尾，他得到这样的结论，他说：“用传统回归模型估计的非空间模型可信度存在问题，当分析中存在着空间现象时，这种方法应该需要避免。”（Doreian 1980）在这篇论文中，通过空间实证模型和传统线性回归模型的比较，说明了社会学研究中传统线性模型的局限性，应该采用空间实证模型来分析带有空间特征的社会现象。这样的发现，对于传统的社会学实证研究者而言，具有很大的冲击性。对于社会中的空间现象的研究，帕特里克·多雷安曾指出：“因此，社会学家对地理空间上的社会现象分布感兴趣，其实是长期以来一直感兴趣，这是正常的事情。但是，总体而言，我们的分析框架和数据分析能力并没有包括社会现象的地理空间性。结果，社会现象的地理空间特征被忽略了，尤其是在分析数据的时候。”（Doreian 1981）所谓的“分析数据的时候”，其实就是社会学进行实证研究的时候。这样的说法是客观的，因为在社会学的相关理论研究阶段，空间的作用已经被像列斐伏尔、福柯、吉登斯等所阐述，并成为社会学的重要研究方向。但是，在实证研究上，当时的社会学界还没有广泛来采用空间分析方法。

历史的发展，往往有某种巧合性。在1984年，吉登斯发表了《社会的构成》，对于社会、空间和区域化等议题进行了深入的探讨，使得空间与社会成了一对不可分割的概念（Giddens 1984）。也是在同一年，一部名为《空间数据分析的最新发展：方法、测量和模型》的书问世了。这是一部社会科学研究者都可以理解的空间分析著作，比较系统地介绍了空间数据的基本特征以及实证分析的方法，是一部在当时空间实证研究方法的集大成著作。这部著作的出版，不仅受到了传统地理分析读者人群的偏爱，而且在一些社会科学研究者人群中广受欢迎。不同学科之间的交流，不仅使得方法获得了共享的机会，也使得空间的概念在社会科学的研究中日益获得了重视。空间实证方法的不断发展，客观上也提供给更多的社会科学研究者新的实证分析方法。实证研究和思辨研究相结合，社会科学的“时空转向”就愈演愈烈，成了一股不可遏制的潮流。思想和理论的突破，也对实证研究提出了新的需求。为了检验和发展社会空间的相关理论，社会学研究者继续开始从别的学科中寻找能够直接把空间纳入实证分析框架的方法，而空间统计与空间计量学的发展，恰好适应了这种需求。社会学和空间分析相结合，是一种自然而然的结果和发展趋势，也是社会学“空间转向”的必然结果。1988年，卢克·安瑟伦《空间计量经济学：方法与模型》的出版，更是加速了这个过程（Anselin 1988）。

二、发展阶段

20世纪90年代是社会科学空间分析的发展阶段。在发展阶段，一个基本的特征就是学科之间的传播和交流速度在加快。一旦有新的空间实证方法的出现，社会学科的研究者就会很快做出反应，应用到具体的社会现象的研究中，并提出进一步完善的方法和途径。在《空间计量经济学：方法与模型》一书中，卢克·安瑟伦介绍了空间计量模型中的两阶段最小二乘估计方法。在这部学术书出版的四年后，即1992年，杜克大学社会学家肯尼思.C. 兰德（Kenneth C. Land）等人在《社会学方法》一书中应用和发展了这种方法，使其更加适用于社会学的研究。肯尼思.C. 兰德等人曾指出："社会学者以及其他社会科学研究者主要研究的是发生在地理空间之上的社会、政治、人口和经济现象。当用普查区、城镇、县、州汇总上来的数据分析产生这些社会现象的社会过程时，地理的约束以及这些人为划分的空间单位对社会过程的影响已经隐含其中了。"（Land and Deane 1992）换言之，对于这些社会过程的研究，需要考虑地理空间因素的影响，因为空间因素是这些社会过程自身不可分割的一部分。在这种情况下，人为地忽视空间因素的影响，对于社会现象及其产生过程的分析就会出现片面的情形，无法有效解释社会现象产生的规律。因此，对社会现象的实证研究，应该直接把空间因素考虑在内，把空间引入到社会系统的模型之中，才能全面考察空间和社会的互动关系。

对于如何在社会科学研究中应用这种新的方法，肯尼思.C. 兰德等人说："考虑到目前已经可以获得的不同情境下的估计，未来对于空间分布或者网络相关的社会数据的回归分析，更有可能获得空间效应或者网络效应的估计。"（Land and Deane 1992）可见，在应用空间实证模型分析社会现象的过程中，社会科学的研究者已经开始意识到这种方法广泛的适用性，认为社会网络相关的效应也适合用这种空间分析的方法。社会系统内部存在着各式各样的社会网络，信息通过这些社会网络而交换与共享，资源通过这些社会网络而分配。事实上，社会学家马克·格兰诺维特（Mark Granovetter）早在1973年就开始了社会网络的研究（Granovetter 1973）。但是，长期以来，社会网络理论并没有获得应有的认同，马克·格兰诺维特的论文甚至还被《美国社会学评论》拒绝且长期无人问津。马克·格兰诺维特的"弱连接"理论，描述了社会网络中的一种长期不为人重视的社会规律。在现实社会生活中，"弱连接"的作用比想象的要大得多。但是，当时缺乏关于“弱连接”的实证检验，导致了这个理论被提出来之后，并没有得到社会学界的积极响应。要实证检验社会网络中连接的作用，就需要从社会空间的角度来进行分析，区分社会网络中的亲疏远近关系，尤其是社会网络中的“邻近关系”，而所谓的“邻近关系”或“邻近性”是空间分析的重要概念。所以，当时肯尼思.C. 兰德等人就敏锐地指出空间效应和网络效应的相似性，表明社会学界对于空间分析方法已经理解得很透彻了，能够掌握空间分析和社会分析之间的内在联系。

在这个阶段，社会科学的“时空转向”正在如火如荼的发展中。1989 年，《后现代地理学》出版，苏贾通过对空间、时间和社会存在的辩证关系进行根本性的再思考，引起了学者对这个领域的关注（Soja 1989）。1991 年，列斐伏尔的《空间的生产》英文版问世，对于英语国家的知识界而言，产生了不小的震动，城市空间与社会变迁之间的辩证关系，一时成了社会学界和空间研究者的热点问题。1994 年，马克·戈特德纳（Mark Gottidener）的《新城市社会学》一书更是从一般意义阐述了新城市社会学的基本观点（Gottdiener 1994）。在这个阶段，学界对于城市、社会与空间的辩证关系充满着浓厚的兴趣，同时也处于一个不断反思的阶段（Walton 1993）。社会和学术研究的发展，要求对于社会与空间的相关假设予以实证检验，并能够通过实证模型进行模拟与预测。在这种背景下，1995 年，英国伦敦大学学院（UCL）成立了高级空间分析中心（Centre for Advanced Spatial Analysis，CASA）。该中心的创始人迈克·柏迪（Mike Batty）希望通过这个中心建立科学有效的实证模型并能够使之与社会空间规划问题相结合，从而使空间分析和社会分析有机地结合起来。其实，CASA 通过建立实证模型的方式，把复杂的社会系统和社会空间可视化，把列斐伏尔脑海中的社会空间现实化，在社会空间的实证研究上迈出了重要的一步。

1999 年，迈克尔.F. 古特柴尔德发起并创建了空间综合社会科学研究中心（The Center for Spatially Integrated Social Science，CSISS），旨在促进和扩大新的地理信息科技和社会科学中新的地理参考数据的使用，引导新一代学者从事空间集成社会科学的研究，促进从事社会科学的核心问题的合作网络，开发空间集成社会科学知识库。[①] 这个中心自成立以来，吸引了世界各地的各

① 该中心官方网址：http：//www.csiss.org/。

个学科的研究者前来学习空间分析方法以及在社会科学研究中的应用，帮助更多的社会、人文学科的研究者掌握和应用空间分析方法，影响力巨大。根据该中心的信息所示，到该中心前来学习的学员除了传统的地理学的研究者之外，还包括了很多社会科学的研究者，这些来自社会科学的学习者分布在人口与公共卫生、经济学、社会学、人类学、公共政策、城市研究、政治科学、犯罪学、统计学等领域，且大多为受到过相关学科专业训练的、具有一定研究能力的专业研究人员，多为研究生、大学教员、博士后。这些社会学科的研究者在 CSISS 培养、学习和提高空间思维能力，善于从空间的角度看世界，思考社会空间的重要性，在社会科学的相关理论和方法中加入空间要素，进而使用地理数据和技术开展社会科学的相关研究。这种对于社会现象的空间问题的思考，是决定能否有效使用空间整合方法来研究社会现象与问题的思想基础。

三、成熟阶段

2000 年，古特柴尔德、卢克·安瑟伦等人说："正如前文所列举的，在社会科学研究中应用空间分析的大量兴趣和潜力，为应用综合的空间分析方法而获得新的见解提供了绝好的机会。我们把这种借力和发展的过程视为空间整合社会科学的发展过程。"（Goodchild et al. 2000）这篇论文被视为吹响了启动"空间整合社会科学"研究的号角，也标志着社会科学的空间分析进入了成熟阶段。在这个阶段中，地理空间变量在社会系统中的重要性，越来越广泛地被认识。大量的社会科学的研究，都采用了所谓的"时空视角"，时间、空间和社会的关系被不断挖掘出来，社会数据的时空挖掘也日益成熟。出现这种局面的原因是多方面的。一方面，是计量在地理空间研究中的深入应用与发展，使得空间计量学越来越成熟；另一方面，社会科学的实证研究的发展，需要吸收其他领域的计量研究方法，而空间计量方法为社会空间数据的分析提供了重要的方法。对于计量地理学家而言，在人类进入一个新千年的时点上，已经认定空间分析方法应该成为社会科学研究的重要主流方法之一。关于这点，在计量地理学家内部已经形成了一种共识，已经很少有人怀疑这是社会科学研究发展的一种新潮流。为了加速这个过程，计量地理学家开始更多地关注社会科学的研究，培养更多的社会科学研究者来掌握和应用空间分析方法，对于社会科学研究产生了明显的空间知识的溢出效应。

当计量地理学家正雄心勃勃地往整合社会科学的道路上大步迈进时，社会学家对于空间的思考与反思也在不断地深入（Urry 2004）。社会学家除了关注空间与社会的跨学科研究之外，还不断思考空间与社会的边界问题。社会学家托马斯·吉尔恩（Thomas Gieryn）在2000年发表论文，围绕几个核心问题展开思考。这几个核心问题是：空间是如何成为现在这样的？对于社会实践和历史性变化而言，空间到底是如何发挥作用的？托马斯·吉尔恩在这篇文章的开篇时写道："现在回顾社会学中关于空间的文献，可能是恰当的时刻，也可能是不恰当的时刻。"（Gieryn 2000）这样的开篇，预示着作者反思的意味很浓。通篇下来，作者并不是拥护、也不是反对空间在社会学研究中的地位，而是集中探讨了两者之间的关系。这种关于社会与空间的反思性思考模式，具有明显的个人特征，因为托马斯·吉尔恩本人就是以提出和研究边界工作（boundary-work）而出名的。早在1983年，托马斯·吉尔恩就率先提出了边界工作的概念，并阐述了不同学科领域之间的建构边界的问题（Gieryn 1983）。所以，当空间科学试图跨越边界去整合包括社会学在内的社会科学时，学科之间的边界问题本能地引起了托马斯·吉尔恩的注意。但是，无论传统的学科边界如何坚固，空间科学与社会科学之间的融合与跨学科整合的趋势与潮流已经不可逆转。

在地理空间的发展中，哈佛大学发挥了很独特的作用。1948年，哈佛大学关闭了地理系，引起了美国学界的"多米诺骨牌效应"。美国各大高校纷纷关闭自己的地理系，对地理科学，是个重大的打击。但是，计量地理分析的强势发展，使得哈佛大学重新反思自己的发展思路，并在2006年成立了地理分析中心（Center for Geographic Analysis，CGA），再次把地理空间科学迎接回来。但是，时代已经发生了变化，在社会科学和地理科学日益融合的时代中，哈佛大学新成立的地理分析中心已经不仅仅聚焦在传统的地理分析研究，而是一个跨学科的研究与教学机构，与哈佛大学的文、法、理、工、农、医等门类进行学科交叉，利用地理学的空间思维提升很多复杂科学问题的解决能力。这个中心自成立以来，对于提升人文与社会学科的研究起到了很好的支撑作用，还培养了一批掌握现代空间分析方法的社会学科研究者。2008年，古特柴尔德在加州大学圣塔芭芭拉分校成立了空间研究中心（Center for Spatial Studies），该中心的使命就是从事跨学科的研究和教育，帮助人们采用技术来解决自然、工程、社会、人文和艺术中的空间问题。所以，这是一个跨越多种学科和领域的专业研究机构。目前，美国的耶鲁大学、普林斯顿大学、哥伦比亚大学以及英国的普茨茅斯大学等世界名校也都纷纷建立类似的跨学科空间研究中心，空间与社会科学整合研究的格局已经确立，时空社会科学研究在全球呈现出蓬勃发展的态势。

第三节 中国时空思想

中国历来重视地理空间对于社会的影响和作用，在考察社会变迁的过程中，自觉地把地理空间因素考虑在内。当然，古代人们不仅仅单纯考虑静态的地理空间因素，还综合考虑时间因素，因此，就有“天地人合一”的思想，这其实就是古代人早期的动态空间社会模型。在“天地人合一”的思想中，“天”就是天时，即时间；“地”就是地理，是指空间因素；“人”就是人文社会。所以，这种思想体现的是典型的“时间—空间—社会”思维模型。按照现在这三个术语来说，就是一种动态空间整合社会科学的思维方式。中国古代先哲不仅有这方面的思想，还形成了观察和研究社会的系统性方法，“仰观天文，俯察地理，近取诸身，远取诸物”，通过实践、思考、观察和感悟，建立人与自然、社会与空间相协调的关系。在实际社会生活中，中国古人早就有因地制宜发展的社会发展理念，这是一种人与社会、空间协调发展的可持续发展思想。可见，中国古代就已经有了非常丰富的社会空间思想，强调社会空间与自然空间的合理匹配，最终达到“天地人合一”的和谐境界。也就是说，中国古代产生的空间与社会思想具有明确的目的性，就是追求“天地人合一”的境界，追求人与社会、空间的和谐发展。因此，在中国古代兴起并不断完善发展的空间分析，本质上是一种社会空间分析，具有明显的社会改善的目的。这种社会目的一直延续至今，是中国空间与社会研究的指导思想。

一、古代的研究

在中国古代思想中，地理空间因素是分析和了解社会系统变化规律的重要因素。《周易·系辞》曰：“易与天地准，故能弥纶天地之道，仰以观于天文，俯以察于地理，是故知幽明之故。”也就是说，要了解社会发展变迁的规律，“知幽明”，除了要掌握时令的变化之外，还要掌握地理空间的变化和基本特征。因此，古人已经明了地理空间对于社会的影响关系，所以，把天时和地理空间因素纳入社会分析框架之中，形成了一个整体性的时空与社会系统分析的思想体系。这套思想的来源就是通过对于天时、地理以及周围人事物变化的观察。《周易·系辞下》云："古者包牺氏之王天下也，仰则观象于天，俯则观法于地，观鸟兽之文与地之宜，近取诸身，远取诸物，于是始作八卦，以通神明之德，以类万物之情。"也就是说，这套系统性很强的理论，主要是通过归纳和演绎来建构的。古人根据天时变化、地理特征以及周围社会与自然现象的观察，归纳出这类事物和现象所具有的共性，得到一般性的原理或者具有普遍意义的规律。这是从特殊到一般的过程，是从个案到总体的过程。在归纳的基础上，古人进一步去由近及远地推演空间与社会的关系，"近取诸身，远取诸物"，根据一般性的原理去预测社会变化的趋势，从而洞悉万事万物变化的规律。这是从一般到特殊、从总体到个体的过程，体现了理论指导实践的社会意义。

当然，古人不但提出了这种时空与社会的思想，还通过建立模型的方式来进行模拟和预测。在这套思想体系中，古人发现天时变化有其自身的规律，地理空间变化也有其自身的规律，而人文社会变化也具有一定的规律性。但是，古人强调这三者的规律是互相影响的，并非彼此独立的，而是彼此互相作用、不可分割的。据此，古人把这种复杂的关系转换为数，再通过"爻"的方式来模拟与预测空间与社会的互动，最终预测出社会发展趋势以及社会空间下个人的社会处境，甚至是祸福与吉凶。《周易·系辞下》云："有天道焉，有人道焉，有地道焉，兼三才而两之，故六。六者非它也，三才之道也。道有变动，故曰爻。爻有等，故曰物。物相杂，故曰文。文不当，故吉凶生焉。"可见，古人根据天时、地理与社会的关系发现了数字"六"的作用。有了数就可以建立复杂的数学模型，就可以通过算法和演算的方式，来模拟和推测社会变化的趋势及其发展路径。古人通过"爻"来建立空间与社会的动态模型，根据"爻"的空间位置及组合特征来演算其社会含义，预测其社会结果。实际上，这是复杂的数学模型。正是这个原因，《周易》也被视为一部"数学巨著"。

在《周易》中的空间与社会模型中，空间具有独特的作用，会直接影响到模型模拟和预测的效果。六爻组成一卦，最终形成了六十四卦。在《周易》中，从爻到卦，再到整体空间与社会系统，俨然是一个完整的多层次时空社会模型。在这个模型内部，具有复杂的函数，不仅有反函数，还存在着各种转换函数，总之，内部结构非常复杂。由于位置的不同，卦与卦之间会出现错综复杂的关系，即存在错卦和综卦。所谓的错卦，就是与原卦是交错的关系，立场是相同的，目标是一致的，但是由于观察事物的空间视角不同，导致看问题的角度不同，所见也就不司了。因此，就会出现错卦。而综卦则是因为空间位置的改变导致立场发生了变化，结果，观念也就不同。从数据建模的角度来看，就是因为空间位置的不同，需要通过各种转换函数来描述空间位置对于社会观察以及结果的影响。每一卦的卦象，都与空间有直接或间接的关系。另外，《周易》中的空间是内生性变量，是处于不断变化着的，而这种变化过程就是“卦变”。三国的王弼在《周易略例·明象》中云：“互体不足，遂及卦变，变又不足，推致五行。”这种“卦变”的起因和过程以及结果，都与社会空间有关。可见，《周易》中的空间与社会模型是动态模型，而非静态模型。

在《周易》的解释中，社会现象及其结果往往和空间位置相结合在一起，一个重要特征就是很重视空间位置的邻近性。在《周易》全文中，总共出现六次“邻”字，在象曰中共出现三次。根据“邻”出现的内容，空间位置的邻近性既有好的效应，也有不好的效应。例如，“震不于其躬，于其邻，无咎”，这种空间位置的邻近性不会产生负面效应，至少是一种中性的角色。但是，即便是中性的角色，对于邻近关系也要有警惕性，即所谓的“虽凶无咎，畏邻戒也”。这说明，当时的古人已经观察到了邻近性对于社会的影响，所以，提醒人们要认真考虑邻近性的作用，并采用恰当的关系管理方法来合理处理邻近关系，避免因为邻近关系而带来负面的效应。《周易》所阐述的邻近关系，具有一定的辩证性，空间邻近效应是会变化的，“有孚挛如，富以其邻”强调的是转向正面的邻近效应，而“翩翩，不富以其邻，不戒以孚”则强调的是转向负面的邻近效应。所以，空间邻近效应不是静止不变的，会随着社会环境的变化而变化，这是一种权变的关系。《周易》云：“不富以其邻，利用侵伐，无不利。”这也就是说，邻近关系也可能成为社会行为的前提，成为社会变革的诱因。《周易》也提到了邻近性与竞争性之间的关系，“东邻杀牛，不如西邻之禴祭，实受其福”，这说明邻近之间往往存在着竞争性，类似的做法，因为需要差异化竞争而效果就不同。

二、身体与空间

梅洛·庞蒂被誉为“法国最伟大的现象学家”，他提出了身体空间论。

他以身体为起点，阐述了身体—主体这一概念，试图弥补身体和心灵之间的断裂，厘清身体与世界之间的关系。但是，深入研究梅洛·庞蒂的阐述后，会发现他的一些主要观点与《黄帝内经》中对于身体的描述以及“天地人合一”的哲学思想，存在着一定程度上的相似性。在这些理论中，身体都是作为一种空间形式而存在的，与外部世界之间都存在着内在的关联。身体内部的空间具有结构性，与外部世界的空间之间需要达到和谐。这些理论都指出，身体是认识世界的起点，但是，身体也是世界的一部分，世界既在身体之外，也在身体之内。这是一种辩证关系，强调的是身体空间和外在世界空间的辩证统一性。梅洛·庞蒂用“身体—主体”的概念，强调的是身体和主体其实是同一个实在，身体既是存在着、被经验着的客体现象，又是经验着、意识着的主体。这是一种思辨的身体空间思想和学说，强调身体空间的二元性。与之不同的，古代的《黄帝内经》则从养生和对抗疾病的角度来阐述身体空间与外部世界之间的关系。在古人眼中，身体空间是虚实、阴阳和合的综合体，是一种客观存在，是精、气、神的场域。身体空间内部的精、气、神运动的状态，会对于身体健康产生直接的影响，也会影响到治疗的效果。所以，古人眼中的身体空间是个立体而客观存在着的空间，对于身体空间运行规律的把握、模拟与预测就成了《黄帝内经》的重要创新性思想。

梅洛·庞蒂说：“内部世界和外部世界是不可分的。世界整个就在我的里面，我整个就在我的外面。”（梅洛·庞蒂 2012）这强调的是身体空间和外部世界的空间是相通的，也是互相交融而不可分割的，这种思想在《黄帝内经》中也曾经系统性地阐述过。《黄帝内经》把人与自然看作是不可分割的统一和谐整体，那么，人的身体空间自然就是外部世界空间的一部分。《黄帝内经》认为人的生命现象本身就是自然现象的一部分，人的身体空间与外部世界的空间必然是息息相通的。正因为身体空间和外部世界空间是相通的，所以，人要确保其身体健康，就必须掌握外部世界的阴阳变化规律，自觉地使其身体空间适应外部世界空间的变化，“自古通天者，生之本，本于阴阳”（《素问·生气通天论》）。与梅洛·庞蒂对身体空间的思辨性不同的是，《黄帝内经》对于身体空间则具有明确的实证性，即通过实际的对身体的诊治行为来诊断身体空间内部可能出现的情况，并对于身体空间与外部世界空间关系进行检验，最终达到使身体空间和外部世界空间和谐的程度，身体的病症就会消失，身体空间又会恢复到原来的健康状态。因此，《黄帝内经》的身体空间理论，是一种实证的理论，具有丰富的现实意义。

《黄帝内经》的身体空间理论，不是静态的模型，而是动态的模型。身体空间的状况会受到时间的影响，会随着时令的变化而变化。《素问·四时调神大论》云："故阴阳四时者，万物之终始也，死生之本也，逆之则灾害生，从之则苛疾不起，是谓得道。道者，圣人行之，愚者佩之。"因为身体空间会随着时间的变化而变化，因此，要维护身体空间的健康状态，就需要根据时令的变化而调养。当然，时令的变化和特定地理空间又会产生交互作用，所以，身体空间的养护就需要根据时令的变化以及地理空间的转移而进行适当调整，顺从时令和地理环境来进行养生，身体空间就会处于和谐的状态。可见，《黄帝内经》的身体空间理论是时间和空间交互作用的模型。空间和时间的交互作用，在康德、黑格尔的思想中都有涉猎，但是，这些哲学家主要所阐述的时空关系都是思辨的关系，而《黄帝内经》所阐述的时空交互关系是实证的关系，是源于社会实践又返回到社会实践的理论思想体系。这套实证的时空交互思想体系，直到今日，还依然在广泛地影响着当前人们对抗疾病的各种社会实践，依然具有旺盛的生命力，帮助人们去实现"与万物浮沉于生长之门"的生活境界。

当然，这个模型还有一个很重要的内生变量就是社会。《黄帝内经》中有很多关于社会生活方式的描述，并认为这些社会活动往往会使得身体空间受到冲击而会出现紊乱的局面，最终影响身体机能的正常运作，导致疾病的产生和加速身体的衰老。《素问·上古天真论》云："上古之人，其知道者，发于阴阳，和于术数，食饮有节，起居有常，故能形与神俱，而尽终其天年，度百岁乃去。今世之人不然也，以酒为浆，以妄为常，醉以入房，以欲竭其精，以耗散其真，不知持满，不时御神，务快其心，逆于生乐，起居无节，故半百而衰也。"从中可以看出，上古的人们，参加合理有节的社会生活，结果，身体空间状态保持得好，疾病少，寿命长。但是，后来人们的社会生活发生了很大的变化，逐渐失去了节制，导致身体空间状态恶化，疾病频发且平均寿命缩短。这种思考与推演过程，如同现在的生存分析，从时间、空间、社会三个因素来建立生存函数，进而准确预测身体空间的状态和持续时间。若把《黄帝内经》中内含的身体空间模型和吉登斯的"时间—空间—社会"模型进行比较，会发现其实《黄帝内经》的模型应该是"时间—身体空间—社会"辩证模型，而且是有机的整体。

被后来的社会学家们所津津乐道的梅洛·庞蒂“身体图式”的概念，主要是从身体出发消解肉体和心灵之间的对立，“我在一种共有中拥有我的整个身体。我通过身体图式得知我的每个肢体的位置，因为我的全部肢体都包含在身体图式中”（梅洛·庞蒂 2012），把两者统一在身体空间之中。在梅洛·庞蒂的世界中，身体空间内的各种器官在“身体图式”中表现出的是一种协调性和相互性。相对而言，《黄帝内经》则更具体，直接提出了经络学说，用经脉与穴位的方式描绘出具体的“身体图式”。《灵枢·脉度》说：“经脉为里，支而横者为络，络之别者为孙。”根据经络学说，人体空间内的主要经脉有：十二经脉、十二经别、奇经八脉、十五络脉、十二经筋、十二皮部等。其中属于经脉方面的，以十二经脉为主，属于络脉方面的，以十五络脉为主。它们纵横交贯，遍布全身，将人体内外、脏腑、肢节连成一个有机的整体。有了这些纵横交错的经络，“身体图式”就不再是一个抽象的概念，而是一个具体的可以用于诊治的图式。根据身体的经络穴位图，就可以根据身体的状况有针对性地实施医治与疗养，比如石砭、银针、艾灸、按摩、火罐、中药等。经络学说是一种典型的网络思维，后来成了社会治理思想以及社会网络理论的重要源头。《周礼·天官大宰》中就有“以经邦国”的提法。

三、继承与发展

中国古人很早就认识到空间对社会以及个人发展的影响，在长期的社会实践中，逐渐形成了风水思想和理论体系。这是一种根植于东方文化土壤的社会空间理论，是一种包涵地理环境、社会人文环境、空间环境以及个人身体空间的综合概念系统，是“天地人合一”思想在社会现实生活中的具体化，是起源于东方文化的最早的时空社会科学。这种学问又称为“堪舆学”，或称“青囊术”。由于这个学问越来越专业化，就逐渐出现了专门开展此项研究的专业人士，就是“舆堪家”。《史记》中已出现“舆堪家”这一专门从事空间分析和社会行为预测的专业工作者，一般都会有专门的工具，比如罗盘等。这些专业人士如同现在掌握地理信息系统（GIS）方法、能够熟悉操作相关软硬件的空间分析师一样，通过空间方法来解决社会问题。古代的风水理论要解决的社会问题是多元的，大到影响国家社稷与大政方针的国都选址问题，小到个人前程的微观问题。据《诗经·大雅·公刘》记载，周先祖公刘约在公元前 15 世纪就应用风水原则对聚落与城址进行选择："笃公刘，既溥既长，既景乃冈。相其阴阳，观其流泉，其军三单。度其隰原，彻田为粮。度其夕阳，豳居允荒。"可见，那时候的空间分析已经做得很细致深入了，不仅仅是实地观察，而且还要实际度量与分析。

到了春秋时期，经济学家管仲深入研究了风水空间理论之后，提出了社会分析的基本原则。在《管子·度地》记载了桓公与管仲的一段精彩对话，在回答桓公问题的过程中，管仲说："天子中而处，此谓因天之固，归地之利。内为之城，城外为之郭，郭外为之土阆，地高则沟之，下则堤之，命之曰金城。树以荆棘，上相穑著者，所以为固也。岁修增而毋已，时修增而毋已，福及孙子，此谓人命万世无穷之利，人君之葆守也。"可见，在管仲的思想体系中，空间分析和社会分析是密不可分的。空间及其具体位置的局部，要与社会结构中的角色和社会身份相匹配，才能使得社会系统运转顺畅，整个社会才会稳定发展。根据这个逻辑，那么，社会结构的分化必然就会体现来空间分布和布局上的差异化，即所谓的"空间异质性"。在管仲看来，这种空间异质性不仅仅是社会发展的自然产物，也是社会结构的自然延伸，而且空间布局还会反过来影响社会系统的运作，对于社会以及社会中的个人具有重要的价值。这种社会价值在经济学家管仲看来，就是"人命万世无穷之利"，不仅体现在宏观社会上，还体现在微观个体上，不仅是眼前近期利益，还是具有深远意义的长期利益。

管仲的空间经济分析理论，也体现了风水空间理论的一般性特征。风水空间理论的空间布局分析是典型的空间静态模型，一旦选址和空间布局确定下来，那么，空间结构在相当长时间内是不会再出现显著改变的情形，也就是在相当长的时间内是处于静止状态的。但是，这样的静止空间状态是如何对快速变化社会中的社会系统以及个人产生持久深远的影响，这个问题至今远未获得解答。因为无法有科学的解答，因此，关于风水空间理论的推断，也往往会陷入神秘主义的遐想。当然，风水空间理论中的这种空间结构会对社会系统产生"滞后"影响的思想，还是很超前的。在空间计量发展到了今日，才有了"空间滞后"思想和概念，并且形成了比较稳定的空间滞后模型。这种现代空间滞后模型的最初思想就是起源于时间上的滞后现象。时间上的滞后现象是时间序列过程中非常常见的现象，当期的行为不会马上就产生结果，而是需要到未来时期才会显露结果。这就是时间上的滞后效用。在模型建构中，滞后现象为解释变量对被解释变量的影响不可能在短时间内完成，在这一过程中通常存在时间滞后，也就是说，解释变量需要通过一段时间才能完全作用于被解释变量。在风水空间理论中，空间布局对于社会系统的影响会存在滞后效应，而社会系统又会反过来再影响空间布局，进而使得原先的空间布局被调整。这个过程中，空间和社会的互动都会出现滞后现象。若单纯从空间视角来看，就是“空间滞后”。所以，风水空间理论从短期来看是静态的，而从长期来看，其实也是动态的。

管仲的空间与社会经济互相结合的分析方法，成为之后长期以来中国空间分析的基本范式。在中国的历史上，人们很少单独分析地理空间的研究，而是把地理空间与社会、经济、人口、人文、风俗等结合起来进行综合分析。在中国历史上，《汉书·地理志》可谓是开创了地理社会分析的先河，后世多继承之。它是中国历史上第一部体例完备，记载详细的官修地理类文献，后世正史中所载地理志者，皆始于此。全书贯穿着地理空间分析服务社会发展这一实用主义的思想，采用人文社会与自然地理并重的分析范式，打破了以前记录地理情况以山水为纲的传统，转而以政区疆域为界，记录和分析不同政区内的地理与社会人文情况，开“政区地理”之先。这种分析思路，一直延续至今。当前很多国家或地区的社会与空间分析，还依然以行政区划为单位，社会空间分析的最终目标还是以发展行政区所属疆域的经济与社会。所以，《汉书·地理志》所体现的空间与社会综合性分析方法，对于后世影响很大，不仅中国后世的正史《地理志》中大多采取了这种分析框架，连西方现代地理学的发展最终也不断加强了与社会科学的融合，甚至出现了空间整合社会科学的跨学科研究。唐朝玄奘的《大唐西域论》以及明代的《徐霞客游记》都是采用了空间分析与社会分析相结合的方法，不仅记载了各地的地理形势、水陆交通、气候等传统的地理因素，还大量记载了语言、历史、政治、经济生活、宗教、文化、风俗习惯等社会、经济与人为因素，成了分析当时社会的重要文献。

这种空间与社会综合分析方法的集大成者，当属中国现代人文地理学奠基人胡焕庸。1935 年，他在论文《中国人口之分布——附统计表与密度图》中，提出了著名的“胡焕庸线”。（胡焕庸 1935）这条以瑷珲—腾冲划分的线，把全国分为东南和西北两半壁，对中国经济布局、民政建设、交通发展、社会建设、人口管理等具有重大的参考价值。胡焕庸的研究基于两个重要的前提：其一是社会现象与资源在空间分布上具有异质性，其二是空间分析和社会分析不可分割。如同他自己所说的那样，“过去研究中国人口问题者，大多偏重于纯粹数字之推求，绝少注意于地理背景，研究其分布之稀密者……今试以中国地形图、雨量图、与人口图进行比较，则三者之间，具有十分密切之关系”，实际上还是沿用了中国古代空间与社会分析思路，利用地形图（地）、雨量图（天）、人口图（人）三者合一的方法进行分析，即传统的“天地人合一”思想。但是，在实际分析过程中，他更多地采用了近代西方的地理学理论和方法，从人地关系的角度研究我国人口及农业问题，进而提出中国人口的地域分布以瑷珲—腾冲一线为界而划分为东南与西北两大基本差异区。“胡焕庸线”所反映的不仅仅是人口的空间分布差距，而且还是社会、经济等的空间分布差距。即便是七十年后的今天，这种基本空间格局并没有发生显著的改变。

小 结

若没有实证研究，那么，社会时空思想就会停留在形而上的层面，对于社会科学的发展与建设，作用也是有限的。但是，一旦通过实证研究，社会时空思想就与现实中的社会紧密地联系起来，就可以建立起经得起社会实践检验的社会理论，也能够更有效地指导具体的社会实践。当然，社会科学的实证研究思想的产生和发展有一个过程，孔德、涂尔干和韦伯的实证思想对实证社会科学的发展有重要的影响。从时空社会学科的发展来看，社会时空的实证研究，有一个萌芽、发展和成熟的阶段。现在，相关的实证方法也越来越成熟，在社会科学中的应用也越来越广泛。在时空社会科学研究领域，当前的主流理论和方法都是来自西方的，但是，其实早在中国古代，就已经很重视。无论是理论还是具体的实证方法，归根到底是统一于社会实践。东西方在长期的社会实践中，都逐渐形成了一些行之有效的实证方法。从时空社会科学的研究来看，这些实证思想和方法都具有重要的启示价值。

第四章　社会时空系统及其数据

在列斐伏尔的体系中，社会空间既是名词，代表着空间与社会交融的一种存在状态；它又是动词，代表着社会空间的生产与再生产过程，而这个过程与时间相关，是动态的过程。所以，社会空间既是一种存在，又是一种过程。在对社会空间进行实证研究时，一般都把时间纳入系统之内，即所谓的动态的社会空间系统（socio-spatial system），即是社会时空。例如，在研究人类定居情况时，往往会采用社会时空分析方法（Kleynhans et al. 2015）。这种研究范式主要采用系统论的研究方法来探究和检验时间、空间与社会的互动以及彼此的影响和交互机制，一方面，从社会时空总体进行全局上的分析与研究，试图预测社会时空整体上的发展趋势；另一方面，则从社会时空系统内部的子系统进行局部的研究，试图发现子系统之间的关系以及与整体的联系。例如，在研究空气污染和公共健康时，通过社会时空视角来开展研究有助于发现现象背后的规律（Rushworth et al. 2014）。在社会时空系统运行的过程中，会产生各式各样的数据，就是社会时空数据，这些数据是进行时空社会科学实证研究的基础。有了这些时间、空间与社会的数据，就可以对社会时空相关理论的各种假设进行实证检验，就可以模拟社会时空系统的运行机制，进而预测社会时空系统的发展趋势。在对社会现象进行时空实证分析的过程中，需要根据时间、空间与社会数据的特征采取相应的实证方法，才能获得理想的研究成果。当然，在开展实证研究之前，需要对社会时空系统有深入的研究和把握，才能做到理论与实证分析之间形成一个整体，具有内在的连续性。理论是实证研究的前提，而实证研究是对理论的检验和完善，是理论发展的重要手段。

第一节　社会时空系统概述

从词语的构成上可以看出，“社会时空系统”是由“社会”“时空”和“系统”三个词构成。如果把这三个词都作为名词来理解，那么，“社会”“时空”与“系统”就是一种并列关系，“社会时空系统”所体现的就是社会、时空与系统这三者的联系，对这方面关系的探讨和研究形成了不同的“社会—时空—系统”理论。这种解释，其实是把社会和时空都视为系统，探讨的是社会系统和时空系统之间的关系，因此，这类研究一般都会转化为“社会系统—时空系统”理论。这种研究思路，一般都会把社会与时空视为彼此的外生变量。但是，如果把“社会”“时空”界定为形容词，那么，“社会”“空间”与“系统”之间就会成为一种修饰和界定的关系，所谓“社会的、时间的、空间的系统”（social，temporal and spatial system）。根据这个思路，在开展研究和建构理论的过程中，一般都会把社会与时空视为互为内生变量，就是时空社会科学所阐述的内生性的社会时空系统理论，即把时空与社会视为互为影响、互相作用、彼此依赖、不可分割的系统，这个系统是人类社会的实践活动的产物，也为人类的发展奠定了广阔的时空条件和社会基础，并且随着社会交往和社会时空的生产与再生产而不断的发展与变化。在开展时空社会科学研究时，要掌握社会时空系统的基本属性的同时，还要了解社会时空网络和社会时空身份这两个关键概念。

一、基本特征

社会时空系统与一般的社会系统或者空间系统相比，具有共性，也有独特性。在共性方面，社会时空系统具有实践性、关联性和价值性，这些特征也是一般的社会系统或者空间系统都会具有的特征，相比而言，社会时空系统在某些方面会更明显。社会时空系统的实践性是指社会时空是人类社会实践的产物，没有社会实践活动，也就没有社会时空的生产与再生产，自然也就没有社会时空系统的存在。社会时空系统的关联性是指社会时空的表现形式不是单一、孤立、静态的，而是多种社会时空通过相互交织、相互促进而相互联系，从而表现出不分彼此、共同存在的特征，体现了社会时空中社会关系的不可分割性。社会时空系统的价值性是指社会时空不是一种价值的中立，不管是精神性的社会时空还是物质性的社会时空，都具有其存在的价值性。社会时空系统的这些一般性特征，往往根据研究者的研究方法以及研究目标的不同而有所侧重。比如，在规范研究中，社会时空系统的价值性问题会更加突出，围绕社会时空的价值判断是规范研究的核心问题。但是在实证研究中，社会时空系统的价值性议题相对不是最重要的，研究者会刻意回避对社会时空的价值性判断，而通过实证方法来回答“是什么”的问题，而不是“好”与“坏”的问题。

此外，与一般的社会系统或空间系统而言，社会时空系统具有其自身独特的特征，就是二重性和多样性。社会时空系统的二重性，就是社会性与时空性所构成的二重性。所谓的社会性，是指社会时空是表达人们社会交往相关的活动时间与领域。社会时空的社会性体现在特定时间和地区所形成的各种规范社会行为的社会制度上，而社会制度是社会关系的制度化表述。美国著名经济学家道格拉斯·诺斯（Douglass C.North）强调，制度是一个社会的游戏规则，更规范地说，它们是人们的相互关系而人为设定的一些制约（道格拉斯·诺斯 1994）。在社会时空系统中，社会制度以制度结构的方式成为系统内在的一部分。所谓的时空性，是指社会空间是人们在特定的时间和空间中进行各种社会交往和开展社会实践的场域。社会时空的空间性体现在具体的空间结构上，社会中的个人受到特定空间结构的约束，同时，在社会交往过程中也会生产和再生产新的空间结构。当社会时间外生给定时，社会时空系统的二重性就转化为社会空间的“二重结构”，即制度结构和空间结构。2015 年，马玉娜和顾佳峰的研究，系统论证了制度结构和空间结构对社会空间系统的影响和作用，提出了“双重结构论”。所谓的制度与空间的双重结构论，就是图 4–1 所示的（顾佳峰 2016），制度结构和空间结构交互作用，最终实现社会空间系统的均衡运作（马玉娜和顾佳峰 2015）。

图 4–1：制度和空间二重结构图

社会时空系统的多样性是指社会时空的形式不是静止不变的，而是变化多端的，会随着社会实践的不同而被生产与再生产，因此，社会时空系统是一个动态的系统。社会时空系统的多样性，与其二重性是密切相关的。与一般社会系统或者空间系统相比，社会时空系统体现出更复杂的多样性，变化多端，一个重要的原因是因为存在着社会、时间与空间的共变。在社会时空系统内部，不仅制度结构会变化，空间结构也会变化，而且制度结构和空间结构还会随着时间的变化而产生交互共变，使得变化更为复杂（马玉娜和顾佳峰 2018b）。事实上，无论是制度结构还是空间结构，其内部还存在着物质性和精神性的二重性。也就是说，社会时空系统的社会和空间的每个因素内部，还存在着物质性和精神性这一组二重性。这种关系如同多层嵌套模型，社会与空间分别在各自的层面上进行着自我生产与再生产，这是它们得以形成、存在和发展的现实根基。然而，二者各自的自我生产与再生产向来就是以二者之间的相互生产为外部条件的；反过来，自我生产与再生产也内在地决定着、制约着相互生产的性质和形式。正是依靠社会和空间的自我生产与再生产及二者之间的相互生产这两种活动过程的融合交织和联体运作，才得以形成社会与空间有机结合、相互嵌套的双重结构的完整社会空间系统。由于社会时空系统具有多层嵌套的特征，因此，牵一发而动全身，系统的变化性就大，多样性特征就很明显，这是由社会时空系统自身内在特征所决定的。

二、社会时空网络

在社会时空系统中，有一组彼此对立的概念，就是时空不连续（time-space discontinuity）以及时空连续（time-space continuity）。例如，在研究无家可归者的日常行为时，研究者会发现这个群体普遍具有时空不连续的特征，即在日常生活中缺乏固定的居住点，这种居无定所的状态就是社会时空中的时空不连续。有研究指出，这种时空不连续对于无家可归者而言，会影响其个人自尊（Rowe and Wolch 2015）。社会中的个体，在面临时空不连续时，一般都会想办法去重构自己的社会时空，从而修补时空不连续至时空连续。因为，只有在时空连续状况下，社会中的个体才具有良好的社会身份和个人自尊。即便是无家可归者，也会想方设法去实现从时空不连续到时空连续的转变，而实现这种转变的方法就是建构其有效的社会网络（Rowe and Wolch 2015）。社会时空系统内部具有各式各样的社会网络，这些社会网络存在的一个重要功能就是实现从时空不连续到时空连续的转化。时空社会科学的研究，一个很重要的课题就是研究社会网络及其演变与发展。

疾病在社会中的传播，往往具有一定的时空特征，在特定的时间呈现特定的空间分布，具有明显的空间聚集效应。这种传播与社会中的人群交流与人口流动的方式有关，因此，适合用社会网络分析方法来进行模拟和预测。结合时空分析方法，社会网络研究可以有效诊断疾病传播的机制及空间聚集的类型，从而有效预测疾病传播的趋势，有助于制定有针对性的防治措施，进而有效控制疾病的传播，最终消除疾病（Firestone et al. 2011）。社会网络分析在公共卫生中是很常用的分析方法（Luke and Harris 2007）。当社会网络方法与时空分析相结合时，不仅能够分析研究对象的空间分布及其特征，而且还可以分析事物发展的动态性和规律性。研究对象在特定空间上的聚集，不是静态的，而是在不断变化着的，呈现出空间扩散或者空间压缩的特征。要揭示这种变化背后的规律，进而准确预测其发展趋势，就需要进行动态分析，而时空分析就具有这种功能，能够有效揭示社会现象或者社会事物在空间上的动态发展关系，从而提高社会网络的分析能力和效度。

在社会时空系统中，社会网络不仅是在特定的时空中进行运作，受到特定时空因素的限制和约束，社会网络还会对时空产生影响。在现实世界中，人与人之间存在着物理上的距离，但是，通过社会网络，即便相处异地的人们也可以很亲近，即彼此之间的社会距离比较近（Shaw 2015）。可见，通过社会网络，人与人之间的社会距离可以穿越物理空间的限制，在一定范围内，甚至也可以穿越时间的限制。社会网络可以在一定程度上影响人们对于时空的感知。当社会网络和时空因素有机结合起来时，就可能建构出一种新的社会时空系统，形成新的测量方法。例如，可以通过地理计算（geocomputation）的方式，把节点通达性（joint accessibility）的时间地理（time-geographic concept）进行分析，就可以有效测量出城市的社交潜力（social interaction potential），从而对于诸如城市区隔、社会资本发展、创新和创业等广泛社会议题进行测量与研究（Farber et al. 2013）。在大数据时代，基于大数据的社会地理计算技术日趋成熟，对于社会时空系统的计算和测量，成了时空社会科学研究的一个重要领域。社会时空大数据的不断发展，也为计算社会科学（computational social science）的发展提供了重要的基础，而社会时空网络的研究则是这股潮流中的重要组成部分。

在社会时空中，空间观测点往往并非孤立存在着，一般邻近空间观察点之间的社会现象往往存在着彼此依赖和关联的特征，即所谓的空间邻近关系

（spatial neighborhood relation）。这些点与点之间的空间邻近关系作用的机制主要是通过社会时空网络来实现的。因此，研究邻近效应的关键是要研究邻近空间观测点之间的社会时空网络。除了邻近效应之外，社会时空网络的作用结果还可能以其他效应出现，比如溢出效应、空间聚集效应，等等。社会时空网络分析是时空社会科学研究的重要内容。在开展时空社会科学时，分析社会现象在空间上的分布属性，比如在分析中心性、聚集性以及区位和距离相关的动态空间属性时，其实就是在进行社会时空网络分析。社会时空网络分析强调所分析对象的动态拓扑属性。在时空社会科学研究中，社会时空网络除了包括交通、通信等自然网络之外，还包括社会交流、社会互动、虚拟网络等各种社会网络。从某种意义上来说，空间邻近性是社会时空网络展布性的一种反映。社会时空网络概念具有很强的外延性，使得时空社会科学可以用来分析和探究几乎所有的社会现象。

三、社会时空身份

社会和时间、空间交融的结果所产生的影响，不仅仅对于身处其中的社会个体产生有形的影响，而且还会产生无形的影响，使其头脑中形成对于自己社会身份的界定，而这种社会身份的自我界定与其所处的社会时空存在内在的联系。在这些联系中，社区身份会在社会时空中发挥出一定的作用。在社会系统中，大大小小的社区（community）是社会系统的重要内部构成。对于社会成员而言，其社会身份与其所属社区有很大的关系。在现实社会中，社区往往与特定的社会时空密切相关。剑桥大学家庭研究中心主任吉尔·琼斯（Gill Jones）利用苏格兰年轻人调查（Scottish Young People's Survey）数据的研究发现，社会空间身份（socio-spatial identities）会对于人口迁徙产生显著影响（Jones 1999）。人口迁徙过程，就是社会时空改变的过程。当人们从迁出地迁往迁入地，与迁出地的空间距离就远了，而与迁入地的空间距离就近。但是，从社会距离的角度来看，那么，新迁入者往往与迁出地的社会距离近，而与迁入地的社会距离反而远。结果，导致迁移者往往很难融入迁入地的社会系统，而产生浓重的“思乡”情绪，依然对于远方的迁出地存在着思念，因为迁移者内心中其实依然界定自己属于迁出地所在的社区和社会系统，而并不属于迁入地。这样的例子，在现实生活中比较常见，比如从农村迁入城市的人们很难适应城市生活。

吉尔·琼斯认为，社会身份是“认同化的内外辩证（internal–external dialectic of identification）”的结果，也是机构与结构关系（relationship between agency and structure）的核心，因此，要探索机构在迁徙决策中的角色的方法之一就是考虑社会时空中的社会身份的重要作用（Jenkins 1996）。这里所说的机构就是指社会制度的代理者，因为所有社会机构都代表着某种社会制度。在吉尔·琼斯的研究中的机构，特指的是社区。在吉尔·琼斯看来，社区体现了社会性、时间性和空间性，因此，对于迁徙者的社区身份以及社区归属感的研究，就可以很好地揭示社会时空对于人口迁徙的影响。在人口迁徙研究上，社会因素和地理空间因素都是常用的变量，吉尔·琼斯研究的特点在于从社会、时间与空间交互的基础上提出了社会空间身份的概念，使得身份不仅仅是一种社会属性，还具有明显的时空属性，或者说具有某种的“属地性”。在吉尔·琼斯的研究中，“身份”如同是镜子，而进入镜子的是社会时空。这种巧妙的研究设计和内部逻辑推演，使得社会系统的社会性和时空性统一到了“身份”这个点上。这样的思路，其实就是后来对社会系统开展空间计量模型进行实证检验的基本思路，就是从时空与社会交互统一的角度来建构理论与分析框架，而不是从两者彼此独立、互相割裂的角度来开展研究。吉尔·琼斯的这个研究，主要还是属于探索性研究，并没有通过空间实证模型来进行研究，但是，关于时空与社会的理论建构方法还是值得借鉴的，因为对于用空间计量模型开展社会学研究而言，大多数研究者感到最棘手的问题并不是如何建构实证模型，而是如何把时空与社会的关系通过理论建构的方式说清楚。

社会身份的存在以及在社会系统的作用，说明社会系统的异质性，不同社会身份的社会成员之间存在着边界，甚至是“社会鸿沟”。可见，时空对社会的影响会通过社会边界（social boundary）的方式来体现。“边界”本身就是一个地理空间概念，而“社会边界”则是把地理空间中的概念社会化，用来形容社会系统内部的子系统或者内部构成之间的分界。与社会边界相关的一个概念就是社会距离（social distance），这也是时空社会科学研究的重要议题之一。每个人处于社会时空系统中的某个位置，因此，人与人之间就会存在着社会距离。有些人之间社会距离近，有些人之间社会距离比较远。这种与物理世界中的距离类似的概念，社会距离衡量的却是社会时空系统中人与人之间的社会身份的差异性程度。社会距离具有很强的时间性和空间性

（Matthews and Matlock 2010）。社会时空中社会距离比较近的成员往往会形成聚集现象，而不同社会聚集群体之间的社会距离越来越远时，就会出现所谓的社会空间极化（socio-spatial polarisation）现象。这种现象在社会人口分层和城市分割上都会存在（Kesteloot 1994；Walks 2001）。

社会时空身份与社会时空网络，是社会时空系统运行的两个基础性支撑，是开展时空社会科学研究的两个基础性概念。社会时空网络的参与者，因其社会属性会有所不同，参与的动机和目的也是不一样的，参与的方式也会具有差异性。也就是说，社会时空网络的参与者会有其社会身份的自我识别和认定，根据其社会身份的特点在社会时空中从事某种社会活动。可见，社会时空身份是社会时空网络参与者的具体所扮演的社会角色，具有社会身份的参与者通过各自的社会实践活动在社会时空中留下时空足迹，而这些时空足迹连起来就会出现时空网络。这些时空足迹不是无序的，往往是呈现一定的规律性特征，而这种特征往往受到了参与者的社会时空身份的影响和制约。社会时空身份和社会时空网络，构成了时动态空社会科学研究的两大支柱。

第二节　社会时空数据的基本类型

社会时空系统在运行过程中，都会产生一系列的数据，这些数据就是开展时空社会科学研究的重要基础。在社会时空数据的采集中，一般是设定特定时间而采集社会空间数据，在此基础上，通过观察不同时间点的社会空间数据，就形成了社会时空数据。可见，社会时空数据是不同时间点上、在不同空间观察点上的社会运行数据，是动态数据。这种数据常被称为空间面板数据（spatial panel data），常用的分析方法就是空间面板模型（Lee and Yu 2010b）。空间面板数据的特征就是特定空间观察样本点上的社会现象在不同时间点上的属性与特征数据。要理解空间面板数据，首先要理解社会空间数据。随着地理信息系统的发展，社会现象在地理空间上的分布及其呈现所产生的数据，可获得性也越来越强，相关的分析方法也越来越成熟。一般而言，这类数据分成栅格数据、矢量数据和拓扑数据。

一、栅格数据

社会现象在空间上的存在，可能是很有规则的分布，也可能是不规则的分布。对于社会现象的空间呈现，因此，也有不同的方式。其中一种方式就是把空间上的社会现象按照规则的网格进行分解，形成了很多网格空间上的社会呈现。这个过程，就是社会现象网格化的过程，是一种分解的过程。通过这种过程产生的数据，就是所谓的栅格数据（raster data）。从地理学的定义来说，栅格数据是按网格单元的行与列排列、具有不同灰度或颜色的阵列数据。每一个单元（像素）的位置由它的行列号定义，所表示的实体位置隐含在栅格行列位置中，数据组织中的每个数据表示地物或现象的非几何属性或指向其属性的指针。从社会学的角度来理解，社会现象的栅格数据其实是根据一定规格的标准网格来分解具体的社会现象，把现实中形象的社会现象投射到二维平面空间上去。因此，对于社会现象而言，其栅格数据的生成过程，也是社会现象的投射过程。因为有一个投射过程，所以，就可能存在社会信息的过滤和缺失，导致栅格数据在社会分析过程中存在一定的局限性。在《地理社会学》一书中，关于栅格数据在社会分析中的应用，有如下论述："栅格代表在描述空间连续的地理属性上是有用的，比如地形海拔或者遥感卫星测量的土地覆盖数据（比如城市语农业土地使用）。但是，对于描绘很多包括街道网络、政治和行政面积、关于态度或人口类型的调查数据在内的社会数据，栅格往往不是很有用。"（Porter and Howell 2013）为了说明栅格数据在社会分析中的局限性，在这部书的图 6.2 中，还专门通过两张图进行比较的方式，来直观呈现栅格数据的不足。当然，在开展时空社会科学研究时，栅格数据依然是重要的数据来源。例如，威廉·诺德豪斯的地—经济学（G–Econ）项目，就是把全球 GDP 根据一个经度和一个纬度的栅格进行测算，得到了测量全球经济获得的重要的栅格数据。

当然，在社会分析中，栅格数据也有其独到之处。在社会管理中，基于栅格数据的网格化管理，应用范围比较广泛。社会系统中的网格化管理，是社会运作的一种重要制度。在中国，这种管理方式可以追溯到古代的保甲制度。在汉代，五家为"伍"，十家为"什"，百家为"里"，构成了社会基层的网格化管理方式。在唐朝，四家为"邻"，五邻为"保"，百户为"里"，尽管计算方式有所不同，但是依然沿用的是网格化管理思想及其制度。这种基层社会管理模式，在进行社会空间分析时，需要通过映射（dasymetric mapping）的方式来进行。在空间分析中，"映射"或者"降尺度（downscaling）"都是专业术语，常用在环境研究中。但是，这种方式在社会学和人口学研究中也有应用。通过把人口普查数据和空间数据进行整合，进而映射到特定尺度的栅格上，就能形成人口栅格数据，就可以进行人口网络化社会管理的研究以及政策分析（Gallego 2010）。这种研究思路的核心还是社会现象的网格化后形成栅格数据，在此基础上进行深度分析。在实际研究中，会有诸多因素影响研究的结果，比如网格大小的划分标准、社会变量的特征以及数据的可获得性。网格大小的划分标准是个很敏感的因素。网格划分的越小，意味着社会分析的精准度越高，但是，对数据的要求也就越高，意味着符合条件的社会数据的可获得性就越差。所以，采用这种方法进行社会分析时，往往需要在分析的精准度和数据以及预算的可获得性上进行权衡。网格化社会管理其实是社会时空网络方法的一种现实应用。网格与网格之间往往是有关联的，就形成了社会时空网络。在此基础上进行社会治理，能够有效提高公共管理的效率。

社会系统运行过程中的栅格数据，可以与自然系统中的栅格数据结合起来进行分析，有助于把社会现象放在特定的自然环境中进行分析，便于揭示社会与自然的互动关系。在实际研究过程中，往往需要把社会现象与地形、土地利用、道路交通、河网水系以及居民点等环境要素之间进行整合性分析。有了栅格数据，就能够从定量角度分析社会现象与自然环境之间的关系。目前，国际上较有影响的全球人口空间化项目有全球栅格人口数据库（Gridded Population of the World，简称 GPW）、全球资源信息数据库（Global Resource Information Database，简称 GRID）和 LandScan（LandScan Population Distribution Database）。GPW 由哥伦比亚大学的国际地球科学信息网络中心建立，已分别在 1995、2000、2005、2015 年公布了 4 个版本。[①] 这 4 个版本都使用人口统计数据和相应的行政区划数据，通过将人口统计数据转化为栅格形式来表现全球范围内的人口分布情况，但都未考虑影响人口分布的环境因素。GRID 在联合国环境发展计划推动下始建于 1985 年，其中的 Sioux Falls 数据集提供了不同年份的非洲、亚洲、拉丁美洲与加勒比海人口分布数据集，以及 1990 年的全球人口分布数据。[②] 这个数据集除了人口密度之外，还考虑了人口分布与交通通达性之间的关系。LandScan 全球人口动态统计分析数据

① http：//sedac.ciesin.columbia.edu/。

② http：//na.unep.net/index.php。

库由美国能源部橡树岭国家实验室（ORNL）开发，使用人口普查数据、行政区划数据以及土地覆盖数据、道路、高程、坡度、海岸线数据高分辨率卫星影像及夜间灯光影像数据而生成的世界范围内人口分布数据库。[①] 这些数据集充分发挥了栅格数据的特点，为开展时空社会科学的研究提供了重要的支撑。

二、矢量数据

在时空社会科学研究中，更为常用的是矢量数据（vector data）。所谓矢量数据，就是在直角坐标系中，用X、Y坐标表示地图图形或地理实体的位置的数据。矢量数据一般通过记录坐标的方式来尽可能将地理实体的空间位置表现的准确无误。对于矢量数据，在《地理社会学》中指出："矢量数据更好地允许个人、道路或政治定义的实体（比如人口普查区）彼此之间的空间邻近性实现可视化。基于矢量数据的空间呈现可以提供用于视觉的检查、调查数据与地理环境之间关系的更直观的平台。"（Porter and Howell 2013）因为矢量数据有这些特征，所以，它在社会分析中被广泛地应用。在时空社会科学研究中，社会、经济等数据一般都转化为矢量数据进行空间分析。矢量数据除了点数据之外，还有更为复杂的表现形式，包括线数据和面数据。这种多样化表现形式，为社会时空分析提供了重要支持。在列斐伏尔看来，社会的空间化是以物质生产尤其是社会关系生产和再生产为核心的辩证法过程，具有共时性、流动化等特征。因此，对于社会时空的分析不能仅仅停留在特定空间点上的分析，而需要从点与点之间的连线以及线与线之间的面上进行分析，这是一个包括点、线、面整合的分析架构，而矢量数据恰恰具有这方面的特征，因此，能够更好满足时空社会科学研究的需要。

对于社会、经济等数据进行矢量化之后，因为赋予了空间的信息，就能够进行更深入地挖掘和分析，从而便于找出社会时空发展与变化的规律。1969年，爱德华·米切尔（Edward J. Mitchell）发表了关于菲律宾新人民军反叛的实证研究论文（Mitchell 1969）。在这个研究中，爱德华·米切尔敏锐地指出了空间对于社会运动的影响，他认为"通过对于经济计量方法的应用能够显示这次反叛的成功与失败可以用少数文化的、经济的和地理的变量来进

① http://www.eastview.com/online/faq_landscan。

行解释”。为了形象地说明这一点，在文中作者通过一张菲律宾地图来显示这次反叛所波及的地区及其位置。后来，爱德华·米切尔研究所用的数据引起了帕特里克·多雷安（Patrick Doreian）的注意，后者对于该数据进行进一步挖掘和分析，尤其是对于该数据进行矢量化处理，得到了一些新的研究成果（Doreian 2014）。数据矢量化之后，各种空间回归模型就可以很好地加以应用，数据可以做更好的挖掘。社会数据的矢量化，一种简单常用的办法就是根据数据的地理区域性附加上所在地区的经度和纬度数据。有了经纬度信息，那么，社会现象与其所处的空间就可以对应起来，就可以开展多种空间实证研究（Gu 2012a）。这种矢量化处理方法简单而实用，因此，被广泛应用到社会现象的空间分析中（Gu 2015b）。如果要对数据做更加复杂的分析，就需要进行更为复杂的数据矢量化处理。

三、拓扑数据

拓扑学是数学的一个分支，主要研究几何图形在连续改变形状时还能保证不变的一些特性。在社会空间的分析过程中，不仅仅需要分析社会现象在空间中分布的点、线、面特征，而且还要分析这些特征之间的关系和属性，因此，就需要同时分析社会空间的几何信息和拓扑关系。几何信息和拓扑关系是社会空间系统中描述社会现象的空间位置和空间关系的不可缺少的基本信息。其中几何信息主要涉及几何目标的坐标位置、方向、角度、距离和面积等信息，它通常用解析几何的方法来分析。而空间关系信息主要涉及几何关系的“相连”“相邻”“包含”等信息，它通常用拓扑关系或拓扑结构的方法来分析。可见，为了全面而完整地分析社会空间系统以及空间生产与再生产的社会关系，在实证研究中需要把几何分析和拓扑分析结合起来，这是因为社会空间中既包括了几何特征的信息，又包括了复杂的拓扑特征的社会关系，两者的结合既是社会空间分析的必然要求，也是社会空间分析的基本内容。在实证分析中，一般是需要把社会空间中的几何关系转化为拓扑结构，形成描述和刻画这种拓扑结构的拓扑数据，其中常用的就是空间权重数据。所以，空间权重矩阵在一定意义上是社会空间的拓扑结构的体现和反映。当然，特定的拓扑结构与特定的几何形状之间并非一一对应的关系。由于拓扑关系关心的是空间的点、线、面之间的连接关系，而不管实际图形的几何形状。因此，几何形状相差很大的图形，它们的拓扑结构却可能相同。换言之，一个空间权重矩阵可能代表着多种几何形状。因此，在开展特定的社会空间研究的过程中，一般需要在采用空间权重分析的同时，辅助以几何分析。

加拿大阿尔伯塔大学社会学罗柏·希尔兹（Rob Shields）教授在2013年出版的《空间问题：文化拓扑学和社会空间化》，系统地阐述了社会文化中的拓扑结构（Shields 2013）。在罗柏·希尔兹看来，之所以需要用拓扑的视角来分析社会空间，是因为需要避免把社会空间简单化或者矮化为“虚空”或“真空”，而是应该深入去讨论和挖掘社会空间所包含的丰富的历史、文化与社会内涵。对此，“我们能在‘复数的空间’中讨论‘社会空间’，作为变化的拓扑学，社会空间能绘制出身体、意义和场所之间的映像关系。”（Shields 2010）因为拓扑学具有天然地分析变化的能力，所以，通过拓扑的视角来分析社会空间，就能够更加全面地揭示社会空间中各种各样的映像关系，而这些映像关系就是复杂变化着的社会关系的重要组成。罗柏·希尔兹教授进一步强调了社会空间化和拓扑学之间的内在关系，他说：“因此，有必要使用‘社会空间化’（social spatialisation）这一术语。这是一种‘文化拓扑学’，它具有历史和文化的特殊性，它与物质显现相关，却又不仅仅限于此。它包括抽象的、社会的事实（无形之物或真实之物），也包括可能性和物质性。”（Shields 2010）可见，在罗柏·希尔兹的理论中，“空间社会化”过程就是拓扑结构的形成与变化的过程，而“文化拓扑学”则能够抓住社会空间的变化特征而有效分析出各种辩证的社会关系，比如抽象的与具体的，有形的与无形的，可能性与物质性等。

社会空间的拓扑结构包含了多种关系，比如“相连”“相邻”“包含”等，这也意味着还有一组与之相对的拓扑关系的存在，就是“不相连”“不相邻”“不包含”等。这是两组对立的关系，但是，都是拓扑结构的组成部分，说明了社会空间中的社会关系存在着连续与非连续的类型。非连续的拓扑关系，实际上反映的是社会关系的“断裂”。社会空间中的关系“断裂”，并非完全没有关系，也不是有关系，而是一种很奇妙的社会存在。例如，加斯东·巴什拉（Gaston Bachelard）在1938年出版的《科学精神的形成》中勾画了导致“前科学”与“科学”之间“断裂”的种种“认识论的障碍”，即所谓的“认识论断裂”。但是，在加斯东·巴什拉看来，这种“断裂”既不存在“你死我活”般的紧张，也不存在“藕断丝连”的暧昧，而是一种“两可”状态。这种“两可”状态，对福柯空间思想的产生具有极大的启发性。随着加斯东·巴什拉的“断裂”线索，福柯发现任何具体领域中都包含着理性的次序，但这种次序不是编年史的日历时间的排序，而应该被视作一种类似拓扑学的次序。这个发现构成了福柯空间思想的基础，拓扑学和社会空间分析也从此就紧密地结合在一起了。

第三节　社会时空数据的采集

时空社会科学的研究，强调的是量化实证研究，因此，需要有社会时空的相关数据。社会时空数据的获得，有多种途径，可以通过在多个空间样本观察点上实施社会调查来获得一手数据，也可以通过遥感技术获得更精细的地理数据。此外，现在很多技术都可以实时采集社会空间数据，比如共享单车往往成为很多人出行的重要交通工具，在使用共享单车的过程中，使用者的出行轨迹会被实时记录下来，形成重要的数据。具体而言，一般共享单车主要的数据分为轨迹、身份、行为、车辆和关系五大类，用这些时空数据就可以分析共享单车的优化配置问题（高楹等人 2018）。智能手机和一些可穿戴产品也具有这类数据的采集功能，能够实时有效地采集社会时空数据。随着数据量的不断加大，就出现了社会时空大数据的概念。这是通过现代通信技术来进行大规范采集社会时空数据的必然结果，这也为开展时空社会科学研究提供了重要的数据基础。

一、调查数据

在社会科学研究中，一手数据（primary source）也称为原始数据，是指通过访谈、询问、问卷、测定等方式直接获得的数据（顾佳峰 2013）。之所以要收集一手数据，是因为当分析特定的社会现象时，由于时间和空间的变化，并没有现成的数据可以利用。因此，就需要研究者直接去采集一手数据来进行研究。从社会时空的角度来看，任何社会现象都是与特定时空相关联的，具有其时空特征。特定时空中的社会关系和社会现象的变化，会产生相应的信息和数据，研究者通过对特定时空中的社会系统进行调查的方式，获得该社会空间的运行数据，就是一手数据。可见，一手数据中往往包括了社会数据和时空数据。例如，当前越来越多的社会调查项目，开始在问卷调查的基础上，系统性收集地理空间信息和数据。这样做的一个基本假设，就是存在空间和社会的互动与彼此影响。这种空间与社会的关系，其实就是列斐伏尔反复强调的社会空间辩证法。只不过当时还没有相应的技术能够轻易获得地理空间数据，但是，列斐伏尔已经从思辨的角度阐述了两者之间的关系。当现代调查技术和现代通信技术不断发展后，采集地理空间数据就变得越来越容易了，这时，很自然地把地理空间数据纳入一般性的社会调查中去，获得到的是整合地理空间信息的社会调查一手数据。这类数据的出现和普及，使得对社会时空开展实证研究成为现实，也出现了越来越多的相关研究。

一手数据采集的方法有多种，其中问卷调查法是常用的方法之一。问卷调查法是通过具有结构化的问卷对样本进行调查，系统性收集样本的信息和数据，作为对于总体推测的依据（顾佳峰 2013）。问卷调查除了普查之外，一般需要进行科学抽样。社会调查的抽样可以分成两种，一种是常用的非空间抽样，就是传统意义上的抽样方法，抽样设计和过程中一般都不会直接考虑地理空间的因素；另一种是空间抽样（spatial sampling），就是在抽样设计和抽样过程中引入和充分考虑了地理空间的特征及其影响作用。地理空间环境对于社会行为和社会现象都会产生明显的影响，社会现象的空间分布一般都不是均等的，而是具有明显的空间区域性。在这种情况下，不进行空间抽样往往会产生系统性偏差。有研究表明，导致民意调查偏差的一个重要的原因是人文地理的具体模式（Chen and Rodden 2013）。这则研究表明，巧妙的选取划分（unintentional gerrymandering）可以对于选民的行为产生影响，进而直接影响美国总统的选举结果。所以，在进行民意调查时，就有必要充分考虑选民的特征及其空间分布，把空间因素考虑到抽样中，进而提高民意调查的科学性。在这个过程中，空间抽样就显得尤为重要。空间抽样设计和实施得不好，那么，民意调查执行得再好，其结果也是有明显偏差的。

在进行空间抽样时，一般有如下几个步骤：获得特定社会变量的空间相关的详细数据，在此基础上对于该社会变量进行分层，然后建构居民或者目标人群的抽样框，接着进行各种包容概率的随机点模拟（random point simulation），并在模拟的位置识别家庭，最后是对空间抽样的评估。这六个步骤构成了空间抽样的基本步骤，只有完整完成这每一个步骤，才能称得上是空间抽样。有些抽样设计是在传统的抽样设计基础上，加入了上述若干步骤，这种抽样并未是完全意义上的空间抽样，而是传统抽样的延伸以及拓展。空间抽样最初主要应用在自然资源的调查中，后来，逐渐在社会科学研究中应用得越来越广泛（Kumar 2007）。空间抽样主要的一个特点就是把社会现象的空间分布特征和空间结构系统地导入抽样设计中，使得关于家庭或者个体的样本能够充分体现其所在地理空间的特征。在传统的抽样设计中，事实上隐含着一个基本假设，就是调查的总体在地理空间上的分布是均质的，所以，空间因素并没有直接进入抽样设计中。一些传统的抽样方法，比如分层抽样，也是可以处理地理空间的因素，比如以不同地区划分来进行抽样，但是，这种抽样方法对于地理空间的处理相对比较粗糙，很难系统性地考察地理空间对总体以及样本的基础性影响。

一些社会调查项目，最初进行抽样时并非采用的是空间抽样，而是传统的抽样设计（顾佳峰 2018）。随着空间对于社会影响的日益深入，一些社会调查项目也开始系统性收集样本所在的地理空间数据。当访问员入户进行调查时，可以通过专业的设备和技术，自动采集访问员所调查家庭的地理位置信息和空间数据。这类空间数据可以和问卷调查数据相整合起来，形成社会与空间整合的数据集。这种社会与空间整合的一手数据，可以为开展空间整合社会研究提供重要的数据支持，可以对社会空间理论中的一些假设和观点进行实证检验，甚至从中还可以发现新的社会空间关系。但是，这类数据在使用过程中要注意其局限性，从社会人口等角度来看，所调查的样本具有代表性，但是，从地理空间的角度来看，就不一定具有代表性了。据此获得的关于空间与社会的结论与推断，就需要谨慎。当然，若要追求其空间上的代表性，一种补充措施就是赋予该数据集恰当的空间权重调整，使得该数据集能够体现总体在空间上的分布特征。但是，这种做法也有其局限性。当给传统抽样的调查数据进行空间权重调整时，在空间代表性上可以获得改进和提升，但是，在社会代表性上往往有所折损。所以，对于这类数据的调整，是在空间代表性和社会代表性之间取舍和获得平衡的过程。因此，这种做法是一种权宜之计。若要从根本上克服这种弊端，就需要在调查开始之前就采用空间抽样的办法，确保样本在社会维度和空间维度上都具有代表性。

在传统的社会调查抽样过程中，有些调查在末端抽样时会用到空间抽样的方法。比如全国性的社会调查，通过传统的抽样方法已经确定了村居一级的样本，进一步就是要确定每个村居内部的家庭样本。在这种末端抽样的过程中，一些社会调查项目会采用空间抽样的方法，先将目标村居的地图和住宅分布数据标识出来，再进行空间抽样确定样本家庭。这种方法在局部空间范围里具有代表性，比如在村居所在的空间内具有空间代表性。但是，在全局空间范围内，比如全国范围内，其空间代表性就无法确保。在全局范围内的空间抽样，一般都会用到家庭居住地加权的随机点模拟的方法，通过地图和 GPS 技术等的辅助，这些随机点就可以转换为家庭居住地点，这种方法在不连续居住地点的空间抽样上，尤为常用。空间抽样其实就是对空间点的抽样，因此，这里隐含着一种基本假设，就是社会空间中的现象其存在和演变的方式遵循某种空间点过程（point processes）。所谓的空间点过程，对于一个社会随机变量，每次抽样，得到的是一个实数，体现的是特定时空背景下的某种社会关系的某种状态；对于一个随机向量，每次从空间点分布里面抽取的是一个向量，是特定时空背景下的社会空间内多种社会关系的存在状态。对于这种空间点过程，每次抽样得到是在某个空间中的一个离散点集，体现了社会和空间的多元互动与辩证的关系。最基本的空间点过程，叫做空间泊松过程（spatial poisson process）。如果在不相交的空间区域中的计数是相互独立的，那么这个空间点过程就叫空间泊松过程。这种空间点过程，强调的是不相交空间之间的样本的彼此独立性，当然，在现实的社会空间中，这种彼此独立性往往无法确保，因为即便是不相交空间点之间也会存在某种互相依存和互相影响的关系。但是，作为最基本的空间点过程，空间泊松过程有助于简化社会空间的空间分析，便于更好地理解社会空间的基本过程。在此基础上，再去理解社会空间的复杂过程，就具有了一定的基础。

二、遥感数据

遥感通过人造地球卫星上的遥测仪器把对地球表面实施感应遥测和资源管理的监视结合起来的一种技术。在传统上，遥感一般用于对自然现象的监测和分析上，比如对地面上的树木、草地、土壤、水、矿物、农家作物、鱼类和野生动物等的监测。随着遥感技术的不断升级，对于目标空间上的事物的远距离监测能力也在不断提升，遥感数据对于社会研究的重要性也逐渐被肯定，在社会科学研究中的应用也在不断深入。遥感数据一般都是以图的形式记录和存储下来，在进行社会科学的研究过程中，需要对这些遥感图进行编码和转化为数据，从而进行实证分析和检验。一家总部设在美国旧金山的公司发布了一种基于卫星遥感数据的新的指数——中国卫星制造业指数（China Satellite Manufacturing Index，简称 SMI），从太空俯瞰的方式来观察和解释中国经济。该指数的主要依据是22亿张卫星照片，这些卫星遥感照片覆盖了50万平方公里的范围，时间跨度长达14年。根据这些遥感数据，最终编制了制造业发展情况监测的指数（顾佳峰2017）。这是利用遥感数据进行社会科学研究的一个例子，其特点就是把遥感影像和经济发展情况进行整合研究。这样的研究的现实基础就是制造业的生产具有明显的区域性，形成了区域性制造中心，就是工业区。可见，从社会时空理论来看，制造业的生产不仅仅是商品的生产，而且还是时空的生产与再生产。当制造业遵循分工与合作的原则进行聚集时，在空间上就体现了社会关系的生产与再生产以及特定社会关系的空间聚集。

在社会、经济、人口等领域的研究中，夜光遥感数据的应用越来越广泛。在现代社会，夜晚灯光的亮度往往和这个城市或者地区现代化发展程度直接相关。当一位意大利罗马市民被问到“为什么罗马的夜晚为什么不能稍稍明亮一点”的问题时，竟给了如下的回答：一座城市既然有了历史的光辉，就不必再用灯光来制造明亮。但是，这种怀旧的情结在现代社会中不得不面对现实的挑战。因为随着空间遥感技术的不断发展，地球上的活动可以被卫星准确地记录下来。当夜间的天空无云时，遥感卫星能够捕捉到城镇灯光、渔船灯光、火点等可见光辐射源，这些夜间无云条件下获取的地球可见光的影像即夜光遥感影像。这些夜光遥感影像就是记录地面上夜间人类活动的重要数据，可以据此分析世界各地的人们在夜晚的活动、生产、消费等社会行为。中国有个俗语：人在做，天在看。随着卫星遥感技术不断发展，地面上的人类活动更加直接地会被卫星记录下来，这些数据就可以作为人类社会内部产生包括统计数据、调查数据等的人为数据的重要补充。例如，夜光遥感数据可以作为国家经济发展程度测量的重要指标，可以对GDP数据进行有效校正，进而更加客观地评估一个国家或地区的实际经济发展程度（Henderson et al. 2012）。夜光是反映人类在地球表面上活动的遥感数据之一，是用来捕获人类经济与生产活动在地球表面（陆地以及海面）留下的足迹，因此，对于这类数据的分析也被称为空间足迹分析。

值得注意的是，卫星遥感数据不仅仅能够测量和监测人类在陆地上活动的空间足迹，而且还可以用来监测人类在海面上活动的空间足迹。在许多国家，渔民利用一些海洋生物的夜间趋光性特点，在渔船上装载巨大功率的照明灯泡，从而高效地开展渔业活动，这为利用夜光遥感影像获取渔业信息提供了可能性。根据这些渔船上的照明灯光，卫星可以准确捕获住这些渔船航行和作业的空间足迹，进而评估渔业的发展情况。夜光影像数据可以被用来分析秘鲁海岸的捕鱿鱼船队的时空分布信息，这个数据可以通过与定位系统来获取的船队的相关信息，根据这些信息以及海洋相关信息，就可以准确掌握渔船的空间足迹以及渔业生产的基本活动规律（Waluda et al. 2004）。这些空间足迹，代表了人类改造世界的活动。人类对于时空的生产与再生产的过程中，都会产生这些空间足迹。因此，对于这些空间足迹数据的分析，就成了社会时空分析的重要内容，为了解社会空间的生产与再生产提供了重要的事实依据。以列斐伏尔为代表的社会空间理论提出了空间的社会再生产概念，将空间作为重要的社会资源及力量。在空间的社会再生产过程中，人类的社会经济活动都会发挥重要的作用，而要研究这个过程，就需要分析人类社会活动的空间足迹。卫星遥感数据可以系统地检测人类社会活动的空间足迹，为社会空间生产与再生产的分析提高重要的数据。

戴维·哈维（David Harvey）延续了列斐伏尔的“资本循环”理论，认为城市扩展是资本扩张的必然结果。他说：“长久以来，在资本主义的发展历史中，城市化都被认为是吸收资本和剩余劳动力的关键途径。”（Harvey 2013）所以，资本增殖过程中，城市化发挥了重要的作用。城市里面聚集了资本增值所需的智力资源、基础设施、技术资源以及城市文化，当资本与这些城市空间上的资源相结合时，增殖的可能性都变大了。这既是城市空间不断向外拓展和再生产的过程，也是资本追求回报率的过程。可见，列斐伏尔眼中的城市再生产由空间中的生产（production in space）转向了空间本身的生产（production of space）的过程，其实也是资本再生产的过程。或者说，资本与空间总是互相选择和结合，在城市中共同生产与再生产资本空间，不断推动了城市的扩展和更新。对于城市与资本交互作用下的社会空间再生产，卫星遥感数据提供了充分的证据。在对美国从1976年到1992年的城市空间扩展研究上，卫星遥感数据可以清楚地记录美国各大城市对外扩展的情况（Burchfield et al. 2006）。这类遥感数据，为检验社会空间相关的理论，提供了重要的实证证据，也是开始时空社会科学研究的重要资料。

三、数据误差的来源

物理学上有了著名的“测不准原理”。用海森堡的话说：“在因果律的陈述中，即‘若确切地知道现在，就能预见未来’，所错误的并不是结论，而是前提。我们不能知道现在的所有细节，是一种原则性的事情。”在社会测量中，“测不准原理”也同样适用，因为很多社会现象比物理现象更难测量。在社会空间数据的采集过程中，会出现偏差。一般认为，社会时空数据的误差可分为源误差、处理误差和输出误差，即数据采集和录入中产生的误差、对社会时空数据进行处理时产生的误差以及数据输出过程产生的误差。这三类主要的误差是社会时空数据采集过程中存在的误差，三类加起来就构成了社会时空数据的总误差。可见，所谓社会时空数据的误差是指在数据采集过程中各种误差的统称。若要减少和空间社会时空数据的误差，就需要从数据采集全流程进行管理和质量控制，确保数据采集全流程都是尽可能的高质量，从而尽可能减少每个环节上的误差产生的可能性，最终实现数据采集全流程上的总误差最小。社会空间数据的源误差是指与数据源有关的所有误差，这类误差对于数据质量具有深远的影响力，会通过数据分析过程而持续影响后面的分析结论和判断，因此，是社会时空数据质量控制的重要环节。当社会时空数据采集的源头出现了误差，那么，这种误差具有累计效应，源误差会随着数据分析和处理而被放大。因此，要提高社会时空数据质量，首先要尽可能控制和减少源误差。

在社会时空数据处理过程中，也会产生相应的误差。社会时空数据一般都是需要把社会数据和地理空间数据进行匹配，而地图数据则是最常用的空间数据。当测绘后制作成地图，这个过程就可能存在误差，即测绘过程中的误差。当把地图进行数字化，无论通过手工的还是扫描的数据化方式，地图转化为数据过程中的误差不可避免会产生。通过卫星遥感获得的社会空间数据，在图像压缩、数据分析和判读分析、影像存储、影像增强、处理、量化、空间滤波以及影像模式识别等过程都可能产生误差。此外，通过数字摄影测量技术获取社会时空数据，尽管具有速度快、效率高且能获得最新动态数据等优点，但通过摄影测量采集数据会产生两大主要误差，即像点误差与定向的误差。所谓的像点误差，是指在进行绝对定向前各种系统误差与偶然误差的综合误差。所谓的定向误差包括相对定向和绝对定向的误差，在数据建模和计算过程中，本身就存在估算的过程。上述这些误差，在社会空间数据的采集过程的不同环节会出现，需要有针对性地去控制，尽可能减少各类误差出现的概率。

在社会时空数据分析过程中，也往往会产生误差。选取何种变量以及采用何种分析模型，都会产生对应的误差。任何实证模型，都是对现实中的客观存在的社会空间进行模拟，对于社会时空中的社会关系发展规律进行假设，通过实证研究来检验这些假设是否成立。在此基础上，获得基本的研究结论。但是，任何实证模型，都具有残差项，而残差往往被认为是误差的观测值。这种实证模型方法，本身就已经承认了模型分析过程中的误差的存在，并且需要进一步对误差进行分析，利用残差所提供的信息，来考察模型假设的合理性及数据的可靠性，即所谓的残差分析。对于减少社会时空数据分析的误差而言，残差分析显得尤为重要。实证模型结果得到的残差，往往本身就具有空间结构和空间特征，因此，不能简单就用传统的回归模型进行实证分析，否则会产生分析误差。因此，空间计量学的研究者就提出了新的数据分析方法，就是空间误差回归模型。这种回归模型在分析社会空间数据的同时，还要对残差进行分析，揭示残差中的空间结构和空间影响，从而减少社会时空数据分析过程中的空间误差（Bivand 2002）。这是数据分析过程中的误差，采用正确的实证模型以及选择合适的变量，都有助于减少这类误差。

小 结

要对时空社会科学开展实证研究，就需要有数据。社会时空系统在运行过程中，都会留在相关的数据。研究者需要把握住社会时空系统的特征，分析社会时空网络的运行机制以及社会时空身份的识别，有针对性地采集相关数据，才能通过实证研究和检验，挖掘社会现象背后的规律。社会时空数据具有多种类型，比如栅格数据、矢量数据以及拓扑数据。这些数据都有其各自的特点和呈现形式，研究者需要根据所研究的具体问题，有针对性地采集和使用这些数据。在社会时空数据采集过程中，一般都用到包括调查方法和遥感法在内的多种方法。但是，无论采用何种方法，都会存在一定的测量误差。所以，研究者在进行数据采集过程中，要尽可能减少测量误差和数据采集过程中的执行误差，尽可能精准地采集相关数据。当然，社会时空系统是个复杂的系统，所以，在对相关概念进行测量的过程中，一般需要进行多个维度的测量。

第五章　空间横截面数据分析

在时空社会科学研究中，往往先会假设时间不变，即研究一定空间上的社会现象的特征及其规律，这是一种静态分析。从数据的性质来说，描述一定空间上的社会现象特征的数据，就是横截面数据（cross-sectional data）。横截面数据是指在某一时间点上所收集的不同空间观测点上对象的数据。它对应同一时点上不同空间（对象）所组成的数据集合，研究的是某一时点上的某种经济、社会、人文等现象，突出空间（对象）的差异。所以，在时空维度中，横截面数据假设时间维度是给定的，在给定的时间维度下收集不同空间观测点上的研究对象而得到的数据。一般情况下，由于事物或者社会现象在不同空间观测点上的呈现有较大不同，因此，横截面数据的离散性会比较高，即存在比较明显的空间异质性（spatial heterogeneity）。由于横截面数据大多体现的是不同空间观测点上的个体的个性，突出这些个体的差异，因此，通常横截面数据表现的是无规律的但非真正的随机变化，在计量经济学中常被称为的“无法观测的异质性”，其实就是空间异质性。这种空间上的异质性，客观上就要求采用能够分析这种异质性的方法，于是，空间回归模型及其估计方法就应运而生，成为穿透“无法观测的异质性”的表象而找出规律的重要实证研究方法。

第一节　空间滞后模型

社会现象及其发展，在时间维度上，一般都会呈现时间序列的特征，而其中一个时间上的特征就是时间滞后性（lagged variable）。例如，技术创新和扩散就具有明显的时间滞后性（Fry et al. 2016）。在实证研究中，常通过引入滞后变量（lagged variable）的方式来研究这种时间滞后性，这类模型又被称为滞后变量模型。在时间序列中，由于当期的行为往往会对未来期的行为产生影响，即当前的行为会受到过去的影响，因此，这种滞后变量模型可以用来分析社会事物与现象发展的动态性。与时间上的这种滞后性类似的，社会现象在空间上也往往呈现某种关联性，尤其是邻近的地区之间在一些政策上的互相学习和溢出效应，导致邻近地区在某些方面存在明显的互相依赖性。这种传播与互动机制，与时间上的滞后性很相似，是时间滞后性在空间上的体现。比如某县采取了新的税收政策，降低了企业的税收，从而导致更多的公司到该县投资，推动了该县经济的发展。这种政策和现象会对邻近的县产生影响，导致邻近县纷纷模仿这种做法。因此，当类似政策传播到邻近县的过程中，就会产生时间差，就会有时间滞后效应。当邻近县采取类似的政策，反过来又会影响到这项政策的输出方，这个过程又有时间差，就会有时间滞后效应。从空间模型的角度，这种滞后性就是空间滞后性（Lambert et al. 2010）。

一、基本模型

空间自回归模型（Spatial Autoregression，简称 SAR）最常用的模型之一就是空间滞后模型。空间滞后模型（Spatial Lag Model，简称 SLM）尽管突出强调了空间滞后效应，但是，这个名称背后却是有时间滞后效应的烙印。从这种意义上来说，空间滞后其实是时间滞后在空间上的体现，体现的是时间与空间彼此之间不可分割的关系。之所以存在空间滞后因变量，是因为这个目标变量在不同空间观察值上存在着滞后性。当然，社会现象的时空特征以及时空效应，在具体呈现上有不同的程度。

从具体研究方法上来说，在研究时间滞后和空间滞后的实证模型中，一般可以分成三类：第一类是"纯空间递归（pure space recursive）"，这类模型中仅出现空间滞后效应；第二类是"时间－空间递归（time-space recursive）"，这类模型中同时包含了空间滞后效应和时间滞后效应；第三类是"时空同步（time-space simultaneous）"，这类模型不仅同时具有空间滞后效应和时间滞后效应，而且是同步发生。这三类处理方式，其实都在说明一件事情，就是时间和空间是不可分割的，社会现象的递归（recursive）都是发生在时空背景下的，因此，对社会现象的分析，也需要结合其特定的时空背景以及时空因素。一般而言，空间滞后模型属于第一类，强调的是纯空间意义上的递归和滞后。用这种方法来分析社会时空的变化规律，因此，还是属于一种静态分析。若加入了时间因素，那么，社会时空分析就可以是动态的。

空间滞后模型一般是指把空间滞后因变量视为一个自变量进入模型进行

回归和估计，这属于“纯空间递归”的类型，其具体公式如下：

$$Y = \rho WY + X\beta + \mu$$

$$\mu \sim N(0,\ \sigma^2 I_n)$$

其中 Y 是因变量，就是一个 $n\times1$ 的向量。X 就是自变量矩阵，是一个 $n\times k$ 的数据矩阵，这里的 k 就是解释变量的个数。W 就是空间邻近矩阵，一般是一阶相邻空间权重矩阵，是一个 $n\times n$ 矩阵。WY 是空间滞后因变量，空间滞后模型的名称就来自此。在这个模型中，空间滞后因变量作为一个自变量，进入模型，ρ 就是这个特殊自变量的系数，即空间自回归系数。β 是自变量 X 的系数，反映的是解释变量对因变量的影响。

这个模型看似简单，但是，内涵却很丰富，是理解社会时空分析的重要基础。即便是这种“纯空间递归”类型的回归模型，看似没有时间因素，其实，空间滞后效应本身就已经包含着时间因素和时间滞后效应。所以，空间滞后模型对社会时空的分析不全是纯静态的，也有随时间变化而变化的意涵，即所谓的比较静态分析。这是理解空间滞后模型的关键。明白了这层意思，那么，空间滞后模型就不难理解了，后面的其他空间回归模型也都能理解了。

二、经济研究中的例子

在经济学中，产业发展是一个重要的研究领域。比如要研究第二产业发展的情况，用第二产业增加值作为因变量，探讨从业人员和固定资产投资对于第二产业发展的影响。那么，方程式就是：

$$Y = \beta_0 + \beta_1 X_1 + \beta_2 X_2 + \rho WY + \mu$$

其中，Y 是因变量，这里是指第二产业增加值（万元）；X_1 是一个自变量，是指年末单位从业人员数（人）；X_2 是另一个自变量，是指城镇固定资产投资完成额（万元）。数据来自《中国县域统计年鉴 2002》，剔除了有缺失值的县，研究样本共有 2048 个县。

在进行空间回归之前，先进行 Moran’s I 检验（Moran’s I test）。Moran’s I 检验检验是用来测量和检验在总体上空间自相关性的重要统计方法，因此，又被称为全局性的空间自相关检验（Moran’s I 检验）。也就是说，Moran’s I 检验是从总体上来检验样本空间观测点上的数据彼此相似的程度，从而来判断整体上样本数据是否具有空间自相关性。在实际操作中，就是计算 Moran’s I 值并检验其显著性。Moran’s I 值的计算公式如下：

$$I = \frac{\frac{N}{s_0}\sum_i\sum_j W_{ij} Z_i Z_j}{\sum_i Z_i^2} \quad 而 S_0 = \sum_i\sum_j W_{ij}$$

其中，Z_i 是目标变量对于其均值的偏差；W_{ij} 是空间权重矩阵。

可见，要进行 Moran 检验，就需要有给定空间权重矩阵。若没有给定空间权重矩阵，就无法计算 Moran’s I 值，也就无法进行 Moran’s I 检验。在本例中，计算了两种类型的空间权重矩阵，分别是邻近空间权重矩阵和反距离空间权重矩阵。在 Stata 中的语句是：

```
. spmatrix create contiguity W
. spmatrix create idistance M
```

这里的 W 就是邻近空间权重矩阵，而 M 就是反距离空间权重矩阵。

在进行 Moran 检验前，首先可以进行没有空间因素的回归分析，其回归方程式是：

$$Y = \beta_0 + \beta_1 X_1 + \beta_2 X_2 + \mu$$

在 Stata 中的语句是：

```
. regress Y X1 X2
```

通过回归得到的结果是：

表 5-1：OLS 回归结果

	回归系数（Coef.）	标准误（Std. Err.）	Z 值	P>|z|
截距项	−22722.5	10485.3	−2.17	0.03
X_1	0.467	0.067	7.01	0.000
X_2	1.763	0.121	14.57	0.000

根据表 5-1 的结果，两个自变量的回归系数都是正数，而且都是显著的。但是，这个回归结果是否可靠，还需要对这个回归后的残差进行进一步的检验，就是 Moran’s I 检验。这里，分别通过邻近空间权重矩阵和反距离空间权重矩阵对回归得到的残差计算 Moran’s I 值，并进行统计检验。在 Stata 中的语句分别是：

```
. estat moran, errorlag (W)
. estat moran, errorlag (M)
```

Moran's I 检验的结果如下：

表 5–2：Moran's I 检验结果

Moran's I 检验	采用邻近空间权重矩阵	采用反距离空间权重矩阵
chi2（1）	0.00	889.89
Prob > chi2	0.9660	0.0000

根据表 5–2 所示，Moran's I 检验的结果显示，当此用邻近空间权重矩阵时，Moran's I 检验并不显著，这说明在这种空间权重矩阵下，目标变量并不存在空间自相关性，因此，没有必要通过空间回归模型进行回归，即现有的回归模型已经足够了。但是，当空间权重矩阵发生了变化，那么，这个结论就不一定成立。当采用了反距离空间权重矩阵时，Moran's I 检验显著，这说明在这种情况下，存在着显著的空间自相关性，因此，需要通过空间回归模型进行回归和估计。所以，本例子主要采用的是反距离空间权重矩阵进行各项空间回归，但是，为了比较，同时也会采用邻近空间权重矩阵进行空间回归。

在空间回归估计中，采用广义空间二阶最小二乘（Generalized Spatial Two Stage Least Square，简称 GSTSLS）方法。对于空间权重矩 W，这里采用了反距离权重（Inverse DistanceWeighted，简称 IDW）。这种方法定义不同距离之间的邻近关系时遵循了"地理学第一定理"：研究对象距离越远，它们之间的相互影响越小。

回归后，出来结果。Wald chi2（3）值是 399.87，$Prob > chi2 = 0.0000$，"准 R^2"（Pseudo R^2）值是 0.1079。

表 5–3：空间滞后模型结果（广义空间二阶最小二乘法）

	回归系数（Coef.）	标准误（Std. Err.）	Z 值	P>|z|
截距项	–22722.5	10485.3	–2.17	0.03
X_1	0.386	0.066	5.86	0.000
X_2	1.679	0.119	14.17	0.000
WY	0.85	0.105	8.08	0.000

根据表 5–3 所示，两个自变量年末单位从业人员数和城镇固定资产投资

完成额对于第二产业增加值的影响都是正向且显著的。这说明，随着年末单位从业人员数和城镇固定资产投资完成额的增加，第二产业增加值也会随着增加。也就是说，工业产值的增加与劳动力和资本投入有关。对于一个工业系统而言，劳动力和资本都是其发展的基本生产要素。随着劳动力和资本投入的增加，在既定的技术条件下，工业产值也会随着增加。

此外，邻近县之间的工业发展情况也会互相影响。表 5-3 所示，模型估计的空间自回归系数是0.85，且是统计显著的。对于这个空间项的Wald检验，其 chi2（1）值为 65.36， $Prob > chi2 = 0.0000$ ，这说明这个空间滞后因变量对于因变量自身的影响是显著的。也就是说，邻近县之间在发展工业上是彼此依赖的，存在着显著的空间自相关性。这说明在工业发展上，邻近县之间往往会存在着正向的溢出效应（Spillover Effect），即一个县工业的发展，往往会带动周围邻近县工业的发展。造成这种现象的原因是多方面的，比如相邻县之间的彼此学习效应、邻近县之间工业系统的互补性和专业分工，等等。

当然，还可以采用最大似然估计（Maximum Likelihood Estimation，简称MLE）方法进行空间滞后模型的估计。回归后，出来结果。Wald chi2（3）值是 545.13， $Prob > chi2 = 0.0000$ ，“准 R^2”（Pseudo R^2）值是 0.1516。对数似然函数（Log likehood）值是 –27375.668。对于这个空间项的 Wald 检验，其 chi2（1）值为 210.07， $Prob > chi2 = 0.0000$ 。

表 5-4：空间滞后模型结果（最大似然法）

	回归系数（Coef.）	标准误（Std. Err.）	Z 值	P>|z|
截距项	–47184.45	8252.358	–5.72	0.03
X_1	0.36	0.065	5.51	0.000
X_2	1.653	0.118	13.98	0.000
WY	1.12	0.077	14.49	0.000

比较表 5-3 和表 5-4，发现通过广义空间二阶最小二乘法和最大似然估计法进行空间滞后模型的回归估计，两个常规自变量 X_1 和 X_2 对因变量的影响，无论从估计系数大小还是其显著程度上，都基本上相似。但是，空间自回归系数的估计值却从 0.85 增加到了 1.12。也就是说，在这个例子中，在最大似然估计法中，邻近县之间在工业发展上的彼此依赖性会更强。这是估计方法对于系数的影响。不同的估计方法，对于空间自相关性程度的估计有所

不同。在本例子中，最大似然估计法比广义空间二阶最小二乘法所得到的系数要更大。

在实证研究中，广义空间二阶最小二乘法和最大似然法都有其使用的前提假设。广义空间二阶最小二乘法的前提假设是残差是独立同分布的，但是，可以不是正态分布。在空间回归上，这种方法适用性比较广。最大似然法除了要求残差是独立同分布之外，还要求符合正态分布。可见，最大似然法的前提条件要比广义空间二阶最小二乘法更高。相对而言，最大似然法应用范围也就比较窄。在空间回归模型中，一般只能用于一个空间滞后因变量和一个空间误差项，但是，可以用来估计多个协变量空间滞后（multiple spatial lags of covariates）的模型。在实际回归过程中，有时候也需要在不满足正态分布的情况下，用最大似然法进行估计与回归。这属于强制进行最大似然估计的方法，在有些情况下，也是可以采用的。

三、Stata 中的具体步骤

在 Stata 软件中，要做空间滞后模型的回归，一般需要有如下五个步骤：

第一步，就是把数据导入到 Stata 软件中，做出相关的 Stata 数据文件。一般情况下，都是把 Shapefile（shp）文件导入到 Stata 系统。在这个步骤中，采用的是"spshape2dta"，具体 Stata 的语句如下：

. spshape2dta name

运行之后，在 Stata 中就创建了两个数据文件，分别是 name.dta 和 name shp.dta，这是 Stata 在进行空间分析时所使用的数据文件。其中 name.dta 文件的数据格式是：

表 5-5：name.dta 文件的数据结构

变量名	内容
_ID	这是从 1，2，……，N 的数，给每个样本一个唯一的 ID
_CX	这是空间样本观测点所在的经度数据
_CY	这是空间样本观测点所在的纬度数据
其他变量	就是空间样本观测点上的其他属性数据

可见，从 Shapefile 文件导入到 Stata 系统中转化为 name.dta 文件过程中，多出来了三个变量，分别是 _ID、_CX 和 _CY，这是 Stata 系统给定的，不可

更改。其中 _ID 变量系统直接根据样本次序给定从 1 到 N 的数字，都是给个空间观测点的 ID，是唯一且不重复的。但是，_CX 和 _CY 一般情况下是缺失值，需要给予其赋值，才能进行计算和空间回归。

例如，在本研究案例中，Shapefile 文件中数据共有六列，对应了六个变量，分别是 ADCODE99、CX、CY、Y、X1 和 X2。ADCODE99 是每个县的县编码，都是唯一不重复的。CX 是每个县的经度数据，而 CY 是每个县的纬度数据。Y 是每个县的第二产业增加值数据，X1 是每个县的年末单位从业人员数，X2 是每个县的城镇固定资产投资完成额数据。这个数据文件共有 2048 行，代表了 2048 个县的样本。这个数据文件导入到 Stata 之后，建立了一个名为 S2001.dta 的数据文件，这时，就变成了九列，对应了九个变量，分别是 _ID、_CX、_CY、ADCODE99、CX、CY、Y、X1 和 X2。

第二步，给 _CX 和 _CY 赋值。

在 Stata 中打开 S2001.dta 可以发现，这个数据文件中的 _CX 和 _CY 都是缺失值，因此，需要把各项的经纬度数据赋值给这两个变量。具体 Stata 语句是：

```
. gen _CX = CX
. gen _CY = CY
```

这样，每个县的经纬度数据就赋值给了系统给定的 _CX 和 _CY 变量上。在进行空间回归之前，还需要注意每个县的经纬度数据不能有重复的。若出现有两个县之间的经纬度数据是相同的，在运行空间回归时，Stata 就会提醒说经纬度数据有重复，无法继续进行回归。当出现两个县的经纬度数据是一样的情况，就意味着这两个县在地理空间上的经纬度是重合的，因此，Stata 就无法区分这两个县，就无法做空间回归分析。对于这种情况，就需要使这两个的经纬度有所不同，才能继续进行空间回归分析。

第三步，创建一个公用的 ID 变量。_ID 是 Stata 系统给定的 ID 变量，但是，在运行空间回归分析的过程中，并不一定就会用这个 ID 变量。因此，需要创建和指定一个 ID 变量，供空间回归时使用。在本案例中，创建了一个名为 fips 的 ID 变量，而且，还要确保仅有一个观察值。所采用的 Stata 语句是：

```
. generate long fips = ADCODE99
. bysort fips： assert _N==1
. assert fips！ =.
```

这里的 bysort fips：assert _N==1 就是按照 fips 的分组，检查 _N==1 的命题正确与否。对于每个 fips，必须有一个、且只能有一个观察值，而且这些观察值之间不能有重复。

有了这样的 ID 之后，就可以在空间回归分析中统一使用这个 ID 变量，具体 Stata 语句就是：

```
. spset fips, modify replace
```

第四步，就是建立空间权重矩阵。空间权重矩阵的类型有多种，在本研究中，建立的是反距离空间权重矩阵。具体 Stata 语句是：

```
. spmatrix create idistance M
```

这个 M 的空间权重矩阵是一个 2048 × 2048 的矩阵，代表了 2048 个县之间的空间关系。由于是反空间权重矩阵，因此，两个县之间的空间距离越大，那么，这两个县之间的关系就越不密切。这是反空间权重计算的基本原则，也是“地理学第一定理”的基本内容。

第五步，就是空间滞后回归。首先，采用广义空间二阶最小二乘法进行回归，相应的 Stata 语句是：

```
. spregress Y X1 X2, gs2sls dvarlag (M) force
```

接着，采用最大似然估计法进行回归，相应的 Stata 语句是：

```
. spregress Y X1 X2, ml dvarlag (M) force
```

根据这些语句，就可以得到对应的回归结果。

在开展时空社会科学研究中，若用 Stata 来进行模型估计和回归，都会用到上述五个步骤，其中前四个步骤是通用的，静态社会时空分析的相关模型都会用到这四个步骤，而第五个步骤是专用的，根据所采用的特定模型来调用对应的语句进行回归。

第二节　空间误差模型

在对社会时空开展研究的过程中，除了结构性因素之外，往往还有一些非结构性因素的影响，比如很难提前预测的偶发性因素。在实证研究中，就会遇到误差的问题。尽管误差往往被视为一个令人尴尬的问题，但空间数据中固有的误差值得更多关注和公众理解（Chrisman 1991）。在空间数据中，误差里面往往含有很重要的信息。空间滞后效应也有可能出现在残差中，也就是说，此时的残差并非独立同分布的，而是有其内在的空间结构。在这种情况下，就需要在残差中把这种空间结构因素给分离出来，使得分离后的残差是独立同分布的。空间误差模型（Spatial Error Model，简称SEM）就是用来处理这种问题的方法。空间误差模型通过对于残差的深入挖掘，揭示空间因素的影响。当然，这种空间滞后残差的存在，也说明了其中有时间因素的作用，因为残差之间存在着空间滞后效应，这种滞后效应的传递也是有时间滞后特征的，只不过这种时间滞后效应是隐含着残差的空间滞后效应。

一、基本模型

空间误差模型强调了残差项中的空间结构，即在残差中存在着空间滞后效应，因此，需要进行有针对性处理，其具体公式如下：

$$Y = X\beta + \varepsilon$$

$$\epsilon = \gamma W \epsilon + \mu$$

$$\mu \sim N(0,\ \sigma^2 I_n)$$

其中Y是因变量，就是一个$n\times1$的向量。X就是自变量矩阵，是一个$n\times k$的数据矩阵，这里的k就是解释变量的个数。ε是Y对于X的回归后的残差。在普通最小二乘（OLS）回归模型中，有一个经典假设，就是线性回归的残差属于独立同分布。也就是说，回归得到的残差里面，已经没有了系统性信息，其系统性信息已经被自变量所体现了。但是，若变量中存在空间自相关性，那么，采用普通最小二乘（OLS）法进行回归，空间关系就会被吸收进残差中，使得回归得到的残差里面依然具有某种空间结构和关系，不可能是地理同分布的。因此，就有必要对残差进行进一步分析，挖掘出其内在的空间结构信息。这就是空间误差模型的主要目的。在上述公式中，W就是空间邻近矩阵，一般是一阶相邻空间权重矩阵，是一个$n\times n$矩阵。在这个模型中，残差中存在着空间滞后效应，因此，就有$W\epsilon$作为自变量进入残差的回归模型中，γ就是这个特殊自变量的系数。β是自变量X的系数，反映的是解释变量对因变量的影响。

由于公式$\epsilon = \gamma W \epsilon + \mu$又可以变成（$I-\gamma W$）$\epsilon = \mu$，即$\epsilon = (I-\gamma W)^{-1}\mu$，所以空间误差模型还可以写成：

$$Y = X\beta + (I-\gamma W)^{-1}\mu$$

$$\mu \sim N(0,\ \sigma^2 I_n)$$

在开展时空社会科学研究时，除了分析结构性因素的影响之外，还要分析非结构性偶发性的因素的影响，那么，空间误差模型就可以发挥其作用。当然，社会时空是复杂的，其影响因素也是多元的。在开展实证研究时，不可能穷尽所有的影响因素，即有些因素可能会被忽略而未能纳入模型中来，有些因素因为没有相关的数据也不可能被纳入模型中来，于是，这些因素的作用可能就会出现在残差之中。这就是空间误差模型所要解决的问题。

二、实例展示

在不同的领域，可以定义不同的社会时空。在产业经济学领域，要素投入与工业产出就可以界定为一种社会时空。在这样的社会时空中，可以通过空间误差模型来分析县级工业发展的影响因素，具体公式如下：

$$Y = \beta_0 + \beta_1 X_1 + \beta_2 X_2 + (I - \gamma W)^{-1} \mu$$

$$\mu \sim N(0,\ \sigma^2 I_n)$$

相关变量的定义，与前面的空间滞后模型相同。但是，基本的意涵有所不同。在空间滞后模型中，县级工业发展情况除了和本县的劳动力和资本投入有关之外，还与邻近县的工业发展情况有密切的关系。在空间误差模型中，则情况有所不同了。县级工业发展情况，除了受到本县的劳动力和资本投入影响之外，还会受到邻近县的其他因素的影响，这种因素可能是邻近县的工业发展情况，也可能是别的因素。这些因素对因变量的影响，不是通过自变量，而是通过残差中的滞后效应。可见，即便是在相同的社会时空之中，分析的重点也会有所不同。

用采用广义空间二阶最小二乘法进行空间误差模型的回归，得到的结果。Wald chi2（3）值是 110.44，$Prob > chi2 = 0.0000$，“准 R^2”（Pseudo R^2）值是 0.0712。对于这个空间误差项的 Wald 检验，其 chi2（1）值为 59.74，$Prob > chi2 = 0.0000$。

表 5–6：空间误差模型结果（GSTSLS）

	回归系数（Coef.）	标准误（Std. Err.）	Z 值	P>|z|
截距项	–283.3517	5.0141	56.51	0.000
X_1	0.0005	0.00009	5.83	0.000
X_2	0.0012	0.00016	7.47	0.000
$W\epsilon$	3.858	0.499	7.73	0.000

根据表 5–6 所示，县级工业发展情况收到本县的劳动力和资本投入的显著影响。本县劳动力和资本投入越大，那么，本县的工业发展越快。由于空间误差回归系数 γ 的估计值显著，这说明回归模型得到的误差中的空间因素的影响并显，也就是说，回归得到的误差在空间分布上呈现明显的特征和规律。这说明，县级工业发展的情况，还受到邻近县的其他因素的影响。

如果采用最大似然估计法进行回归，得到的结果有所不同。Wald chi2（3）值是 109.62，$Prob > chi2 = 0.0000$，“准 R^2”（Pseudo R^2）值是 0.0713。对数似然函数（Log likehood）值是 –13778.842。对于这个空间项的 Wald 检验，其 chi2（1）值为 1614.28，$Prob > chi2 = 0.0000$。

表 5–7：空间误差模型结果（MLE）

	回归系数（Coef.）	标准误（Std. Err.）	Z 值	P>|z|
截距项	285.635	4.0603	70.35	0.000
X_1	0.0005	0.00009	5.86	0.000
X_2	0.0012	0.00016	7.42	0.000
$W\epsilon$	4.1199	0.1025	40.18	0.000

根据表 5–7 所示，采用最大似然估计法进行回归，两个自变量对于因变量的影响基本上是类似的，回归得到的系数值大小基本上相同。空间误差回归系数 γ 的估计值结果也是类似的，都是显著的。

由于最大似然估计有正态分布的假设，现实中有些现象并不呈现正态分布。在这种情况下，有时候也可以应用最大似然法进行回归和估计。这是一种强行实施最大似然估计的情形。比如，在本例子中强行实施最大似然估计，得到的结果。Wald chi2（3）值是 109.72，$Prob > chi2 = 0.0000$，“准 R^2”（Pseudo R^2）值是 0.0713。对数似然函数（Log likehood）值是 –13778.842。对于这个空间项的 Wald 检验，其 chi2（1）值为 2064.93，$Prob > chi2 = 0.0000$。

表 5–8：空间误差模型结果（MLE，强制）

	回归系数（Coef.）	标准误（Std. Err.）	Z 值	P>|z|
截距项	285.635	4.058	70.37	0.000
X_1	0.0005	0.00009	5.86	0.000
X_2	0.0012	0.00016	7.42	0.000
$W\epsilon$	4.1199	0.0907	45.44	0.000

对表 5–7 和表 5–8 加以比较，发现在本例子中，即便强行实施最大似然法进行回归，其结果没有什么变化。也就是说，即便放弃了正态分布的假设，在本例子中，并不影响回归估计的结果。当然，出现这种情况是有前提的。在本例子中，回归后的残差是符合正态分布条件的，因此，强行实施最大似然法进行估计与回归，并不会对结果产生明显影响。若这个前提不成立，那么，两种估计方法的结果是不一样的。所以，在应用空间回归方法开展时空社会科学研究时，要注意不同方法应用的前提条件。

三、Stata 中的相关语句

若从数据导入开始，那么，就需要采用上文所述的五个步骤来进行。由于这个例子中的前四个步骤都已经完成了，所以，这里就直接讲第五步的语句。针对这个研究例子，在 Stata 中做空间误差模型的回归分析，采用广义空间二阶最小二乘法进行回归，相应的语句是：

. spregress Y X1 X2, gs2sls errorlag（M）force

在这个语句中，errorlag（M）就是以 M 为空间权重矩阵进行空间残差估计。若采用最大似然估计法进行回归，相应的语句是：

. spregress Y X1 X2, ml errorlag（M）force

若强行实施最大似然法进行回归，那么，只要在上述这个语句上加一个 vce（robust）选项即可，其语句就是：

. spregress Y X1 X2, ml vce（robust）errorlag（M）force

根据这些语句，就可以得到对应的回归结果。可见，当数据整理好之后，进行空间回归就相对比较容易了。只要按照这些简单的语句，就可以实施空间误差模型的估计与回归，就可以得到几组实证结果。在开展时空社会科学研究过程中，通过对这些回归结果进行比较分析，可以探究社会现象在空间上的规律以及邻近空间观测点之间所存在的关联性。

其实，任何实证研究，到了通过统计软件进行回归时，一般都是比较简单的，因为只要运行相关语句，回归结果就很快就出来了。在实证研究中，比较具有难度的事情，在于前期的模型建构以及后期的实证结论的解释上。对于同一个社会现象，不同的研究者可以从不同的角度进行建模，从中可以体现出不同研究者的思考重点。对于同一个实证回归结果，不同的研究者也可以从不同角度来进行解释，因此，就会产生不同的理论。这样，更容易产生学术研究的争鸣，对于相关社会现象的分析也会更加深入。

第三节　空间杜宾模型

社会时空的发展与变化往往是复杂的，所以，可能存在着多种时空滞后效应，不仅被解释变量可能会出现滞后效应，就连解释变量自身也可能会存在着滞后效应。从实证模型的角度来看，那么，空间滞后模型就需要进一步升级，才有可能模拟社会时空这种复杂的滞后效应。在空间滞后模型中，空间滞后效应出现在因变量上，即一个空间观测点上的因变量，会受到邻近空间观测点上的同一个变量的影响。也就是说，相邻空间观测点上的特定变量之间存在着互相影响的关系。但是，在考察特定变量的这种关系时，往往还会出现这个因变量会受到邻近空间观测点上的其他解释变量的影响，即自变量也会存在空间滞后效应，而这种自变量上的空间滞后效应对于因变量的影响往往是不可忽略的。于是，就有必要在空间滞后模型的基础上，把自变量的空间滞后效应也纳入其中，这就是空间杜宾模型（Spatial Dubin Model，简称 SDM）。在形式上，空间杜宾模型是在空间滞后模型基础上引入了自变量的空间滞后效应。在实质上，除了研究和检验因变量空间滞后效应的影响之外，还进一步研究和检验自变量的空间滞后效应。

一、基本模型

空间杜宾模型的基本公式如下：

$$Y = \rho WY + X\beta_1 + WX\beta_2 + \mu$$

$$\mu \sim N(0,\ \sigma^2 I_n)$$

与空间滞后模型相比，就多了一项 WX，这就是自变量的空间滞后效应，即空间滞后自变量。根据这个公式，空间观测点上的因变量，不仅受到其空间滞后因变量和自变量的影响，还会受到空间滞后自变量的影响。也就是说，空间观测点上的特定现象或变量，不仅会受到自身所在空间观测点上的其他解释变量的影响，而且还会受到邻近空间观测点上的包括解释变量和被解释变量在内的相关因素的影响。

二、实例展示

继续以县工业发展为研究例子，若采用空间杜宾模型，由于有两个自变量，因此，可以有多种模型。比如假设邻近县的年末单位从业人员数（X_1）对于县第二产业增加值（Y）会产生影响，那么，具体回归方程式应该是：

$$Y = \beta_0 + \beta_1 X_1 + \beta_2 X_2 + \rho_1 WY + \rho_2 WX_1 + \mu$$

其中，Y是因变量，这里是指第二产业增加值（万元）；X_1是一个自变量，是指年末单位从业人员数（人）；X_2是另一个自变量，是指城镇固定资产投资完成额（万元）。WY是空间滞后因变量，WX_1是空间滞后自变量。

用采用广义空间二阶最小二乘法进行空间误差模型的回归，得到的结果。Wald chi2（3）值是 496.2，$Prob > chi2 = 0.0000$，“准 R^2”（Pseudo R^2）值是 0.105。对于这个空间误差项的 Wald 检验，其 chi2（1）值为 140.6，$Prob > chi2 = 0.0000$。

表 5-9：空间杜宾模型结果例一（GSTSLS）

	回归系数（Coef.）	标准误（Std. Err.）	Z 值	P>|z|
截距项	4293.598	10721.32	0.4	0.689
X_1	0.388	0.064	6.08	0.000
X_2	1.565	0.116	13.52	0.000
WX_1	−7.662	0.926	−8.28	0.000
WY	2.987	0.276	10.83	0.875

根据表 5-9 所示，采用广义空间二阶最小二乘法进行回归，得到的结果显示，两个自变量对于因变量的影响都是正向且显著的，也就是说，本县年末单位从业人员数和本县城镇固定资产投资完成额的增加，都会导致本县第

二产业增加值的提升。此外，WX_1 的回归系数是负的，且是显著的，这意味着邻近县的年末单位从业人员数对于本县的第二产业增加值的提升会产生负向影响，即年末单位从业人员数这个自变量存在着空间滞后效应。也就是说，县第二产业增加值会受到邻近县第二产业增加值的影响，但是，这种影响是负向的，即邻近县的第二产业越发达，对于目标县的第二产业的发展会产生负面作用。也就是说，在工业资源有限的情况下，邻近县之间在发展第二产业上可能存在零和博弈的情形，从而导致出现此消彼长的第二产业发展态势。但是，事情发展往往是复杂的。表 5-8 的结果还表明，邻近县的年末单位从业人员数越多，会对目标县的第二产业发展产生负向影响，而且这种影响是显著的，是实实在在的。一种可能的解释是由于邻近县第二产业对于周边地区的劳动力具有很强的吸引力，导致目标县的劳动力迁移到这些邻近县而使得本县劳动力投入不足，对于本县第二产业发展起到了限制作业。

这个模型显示 WY 的回归系数是正的，而且是显著的。这说明，若引入空间滞后自变量，空间滞后因变量的作用依然很重要。也就是说，即便有邻近县的激烈竞争，部分劳动力也因此被吸引过去，但是，邻近县之间第二产业的发展往往具有规模效应，呈现互补的特征，因此，邻近县第二产业的发展，溢出效应明显，会对目标县的第二产业的发展产生正向所用。另一种解释是，邻近县之间的县际竞争具有激活周边地区竞争活力的作用，相当于在本地形成了所谓的“鲶鱼效应”，使得本地第二产业总体上呈现发展的态势。

如果采用最大似然估计法进行回归，得到的结果有所不同。Wald chi2（3）值是 1328.2，$Prob > chi2 = 0.0000$，“准 R^2”（Pseudo R^2）值是 0.0139。对数似然函数（Log likehood）值是 -27318.216。对于这个空间项的 Wald 检验，其 chi2（1）值为 971.7，$Prob > chi2 = 0.0000$。

表 5-10：空间杜宾模型结果例一（MLE）

	回归系数（Coef.）	标准误（Std. Err.）	Z 值	P>|z|
截距项	3791.89	10705.75	0.35	0.723
X_1	0.381	0.064	5.98	0.000
X_2	1.529	0.115	13.34	0.000
WX_1	-9.568	0.499	-19.16	0.000
WY	3.598	0.117	30.79	0.000

比较表 5-9 和表 5-10，回归系数都是显著的。从回归系数的值来看，两种估计方法对于自变量回归系数的值影响不大，基本上都很接近。但是，对于空间滞后效应的回归系数值影响较大。无论是空间滞后因变量还是空间滞后自变量的回归系数值的绝对值，在最大似然估计法中都比在广义空间二阶最小二乘法中要大。这说明，前者估计得到的空间滞后效应力度要比后者估计得到的空间滞后效应力度要强。

当然，也可以考察另一个自变量的滞后效应，公式如下：

$$Y = \beta_0 + \beta_1 X_1 + \beta_2 X_2 + \rho_1 WY + \rho_2 WX_2 + \mu$$

用采用广义空间二阶最小二乘法进行空间误差模型的回归，得到的结果。Wald chi2（3）值是 492.87，$Prob > chi2 = 0.0000$，“准 R^2”（Pseudo R^2）值是 0.122。对于这个空间误差项的 Wald 检验，其 chi2（1）值为 137.7，$Prob > chi2 = 0.0000$。

表 5-11：空间杜宾模型结果例二（GSTSLS）

	回归系数（Coef.）	标准误（Std. Err.）	Z 值	P>|z|
截距项	22057.8	11678.84	1.89	0.059
X_1	0.354	0.064	5.52	0.000
X_2	1.604	0.115	13.9	0.000
WX_2	–14.523	1.799	–8.07	0.000
WY	3.104	0.295	10.52	0.875

根据表 5-11 的回归结果显示，WX_2 的回归系数是负的，且是显著的，这意味着邻近县的年末城镇固定资产投资完成额对于本县的第二产业增加值的提升会产生负向影响，即年末城镇固定资产投资完成额这个自变量存在着空间滞后效应。在邻近县之间，往往存在着资本投入上的竞争。比如在招商引资上，邻近县之间往往存在激烈的竞争。当在邻近县的外商投资不断增加的情况下，对于目标县而言，则意味着在本县的外商投资的减少，因此，对于本县的第二产业发展会产生负面影响。

如果采用最大似然估计法进行回归，得到的结果有所不同。Wald chi2（3）值是 1332.83，$Prob > chi2 = 0.0000$，“准 R^2”（Pseudo R^2）值是 0.1133。对数似然函数（Log likehood）值是 –27319.603。对于这个空间项的 Wald 检验，

其 chi2（1）值为 876.81，$Prob > chi2 = 0.0000$。

表 5–12：空间杜宾模型结果例二（MLE）

	回归系数（Coef.）	标准误（Std. Err.）	Z 值	P>|z|
截距项	25975.16	11492.86	2.26	0.024
X_1	0.341	0.064	5.36	0.000
X_2	1.583	0.115	13.8	0.000
WX_2	–17.523	0.945	–18.55	0.000
WY	3.629	0.125	29.15	0.000

当然，也可以同时考察和分析两个自变量的空间滞后效应。在同时分析两个及两个以上的空间滞后自变量时，就需要说明不同自变量的滞后效应计算时所采用的空间矩阵是否一样。若空间矩阵都是一样的，那么，其公式如下：

$$Y = \beta_0 + \beta_1 X_1 + \beta_2 X_2 + \rho_1 WY + \rho_2 WX_1 + \rho_3 WX_2 + \mu$$

由于这个方程式已经有两个空间滞后自变量，因此，一般情况下不用最大似然估计法，而是采用广义空间二阶最小二乘法进行空间误差模型进行回归。具体结果如下：Wald chi2（3）值是 508.42，$Prob > chi2 = 0.0000$，“准 R^2”（Pseudo R^2）值是 0.0248。对于这个空间项的 Wald 检验，其 chi2（1）值为 150.41，$Prob > chi2 = 0.0000$。

表 5–13：空间杜宾模型结果例三（MLE）

	回归系数（Coef.）	标准误（Std. Err.）	Z 值	P>|z|
截距项	17418.52	11706.19	1.49	0.137
X_1	0.371	0.064	5.8	0.000
X_2	1.569	0.115	13.6	0.000
WX_1	–4.852	1.391	–3.46	0.000
WX_2	–7.423	2.702	–2.75	0.000
WY	3.353	0.303	11.06	0.000

根据表 5–13 所示，空间滞后自变量的回归系数都是负数，而都是显著的。这说明邻近县在这两方面上的投入的增加，会对目标线第二产业发展产

生负面影响。从系数绝对值的大小来看，WX_2 的系数绝对值要比 WX_1 的系数绝对值要大，这说明对于目标县第二产业发展而言，邻近县在资本投入上的增加对其产生的负面影响，要大于在劳动力上的投入。这可能是邻近县之间在招商引资上的竞争会比劳动力上的竞争更为激烈的原因之一。

若自变量空间滞后效应计算时所用的空间矩阵是不一样的，那么，其公式如下：

$$Y = \beta_0 + \beta_1 X_1 + \beta_2 X_2 + \rho_1 W_1 Y + \rho_2 W_1 X_1 + \rho_3 W_2 X_2 + \mu$$

在这个公式中，有两个空间权重矩阵，分布是 W_1 和 W_2，前者是计算空间滞后因变量和 X_1 时所用的空间权重矩阵，是一个反距离矩阵，在本例子的 Stata 语句中用 M 代表这个矩阵。后者是计算 X_2 的滞后效应时所用的空间权重矩阵，是一个根据近邻法（based on nearest neighbors）所创建的空间权重矩阵，在本例子的 Stata 语句中用 W 代表这个矩阵。

这里采用广义空间二阶最小二乘法进行空间误差模型进行回归。具体结果如下：Wald chi2（3）值是 513.35，$Prob > chi2 = 0.0000$，"准 R^2"（Pseudo R^2）值是 0.0765。对于这个空间项的 Wald 检验，其 chi2（1）值为 157.34，$Prob > chi2 = 0.0000$。

表 5–14：空间杜宾模型结果例四（MLE）

	回归系数（Coef.）	标准误（Std. Err.）	Z 值	P>|z|
截距项	4254.655	10725.31	0.4	0.692
X_1	0.386	0.064	6.05	0.000
X_2	1.557	0.116	13.46	0.000
W_1X_1	–8.103	0.909	–8.91	0.000
W_2X_2	–2.034	12.495	–0.16	0.871
W_1Y	3.126	0.27	11.57	0.000

根据表 5–14 所示，两个空间滞后自变量的回归系数都是负数，但是，W_1X_1 的回归系数是显著的，而 W_2X_2 的回归系数是不显著的。把表和表进行比较，说明不同的空间权重矩阵对于回归结果是有影响的。自变量 X_2 采用 M 空间权重矩阵时，其回归系数是显著的，但是，当采用 W 空间权重矩阵时，其回归系数是不显著的。所以，在进行空间回归分析时，需要考虑空间权重

矩阵的合理性，确定何种空间权重矩阵更适合所研究的问题和对象。

三、Stata 中的相关语句

在 Stata 中，只有一个空间滞后自变量时的空间杜宾模型的语句如下：

. spregress Y X1 X2，gs2sls dvarlag（M）ivarlag（M：X1）force

. spregress Y X1 X2，ml dvarlag（M）ivarlag（M：X1）force

. spregress Y X1 X2，gs2sls dvarlag（M）ivarlag（M：X2）force

. spregress Y X1 X2，ml dvarlag（M）ivarlag（M：X2）force

当两个空间滞后自变量同时进入空间杜宾模型时，其语句是：

. spregress Y X1 X2，gs2sls dvarlag（M）ivarlag（M：X1 X2）force

当两个自变量空间滞后效应所用的空间权重矩阵不一样时，那么，语句也需要做出说明，具体如下：

. spregress Y X1 X2，gs2sls dvarlag（M）ivarlag（W：X1）ivarlag（M：X1）force

如果两个自变量在计算其滞后效应时所采用的空间权重矩阵是不同的，比如自变量 X_1 和因变量用的都是 M 空间权重矩阵，而自变量 X_2 用的是 W 空间权重矩阵，那么，对应的语句是：

. spregress Y X1 X2，gs2sls dvarlag（M）ivarlag（M：X1）ivarlag（W：X2）force

可见，空间杜宾模型的语句结构比较简单。dvarlag（M）是指以 M 为空间权重矩阵的空间滞后因变量，而 ivarlag（M：X1）和 ivarlag（M：X2）是指以 M 为空间权重矩阵的空间滞后自变量。若两个自变量都有空间滞后效应，而且都是以 M 为空间权重，那么，就可以以 ivarlag（M：X1 X2）来说明。

第四节　空间混合模型

在开展时空社会科学研究的过程中，所研究的社会时空越复杂，那么，实证模型的设定也要更为复杂一些。例如，横截面数据在空间上的分布，有时候会比较复杂，既有空间滞后效应，又往往存在着空间误差效应。于是，在实证研究上，就需要同时考虑和分析这两种效应，空间线性混合模型（Spatial Mixed Model，简称 SMD）就能够实现这种功能。从形式上来看，空间杜宾模型是空间滞后模型和空间误差模型的综合体。但是，由于同时出现了空间滞后效应和空间误差效应，这说明不同空间观测点上的所研究对象呈现出比较复杂的特征。对于这种比较复杂的特征，仅仅分析其中的一个效应还不够，需要同时分析其中的两个效应。因此，从某种意义上来说，空间杜宾模型是一种双空间效应的分析模型。在现实中，这两种空间效应可能是彼此独立的，也可能是互相交互影响的。于是，就需要所谓的空间混合模型。

一、基本模型

根据名称不难发现，所谓的空间混合模型，其实就是把多种空间效应混合起来，进行一起研究。这种模型可以有效模拟所研究的社会时空内部存在多种不同的空间效应时的作用机制及其影响后果。空间混合模型的基本公式是：

$$Y = \rho WY + X\beta_1 + WX\beta_2 + (I - \gamma W)^{-1}\mu$$

$$\mu \sim N(0, \sigma^2 I_n)$$

在这个公式中，既有空间滞后因变量，又有空间滞后自变量，还有空间滞后残差。这三部分都成了模型的自变量，因此，是空间滞后模型和空间误差模型的混合体。在估计这个模型的过程中，由于所采用的空间权重矩阵可能是相同的，也可能是不同的，因此，就会出现多种衍生方程。

可见，空间混合模型是一种总称，是多种空间效应组合进行实证研究的空间回归模型的统称。在实际应用中，由于空间效应的组合的不同，又可以演变成很多具体的回归方程式，从而可以有效模拟所研究的社会空间的特征，便于揭示其运行发展的规律。在开展时空社会科学研究时，空间混合模型给予研究者更大的弹性，也可以从更多的角度来对理论假设进行实证检验。

二、实例展示

这里继续以产业经济学中的社会时空研究为例，解析空间混合模型的应用。在县级第二产业发展的研究中，若因变量、一个自变量和残差的空间滞后效应采用的是同一个空间权重矩阵，那么，其回归方程式是：

$$Y = \beta_0 + \beta_1 X_1 + \beta_2 X_2 + \rho_1 WY + \rho_2 WX_1 + (I - \gamma W)^{-1}\mu$$

在这个回归方程式中，因变量具有空间滞后效应，两个自变量中的一个自变量 X_1 具有空间滞后效应，另一个自变量不具有空间滞后效应。此外，残差具有空间滞后效应。因此，这个回归方程式其实就是在研究自变量以及三类空间滞后变量对于因变量的影关于相关变量的定义，与上文相同。在回归估计时，采用了反距离空间权重矩阵。

用采用广义空间二阶最小二乘法进行空间误差模型的回归，得到的结果。Wald chi2（3）值是 241.47，$Prob > chi2 = 0.0000$，“准 R^2”（Pseudo R^2）值是 0.0047。对于这个空间误差项的 Wald 检验，其 chi2（1）值为 28.55，$Prob > chi2 = 0.0000$。

表 5–15：空间混合模型结果例一（GSTSLS）

	回归系数（Coef.）	标准误（Std. Err.）	Z 值	P>|z|
截距项	37769.85	19519.55	1.93	0.053
X_1	0.32	0.064	4.99	0.000
X_2	1.479	0.115	12.87	0.000
WX_1	–5.355	2.432	–2.2	0.028
WY	1.955	0.797	2.45	0.014
$W\epsilon$	4.193	0.909	4.62	0.000

根据表 5–15 所示，三个滞后效应中，WX_1 的回归系数是负数且显著的，这说明邻近县的年末单位从业人员数对于目标县的第二产业增加值的提升会产生负向影响，即年末单位从业人员数这个自变量存在着空间滞后效应。WY 的回归系数是正的且显著，这说明邻近县之间的在第二产业发展上具有互补性，可以互相促进。$W\epsilon$ 的回归系数是正的且显著，这说明除了上述因素之外，邻近县之间还有其他因素也可能存在某种空间滞后效应，会对县级第二产业发展产生正向积极的影响。

由于上述三类空间滞后效应各自都仅涉及一个变量，因此，也可以通过最大似然估计法进行回归，得到如下结果：Wald chi2（3）值是 265.6，$Prob > chi2 = 0.0000$，“准 R^2”（Pseudo R^2）值是 0.0556。对数似然函数（Log likehood）值是 –27295.436。对于这个空间误差项的 Wald 检验，其 chi2（1）值为 767，$Prob > chi2 = 0.0000$。

表 5-16：空间混合模型结果例一（MLE）

	回归系数（Coef.）	标准误（Std. Err.）	Z 值	P>lzl
截距项	56960.96	22290.18	2.56	0.011
X_1	0.314	0.064	4.94	0.000
X_2	1.463	0.115	12.77	0.000
WX_1	-4.756	0.999	-4.76	0.000
WY	1.59	0.264	6.01	0.000
$W\epsilon$	3.639	0.133	27.42	0.000

比较表 5-15 和表 5-16，回归结果基本类似，就是空间滞后回归系数的绝对值略有变化。相比而言，在本例子中，这三类空间滞后回归系数的绝对值，用广义空间二阶最小二乘法进行估计时要比用最大似然法进行估计来得大。但是，系数的正负则没有变化，这说明其影响方向在两种估计法中并没有变化。

同样的方法，可以用来研究另一个自变量的空间滞后效应，就是把回归方程式中的 X_1 替换成 X_2，其回归方程式是：

$$Y = \beta_0 + \beta_1 X_1 + \beta_2 X_2 + \rho_1 WY + \rho_2 WX_2 + (I - \gamma W)^{-1} \mu$$

用采用广义空间二阶最小二乘法进行空间误差模型的回归，得到的结果。Wald chi2（3）值是 238.27，$Prob > chi2 = 0.0000$，“准 R^2”（Pseudo R^2）值是 0.0188。对于这个空间误差项的 Wald 检验，其 chi2（1）值为 24.11，$Prob > chi2 = 0.0000$。

表 5-17：空间混合模型结果例二（GSTSLS）

	回归系数（Coef.）	标准误（Std. Err.）	Z 值	P>lzl
截距项	47764.7	21008.56	2.27	0.023
X_1	0.33	0.064	5.17	0.000
X_2	1.445	0.116	12.48	0.000
WX_2	-10.598	4.398	-2.41	0.016
WY	2.149	0.822	2.62	0.009
$W\epsilon$	4.763	1.077	4.42	0.000

根据表 5–17 所示，WX_2 的回归系数为负且显著，这说明年末城镇固定资产投资完成额具有空间滞后效应，会对邻近的县第二产业的发展产生负向影响。

由于上述三类空间滞后效应各自都仅涉及一个变量，因此，也可以通过最大似然估计法进行回归，得到如下结果：Wald chi2（3）值是 484.58，$Prob > chi2 = 0.0000$，“准 R^2”（Pseudo R^2）值是 0.0458。对数似然函数（Log likehood）值是 –27301.741。对于这个空间误差项的 Wald 检验，其 chi2（1）值为 11597.81，$Prob > chi2 = 0.0000$。

表 5–18：空间混合模型结果例二（MLE）

	回归系数（Coef.）	标准误（Std. Err.）	Z 值	P>|z|
截距项	771.64	14331.98	0.05	0.957
X_1	0.339	0.064	5.33	0.000
X_2	1.51	0.115	13.15	0.000
WX_2	6.694	2.92	2.29	0.022
WY	1.901	0.182	10.43	0.000
$W\epsilon$	1.014	0.01	1027.42	0.000

比较表 5–17 和表 5–18 显示，对于同样的模型和数据，最大似然估计法和广义空间二阶最小二乘法所得到的结果有所不同，不同主要体现在 WX_2 的空间滞后效应上。采用最大似然法的结果，空间滞后自变量的回归系数是正的且显著，而在广义空间二阶最小二乘法进行估计的模型中，该系数是负的且显著。这说明，不同的估计方法，有时候会得到不同的结论。因此，在进行实证研究中，要采用不同的方法进行检验，便于更加客观地认识空间观测点上所呈现的现象及其背后的规律。对于通过实证分析得到的检验，也不要轻易下结论，而是需要通过多种方法进行估计和检验，从多个方面展开研究，用多种证据进行互相验证，才能获得符合客观实情的论断。胡适的“大胆假设，小心求证”，说的就是这层意思。

下面，可以来研究两个自变量同时都有空间滞后效应的情形，其回归方程式是：

$$Y = \beta_0 + \beta_1 X_1 + \beta_2 X_2 + \rho_1 WY + \rho_2 WX_2 + \rho_3 WX_2 + (I - \gamma W)^{-1} \mu$$

由于已经有两个自变量具有空间滞后效应，因此，不适宜用最大似然法进行估计与回归，而应当采用广义空间二阶最小二乘法进行回归，得到如下结果：Wald chi2（3）值是 255.05， $Prob > chi2 = 0.0000$ ，“准 R^2”（Pseudo R^2）值是 0.0028。对于这个空间误差项的 Wald 检验，其 chi2（1）值为 42.12， $Prob > chi2 = 0.0000$ 。

表 5-19：空间混合模型结果例三（GSTSLS）

	回归系数（Coef.）	标准误（Std. Err.）	Z 值	P>|z|
截距项	38991.86	18748.57	2.08	0.038
X_1	0.32	0.064	5.06	0.000
X_2	1.464	0.118	12.42	0.000
WX_1	–5.212	2.408	–2.16	0.03
WX_2	–9.646	7.378	–1.31	0.191
WY	3.704	1.612	2.3	0.022
$W\epsilon$	3.367	1.574	2.14	0.032

根据表 5-19 所示，当两个自变量 X_1 和 X_2 的空间滞后效应都加入模型后，回归系数都是负数，但是，X_1 的回归系数是显著的，而 X_2 的回归系数是不显著的。也就是说，县年末单位从业人员数会对邻近县第二产业的发展产生负面影响，而且这种影响是显著的。尽管县年末城镇固定资产投资完成额对于邻近县第二产业的发展也会产生负面影响，但是，这种影响是不显著的。由此可见，县年末城镇固定资产投资完成额对于邻近县第二产业的发展的影响，可以忽略。

如果残差的空间滞后效应所采用的空间权重矩阵与因变量和自变量的空间权重矩阵不同时，那么，回归方程式就是：

$$Y = \beta_0 + \beta_1 X_1 + \beta_2 X_2 + \rho_1 W_1 Y + \rho_2 W_1 X_1 + \rho_3 W_1 X_2 + (I - \gamma W_2)^{-1} \mu$$

在本例子中，残差的空间权重矩阵是邻近矩阵 W，而其他变量用的矩阵是反距离矩阵 M。

采用广义空间二阶最小二乘法进行回归，得到如下结果：Wald chi2（3）值是 508.56， $Prob > chi2 = 0.0000$ ，“准 R^2”（Pseudo R^2）值是 0.0244。对于这

个空间误差项的 Wald 检验，其 chi2（1）值为 159.49，$Prob > chi2 = 0.0000$。

表 5–20：空间混合模型结果例四（GSTSLS）

	回归系数（Coef.）	标准误（Std. Err.）	Z 值	P>|z|
截距项	17388.93	11703.15	1.49	0.137
X_1	0.371	0.064	5.8	0.000
X_2	1.569	0.115	13.6	0.000
WX_1	–4.851	1.391	–3.49	0.000
WX_2	–7.426	2.702	–2.75	0.006
WY	3.354	0.303	11.07	0.006
$W\epsilon$	–0.181	14.788	–0.01	0.99

比较表 5–19 和表 5–20，在残差的空间滞后效应上，当把反距离矩阵改成邻近矩阵，那么，残差的空间滞后效应就从显著变成了不显著，其回归系数值从正值变成了负值。这说明，不同的空间权重矩阵，对于回归结果会产生影响。所以，在进行空间模型的建构以及空间回归的过程中，要合理用好特定的空间权重矩阵。

如果残差的空间滞后效应以及一个自变量 X_2 所采用的空间权重矩阵相同，但是与因变量和另一个自变量 X_2 的空间权重矩阵不同时，那么，回归方程式就是：

$$Y = \beta_0 + \beta_1 X_1 + \beta_2 X_2 + \rho_1 W_1 Y + \rho_2 W_1 X_1 + \rho_3 W_2 X_2 + (I - \gamma W_2)^{-1} \mu$$

在本例子中，残差的空间权重矩阵是邻近矩阵 W，而其他变量用的矩阵是反距离矩阵 M。

采用广义空间二阶最小二乘法进行回归，得到如下结果：Wald chi2（3）值是 514.08，$Prob > chi2 = 0.0000$，“准 R^2”（Pseudo R^2）值是 0.0762。对于这个空间误差项的 Wald 检验，其 chi2（1）值为 157.465，$Prob > chi2 = 0.0000$。

表 5-21：空间混合模型结果例五（GSTSLS）

	回归系数（Coef.）	标准误（Std. Err.）	Z 值	P>|z|
截距项	4236.894	10725.44	0.4	0.693
X_1	0.387	0.064	6.06	0.000
X_2	1.557	0.116	13.46	0.000
WX_1	−8.106	0.91	−8.91	0.000
WX_2	−2.186	6.624	−0.33	0.741
WY	3.129	0.271	11.58	0.000
$W\epsilon$	−0.994	3116.905	−0.00	1.000

从表 5-21 的结果来看，把空间滞后自变量 X_2 所采用的空间权重矩阵从反距离空间权重矩阵改为邻近空间权重矩阵后，其回归系数尽管还是负数，但是，已经不再显著了。此外，这个改变也会对残差回归系数产生了一定的影响。所以，空间权重矩阵的变化，会对空间回归产生重要的影响，因此，这种变更要谨慎。

三、Stata 中的相关语句

在 Stata 中进行空间混合模型的回归，本例子中，对应的语句分别是：

. spregress Y X1 X2, gs2sls dvarlag（M）ivarlag（M：X1）errorlag（M）force

. spregress Y X1 X2, ml dvarlag（M）ivarlag（M：X1）errorlag（M）force

. spregress Y X1 X2, gs2sls dvarlag（M）ivarlag（M：X2）errorlag（M）force

. spregress Y X1 X2, ml dvarlag（M）ivarlag（M：X2）errorlag（M）force

. spregress Y X1 X2, gs2sls dvarlag（M）ivarlag（M：X1 X2）errorlag（M）force

. spregress Y X1 X2, gs2sls dvarlag（M）ivarlag（M：X1 X2）errorlag（W）force

. spregress Y X1 X2, gs2sls dvarlag（M）ivarlag（M：X1）ivarlag（W：X2）errorlag（W）force

这些语句在结构上大同小异，只要掌握了基本的结构，那么，就可以在此基础上进行微调，比如更换不同的空间权重矩阵、调整变量的空间滞后效应，等等。这些操作，体现在语句上，仅做微调即可。可见，在 Stata 上进行空间混合模型的回归，本质上是很简单的。但是，对于研究者而言，关键是要把模型设定得好，能够体现客观事实。然后，在通过数据对模型进行回归，从而对于一些假设进行实证检验。

第五节　空间工具变量模型

社会时空研究的复杂性，还包括所谓的内生性问题。这一方面说明社会时空系统的运行机制很复杂，另一方面也说明了实证研究所具有的挑战性。在进行空间回归分析的过程中，同样会遇到一般回归模型可能遇到的问题，就是内生性问题。由于存在着时间和空间的因素，因此，在进行空间回归时，内生性问题往往会更为复杂。在进行空间回归时，当存在内生性问题，就需要进行有针对性的处理，才能提高空间回归估计的精确性。例如，当存在内生性问题时，就可以对于空间误差项进行处理，建立起合适的空间误差回归模型（Anselin and Kelejian 1997）。当然，常用的方法还是通过工具变量法，在空间回归模型中引入工具变量来解决内生性问题（Baltagi et al. 2014）。

一、内生性问题

在回归模型中，有一个经典假设，即自变量与随机扰动项之间不存在相关关系，彼此之间是独立的。但是，在实际进行回归模型分析时，往往会出现自变量之中的一个或者多个变量与随机扰动项之间存在着相关性。因此，回归模型的经典假设就不成立了。在这种情况下，继续用传统的回归模型进行分析，那么，回归得到的估计值就会存在偏差。这就是回归分析中的内生性问题（endogenous problem）。导致内生性问题的原因是多方面的。在选择解释变量时，由于数据等方面的限制，往往不可能把所有解释变量都纳入回归模型之中，因此，就可能遗漏一些解释变量。因为遗漏了一些解释变量，那么，这些解释变量的影响就进入了模型的随机扰动项之中。由于这些被遗漏的解释变量与已经被纳入模型的解释变量之间可能存在着相关性，因此，导致了模型中的解释变量与随机扰动项之间存在着相关性。对于这种原因的解决方案就是尽可能不要遗漏重要的解释变量。

即便是把所有重要的解释变量都纳入进了模型，也还可能存在内生性问题，这是因为任何的测量都可能存在着测量误差，这是导致内生性问题产生的另一个重要原因。例如，在通过社会调查来获得一手数据时，就会存在着设计误差和执行误差，而且这两类误差是不可能同时减少的。在减少设计误差的同时，势必会提高执行误差。在减少执行误差的同时，势必会提高设计误差。如同物理学中的“测不准原理”，在进行社会测量时，也存在类似的情形。由于存在测量误差，因此，就可能导致回归分析中的内生性问题。

此外，交互作用也可能导致内生性问题的出现。例如，当自变量与因变量存在着交互作用时，那么，自变量的影响就会传递到因变量上，引起因变量的变化，而因变量的变化又会反过来传递到自变量上，引起自变量的变化。此外，自变量之间也可能存在着交互作用。在空间回归模型中，时间、空间和其他因变量以及自变量之间都可能存在着交互作用，而且因变量的空间滞后变量以及自变量的空间滞后变量也可能存在着交互作用。所以，空间回归中的复杂的交互作用，往往容易导致内生性问题的产生。这类内生性问题，是开展时空社会科学研究过程中常会遭遇的问题。

二、工具变量

工具变量（instrumental variable，简称“IV”）也称为“仪器变量”或“辅助变量”，是经济学、社会学、人口学、教育学、计量经济学、流行病学等相关学科中无法实现可控实验时，用于估计模型因果关系的方法。因此，这是社会科学实证研究中被广泛使用的一种方法。由于存在着空间滞后效应以及空间误差效应，在空间回归模型中引入工具变量，问题会变得更为复杂。例如，在研究中国地区 R&D 经费支出的特征时，往往具有空间上的聚集效应，也会存在着外溢效应。但是，当对于影响中国地区 R&D 经费支出的因素进行实证分析，就会遇到内生性问题。在空间回归模型中，除了引入工具变量之外，有时还需要调整估计方法，例如采用的局部线性工具变量估计（冯烽 2015）。

除了在空间误差模型中可以引入工具变量之外，在空间滞后模型中也可以进行工具变量分析。例如，当研究中国地级以上城市的经济发展与资源约束的关系时，可能既存在空间滞后效应，也存在内生性问题。在研究一个城市、地区或者国家所拥有的天然资源对于经济发展的作用时，往往会出现所谓的“资源诅咒（resource curse）”的现象，即拥有大量的某种不可再生的天然资源却反而形成工业化低落、产业难以转型、过度依赖单一经济结构的窘境。造成“富足的矛盾（paradox of plenty）”的原因是多方面的，有来自现实社会的客观因素，但也可能是回归模型在估计时出现的偏差。对于同样的数据，采用带有工具变量的空间滞后分位数回归模型来进行实证研究的结果表明中国地级以上城市并不存在着所谓的“资源诅咒”的现象，在有些城市反而可能存在“资源福音”现象（李坤明和方丽婷 2018）。

上述两者研究表明，在空间回归模型中，只要合理引入工具变量，就可以有效破解内生性问题，就可以获得无偏估计。在开展时空社会科学研究的过程中，研究者需要根据具体的社会时空特征来选取合适的工具变量。工具变量的选取，不仅要考虑到所研究的社会时空的特征，而且还要考虑到时空网络的传导机制。在社会时空系统中，内生性问题不仅仅是静态的，也可能是动态的。因此，在空间面板模型中，根据需要也可以引入工具变量，从而来有效应对内生性问题（Baltagi and Liu 2011）。

三、实例展示

这里，继续通过产业经济学中的实例演示的方式，说明如何在 Stata 软件中进行带有工具变量的空间回归与估计。在研究县第二产业发展的影响因素时，设定如下回归方程式：

$$Y = \beta_0 + \beta_1 X_1 + \beta_2 X_2 + \pi_1 X_3 + \rho WY + \mu$$

其中，Y是因变量，这里是指第二产业增加值（万元）；X_1是一个自变量，是行政区域土地面积（平方公里）；X_2是另一个自变量，是指城镇固定资产投资完成额（万元）。X_3是第三个自变量，是指年末单位从业人数，其对应的工具变量是年末总户数（户）。数据来自《中国县域统计年鉴 2002》，剔除了有缺失值的县，研究样本共有 2048 个县。在空间回归中，采用广义空间二阶最小二乘（Generalized Spatial Two Stage Least Square，简称 GSTSLS）方法。对于空间权重矩 W，这里采用了反距离权重（Inverse DistanceWeighted，简称 IDW）。

采用广义空间二阶最小二乘法进行回归，得到如下结果：Wald chi2（3）值是 352.05，$Prob > chi2 = 0.0000$，“准 R^2”（Pseudo R^2）值是 0.079。对于这个空间误差项的 Wald 检验，其 chi2（1）值为 9，$Prob > chi2 = 0.0027$。

表 5-22：空间工具变量模型结果例一（GSTSLS）

	回归系数（Coef.）	标准误（Std. Err.）	Z 值	P>|z|
截距项	–27506.66	13070.82	–2.1	0.035
X_1	–0.657	0.344	–1.91	0.056
X_2	0.968	0.167	5.78	0.000
X_3	2.37	0.263	9.00	0.000
WY	0.421	0.14	3.00	0.003

根据表 5–22 所示，通过工具变量进行回归后，得到结果显示 X_1 的回归系数是负数的，且具有一定的显著性。这说明，一个县的面积越大，其第二产业发展越缓慢。造成这种现象的原因是一些中西部地区的县地广人稀，第二产业与经济发展都比较落后。X_2 的回归系数是正的且显著，这说明城镇固定资产投资完成额的县，其第二产业越发达。通过工具变量法得到的 X_3 的回归系数是正的且显著，这说明家庭户数的县越多意味着这个县劳动力提供能力越强，其第二产业发展也就越好。此外，空间滞后因变量的回归系数也是正的且是显著的。这说明一个县的第二产业发展情况，不仅受到本县因素的影响，还会受到邻近县第二产业发展情况的正向影响，体现了县际互补的特点。

此外，也可以采用空间误差模型来进行工具变量回归与估计，采用广义空间二阶最小二乘法进行回归，得到如下结果：Wald chi2（3）值是 222.22，$Prob > chi2 = 0.0000$，“准 R^2”（Pseudo R^2）值是 0.0781。对于这个空间误差项的 Wald 检验，其 chi2（1）值为 33.98，$Prob > chi2 = 0.0027$。

表 5–23：空间工具变量模型结果例二（GSTSLS）

	回归系数（Coef.）	标准误（Std. Err.）	Z 值	P>|z|
截距项	23074.55	7600.558	3.04	0.002
X_1	–0.466	0.324	–1.44	0.12
X_2	0.933	0.156	6.00	0.000
X_3	1.986	0.249	7.99	0.000
$W\epsilon$	3.347	0.574	5.83	0.003

根据表 5–23 所示，通过工具变量法得到的 X_3 的回归系数是正的且显著，

这说明家庭户数的县越多意味着这个县劳动力提供能力越强，其第二产业发展也就越好。此外，残差的空间滞后效应也是正的且显著，这说明邻近县之间在发展第二产业上存在着正向的溢出效应，除了模型中的因素之外，还可能存在其他因素对于县第二产业的发展产生正面的溢出效应。X_2 的回归系数是正的且显著，这说明城镇固定资产投资完成额的县，其第二产业越发达。但是，X_1 的回归系数并不显著。这说明在考虑到空间滞后残差因素滞后，县域面积并不会对县第二产业的发展产生什么影响。

当然，也可以研究空间滞后自变量的影响，就是用空间杜宾模型来估计工具变量及其影响。采用广义空间二阶最小二乘法进行回归，得到如下结果：Wald chi2（3）值是 447.87，$Prob > chi2 = 0.0000$，“准 R^2”（Pseudo R^2）值是 0.0205。对于这个空间误差项的 Wald 检验，其 chi2（1）值为 9，$Prob > chi2 = 0.0027$。

表 5-24：空间工具变量模型结果例三（GSTSLS）

	回归系数（Coef.）	标准误（Std. Err.）	Z 值	P>|z|
截距项	17554.88	13952.18	1.26	0.208
X_1	−0.515	0.323	−1.6	0.11
X_2	1.01	0.157	6.45	0.000
X_3	2.046	0.251	8.16	0.000
WX_2	−13.509	2.015	−6.7	0.000
WY	2.547	0.343	7.42	0.000

根据表 5-24 所示，通过工具变量法得到的 X_3 的回归系数是正的且显著。此外，WY 的回归系数也是正的且显著，这说明空间滞后因变量效应也是正的且显著。还有，WX_2 的回归系数是负的且显著，但是 X_2 的回归系数是正的且显著，这说明城镇固定资产投资完成额这个因素对于邻近县的第二产业发展的影响是比较复杂，一方面本县的投资完成额会对本县的第二产业发展产生正面影响和作用，但是，却会对邻近县的第二产业的发展产生负面影响。这中现象与所谓的“以邻为壑”的做法有点类似，但是，具体的机制还有待于进一步深入研究和检验。X_1 的回归系数并不显著。这说明在考虑到空间滞后因变量效应和自变量效应之后，县域面积并不会对县第二产业的发展产生什么影响。

在此基础上，若再考虑空间滞后残差的影响，那么，就是带有工具变量的空间混合模型。就是用空间杜宾模型来估计工具变量及其影响。采用广义空间二阶最小二乘法进行回归，得到如下结果：Wald chi2 值是 261.14，$Prob > chi2 = 0.0000$，“准 R^2”（Pseudo R^2）值是 0.0934。对于这个空间误差项的 Wald 检验，其 chi2（1）值为 51.32，$Prob > chi2 = 0.0027$。

表 5–25：空间工具变量模型结果例四（GSTSLS）

	回归系数（Coef.）	标准误（Std. Err.）	Z 值	P>|z|
截距项	34979.11	20316.78	1.72	0.085
X_1	–0.393	0.319	–1.23	0.219
X_2	0.941	0.153	6.15	0.000
X_3	1.863	0.251	7.45	0.000
WX_2	–18.239	5.559	–3.28	0.001
WY	3.322	0.987	3.37	0.001
$W\epsilon$	2.426	0.81	3.83	0.003

根据表 5–25 所示，通过工具变量法得到的 X_3 的回归系数是正的且显著。此外，WY 和 $W\epsilon$ 的回归系数也都是正的且显著，这说明因变量和残差都存在正向的空间滞后效应。还有，WX_2 的回归系数是负的且显著，但是 X_2 的回归系数是正的且显著，这说明城镇固定资产投资完成额这个因素对于邻近县的第二产业发展的影响是比较复杂。X_1 的回归系数并不显著。这说明在考虑到空间滞后因变量效应和自变量以及残差效应之后，县域面积并不会对县第二产业的发展产生什么影响。

当然，除了上述工具变量空间回归模型之外，还可以根据工具变量的定义以及空间滞后效应的设定，来建立更为复杂的空间工具变量模型。但是，基本原理是相同的，模型的估计过程也是一样的。

四、Stata 中的相关语句

在 Stata 中进行空间工具变量模型的估计时，与本例子对应的相关语句是：

```
. spivregress Y X1 X2  (X3 = X4), dvarlag (M) force
. spivregress Y X1 X2  (X3 = X4), errorlag (M) force
```

. spivregress Y X1 X2 （X3 = X4），dvarlag（M）ivarlag（M：X2）force

. spivregress Y X1 X2 （X3 = X4），dvarlag（M）ivarlag（M：X2）errorlag（M）force

在 Stata 中进行包括工具变量在内的空间回归分析时，除了可以用 Stata 语句来进行操作之外，还可以通过 Stata 菜单进行操作。当然，对于资深的时空社会科学研究者而言，一般还是会更多的采用 Stata 语句来进行操作，因为灵活性会更强，而且这些 Stata 语句本身并不是很复杂，易于掌握和使用。

小 结

社会时空系统分析一般都是从空间分析入手的，即通过对特定时间点上的空间样本观测值进行实证分析，来揭示社会现象背后的规律。这种分析是一种静态分析，假设时间是外生给定的。但是，这种分析可以有效揭示给定时间下的社会活动在空间上的分布规律。在实证研究中，常用的模型包括了空间滞后模型、空间误差模型、空间杜宾模型、空间混合模型和空间工具变量模型。这些都是在分析横截面层面上的社会空间数据中常用的空间回归模型，也是进行空间实证研究的基本方法。对于研究者而言，掌握这些空间回归模型有助于提高其对于社会空间数据的洞察力，通过建模来探究社会现象在空间上的分布规律和特征，从而可以分析为进行动态空间分析做好必要的准备和支撑。现在，横截面层面上的空间回归模型的类型越来越多，方法也日趋高级和复杂，但是，这些基本方法和模型依然是研究者常用的工具。

第六章　空间面板数据分析

时空社会科学研究的是时空因素与社会系统之间的互相作用。因此，在检验时空社会科学的相关假设时，就需要把时间和空间因素都纳入社会系统的模型中，通过进行统计检验来分析时空与社会系统的互动。在开展此类实证研究中，需要收集特定空间观测点在不同时间上的观测值，由这些观测值所组成的数据，就是空间面板数据（spatial panel data）。所以，这类数据同时具有三类观测值，分别是空间观测值、时间观测值和社会现象观测值，分别代表着时间、空间和社会。因此，空间面板数据是用来进行时空社会科学研究的重要数据，可以同时对社会系统的时间参数和空间参数进行统计检验，也可以研究时间、空间和社会之间的交互作用（Elhorst 2003）。由于加入了时间因素，因此，空间面板模型具有了动态分析的功能，能够分析空间观测点上的事物与社会现象随着时间变化而变化的趋势，这为社会预测提供了重要的基础。在经济预测、房价走势预测等领域，空间面板模型都提供了很好的分析工具（Holly et al. 2010；Yu and Lee 2012）。这些经济现象都与特定的时空因素有关，比如房价走势，更是受到时间和空间因素的影响，所以，通过空间面板数据进行建模和分析，有助于揭示经济社会现象背后的时空特征及其规律，从而提高预测的精准度。

第一节　背景

在2010年，曾有学者较为系统地总结了空间面板模型的发展情况，指出这种模型在公共经济学、农业经济学等领域中有相当广泛的应用（Lee and Yu 2010a）。空间面板模型的优势在于能够同时对时间效应和空间效应进行建模和研究，可以研究时空因素对于社会系统的影响，因此，可以用来对社会系统的运行进行时空诊断。任何社会系统的运行，都是在特定时空下实施的。也就是说，任何社会系统都具有其特定的时空参数。当这些时空参数发生变化时，社会系统的运行效率和产出也可能会随之发生变化。为了有效预测社会系统的发展趋势，因此，就有必要把时空参数纳入社会系统的模型中，从而才有可能模拟和预测特定时空下的社会系统的未来发展趋势，才可能做好有效的应对措施。这是空间面板模型的研究意义所在。尽管命名为空间面板模型，其实除了空间因素之外，这类模型往往把时间因素直接引入到模型中，从而可以同时研究时间因素和空间因素对于社会系统的影响，因此，是比较理想的时空社会科学的实证研究工具。

一、基本模型

空间面板模型的表达方式有多种，不同的学者提出了不同的回归方程式。但是，无论何种方程式，一个基本目的都是要尽可能把空间面板数据背后的规律给挖掘出来，把其中的关系与规律给模拟出来，从而更加精准地预测其未来的走向。与一般的面板数据不同，空间面板数据把空间效应加入模型中，所以，可以有效分析各种空间效应。在这个过程中，时间效应可以通过时间虚拟变量来刻画和分析。此外，还可以通过交互作用来分析时间、空间和社会系统之间的共变。在各种具体的空间面板模型中，基本的模型公式是：

$$Y_t = \rho W Y_t + \alpha l_N + X_t \beta + W X_t \theta + \mu + \xi_t l_N + u_t$$
$$u_t = \lambda W u_t + \epsilon_t$$

其中，Y_t是在t时刻的因变量，X_t是在t时刻的自变量，而$\mu = (\mu_1, \cdots, \mu_N)^T$。

在这个模型中，有空间滞后因变量，也有空间滞后自变量以及空间误差。所以，基本的空间效应都在里面了。在这个模型中，时间因素一般通过两种途径来进行研究，一种途径是内生的，就是所有这些变量的观测值都需要设定具体的时间，即在模型中都需要以下标形式给定其对应的时间。这无形中就把时间因素引入到了模型中，而且这种时间效应是内生的。第二种途径就是通过设定时间虚拟变量的形式，把时间效应引入到模型的自变量之中，分析不同时间点上的社会特征是不是会有显著变化，进而判断和测量视角效应的影响作用。在这种途径中，时间因素是外生给定的。

一般化的空间面板模型，还可以有如下表述（Lee and Yu 2010a）：

$$Y_{nt} = \rho W_{n1} Y_{nt} + X_{nt} \beta + u_n + U_{nt}$$

$$u_n = \lambda_{01} W_{n3} u_n + \epsilon_{n0} \text{和} U_{nt} = \lambda_{02} W_{n2} U_{nt} + V_{nt}$$

这种表述方式具有如下几个特点：其一，空间权重矩阵的多样性。在这个模型中，出现了三个空间权重矩阵。在实际应用这个方程式进行实证研究时，这三个空间权重矩阵可以是完全一样的，即都用同一个空间权重矩阵；也可以使其中的两个空间权重矩阵是一样的，而另一个空间权重矩阵是不同的。其二，个体效应中也会有空间滞后效应。u_n 就是个体效应，在个体效应方程式中，就出现了这个个体效应的空间滞后现象。其实，这个个体效应很不简单。比如在固定效应模型中，不会随时间变化而变化的因素都会被吸收到这个个体效应中。也就是说，固定效应中的个体效应中的空间滞后现象，其实包含了时间的影响因素。所以，个体效应中其实大有文章。

二、随机效应

当个体效应是独立于外生自变量且随机存在的一种效应时，就是所谓的随机效应（random effects）。当空间面板数据呈现这种特征时，那么就需要用随机效应模型来进行估计和回归。也就是说，当空间面板模型自变量中没有被遗漏的变量，或者说那些被遗漏的变量与目前模型中的自变量之间并不存在相关的关系，那么，采用随机效应模型比较合适。随机效应空间面板模型的公式是：

$$y_{nt} = \rho W y_{nt} + Z_{nt}\beta + c_n + u_{nt}$$
$$u_{nt} = \lambda M u_{nt} + \epsilon_{nt} \qquad t=1，2，\cdots，T$$

其中 $y_{nt} = (y_{1t}，y_{2t}，\cdots，y_{nt})'$ 是一个在时间 t 时刻因变量观察值的 $n \times 1$ 的向量。Z_{nt} 是在时间 t 时刻的 $n \times k$ 的矩阵，这是一个包括随时间变化（time-variant）和不随时间变化（time-invariant）的自变量矩阵观察值所组成的矩阵。c_n 就是随机效应，其均值为 0，其方差是 σ_c^2。$n \times 1$ 的个体效应向量。u_{nt} 是 $n \times 1$ 的空间滞后误差。其中 $\varepsilon_{nt} = (\varepsilon_{1t}，\varepsilon_{2t}，\cdots，\varepsilon_{nt})'$ 是 $n \times 1$ 的残差向量，其中的 ε_{it} 是呈独立同分布，其方差是 σ^2。W 和 M 都是 $n \times n$ 的空间权重矩阵。随机效应模型需要符合两个前提条件：其一是严格外生性，即 $E(u_{nt}|Z_n，c_n) = 0$；其二是独立性假设，即 $E[\text{ close=}c_n, Z_n) = E[\text{ close=}c_n) = 0$。

在 Stata 中，随机效应的空间面板模型还有另一种估计方法，就是采用

sarpanel 的选项进行估计，其回归方程式是：

$$y_{nt}=\rho W y_{nt}+Z_{nt}\beta+c_n+u_{nt}$$

$$u_{nt}=\lambda M u_{nt}+c_n+\epsilon_{nt} \qquad t=1,\ 2,\ \cdots,\ T$$

也就是说，采用这种估计方法，那么，随机效应 c_n 就进入到了残差函数中。若 c_n 是个固定效应，那么，sarpanel 估计法得到的回归结果，与普通的固定效应空间面板模型的回归结果是一样的。但是，若 c_n 是个随机效应，那么，结果就会有所不同了。

总之，在随机效应模型中，个体效应与模型中的自变量之间不相关，即个体效应是独立随机存在的，是个随机变量。对于特定空间观测点上的观测值而言，无论这些观测值过去、现在和未来如何，个体效应都与此没有任何关系。但是，个体效应却与这个特定空间观测点有关系，是这个特定空间观测点上的一个随机变量。由此可见，在随机效应模型中，影响因变量的因素包括了可以观测到的自变量的因素，也包括了可能不易观测到的随机变量的因素。从哲学上来说，随机效应模型体现了系统性和随机性的统一，即特定时空下的社会现象既有必然性，也有偶然性，是随机系统的产物。

三、固定效应

与随机效应不同，固定效应空间面板模型的个体效应尽管也是一个随机变量，但是，可以与自变量之间可以存在着某种相关关系。也就是说，个体效应是一个随机变量，但是并非独立存在着。固定效应空间面板模型的公式是：

$$y_{nt}=\rho W y_{nt}+X_{nt}\beta+c_n+u_{nt}$$
$$u_{nt}=\lambda M u_{nt}+\epsilon_{nt} \qquad t=1,\ 2,\ \cdots,\ T$$

其中 $y_{nt}=(y_{1t},\ y_{2t},\cdots,\ y_{nt})'$ 是一个在时间 t 时刻因变量观察值的 $n\times 1$ 的向量。X_{nt} 是在时间 t 时刻的 $n\times k$ 的矩阵，这是一个非随机的但是随时间变化的自变量观察值所组成的矩阵。也就是说，X_{nt} 不能包含不随时间变化的变量。如果 X_{nt} 中包含不随时间变化的变量，那么，就无法识别这些变量的影响。这里特别要注意，所谓的不随时间变化的变量，是指所有的空间样本单位上的观察值都不随时间的变化而变化。但是，如果其中有部分空间样本单位上的观察值随着时间的变化而变化，那么，这样的变量就可以包含进来。这是进行固定效应估计与回归的重要前提条件，需要牢记。此外，这个自变量矩阵还可能包括外生性协变量（exogenous covariates）的空间滞后。c_n 是 $n\times1$ 的个体效应向量。u_{nt} 是 $n\times1$ 的空间滞后误差。其中 $\varepsilon_{nt}=(\varepsilon_{1t},\ \varepsilon_{2t},\cdots,\ \varepsilon_{nt})'$ 是 $n\times1$ 的残差向量，其中的 ε_{it} 是呈独立同分布，其方差是 σ^2。W 和 M 都是 $n\times n$ 的空间权重矩阵。

可见，固定效应一般具有三个特征：其一是 X_{nt} 所包含的自变量并非时间不变的变量。其二是个体效因变量 c_n 代表着是一个随时间固定不变的效应，即固定效应，且这个效应中自身就包含着来自时间的固定效应。其三是要有随时间和个体变化的特异性误差（idiosyncratic error）。与随机效应模型相比，固定效应模型少了独立性假设，因此，一般情况下，固定效应回归结果比随机效应回归结果更加稳健（Millo and Piras 2012）。

第二节　随机效应回归

随机效应模型在经济学中是常用的模型。诺贝尔经济学奖得主罗伯特·索洛（Robert Merton Solow）在研究发展经济学的过程中，提出了著名的经济增长模型，即索洛经济增长模型（Solow Growth Model），又被称作新古典经济增长模型、外生经济增长模型，是在新古典经济学框架内的经济增长模型（Acemoglu 2012）。在宏观经济学教材中，索洛经济增长模型是不可缺少的内容，足见这个模型的重要性和影响力。经济增长也存在着随机效应，因此，当随机效应来估计索洛经济增长模型时，发现经济增长的动态空间面板模型的估计效果更加理想（Parent and LeSage 2012）。这说明随机效应模型往往能够让经典的理论产生更大的活力，尤其是和空间面板数据相结合时，经济增长的时空特征和效应就会显现，经济增长理论的内涵也就更加丰富了。当然，这种应用不仅仅体现在经济学领域中，还体现在很多社会学科的研究中。当随机效应和空间面板数据相结合时，就会产生多种表现形式，这一方面，体现了随机效应的灵活性；另一方面，也说明时空因素对于社会现象的影响是深远而复杂的，因此，研究这些影响就需要有多样的实证研究模型和具体方法。

一、空间滞后效应

随机效应和固定效应，在面板数据建模中一般都会遇到。但是，在空间面板数据模型中，还会遇到一些新的问题，出现一些新的特征。无论何种空间面板模型，都是从问题和现象出发。这里继续以产业经济学中的社会时空为例进行研究和展示。在县第二产业发展的过程中，通过对上千个样本县的相关指标进行多个年份的观测，得到的是空间面板数据。这里以 2048 个县为空间样本观测点为例，通过观测 2001、2002 和 2003 年的相关指标来分析县第二产业发展的影响因素以及机制。

如果因变量具有空间滞后效应，那么，空间面板模型的回归方程式是：

$$Y_t = \rho WY_t + \alpha l_N + X_t\beta + u_t$$

为了要就 2001、2002 和 2003 年县第二产业发展情况，就用 2048 个县的数据组成了一个面板数据。自变量是 Y 是因变量，这里是指第二产业增加值（万元）；X_1 是一个自变量，是指年末单位从业人员数（人）；X_2 是另一个自变量，是指城镇固定资产投资完成额（万元）。数据来自 2002、2003 和 2004 年的《中国县域统计年鉴》，研究样本共有 2048 个县。由于是 3 个年份，因此，总观察值是 6144 个。

本例子中，具有因变量空间滞后效应的空间面板模型方程式是：

$$Y_t = \rho WY_t + \alpha l_N + X_{1t}\beta_1 + X_{2t}\beta_2 + u_t$$

其中 $t = 2001,2002和2003$ 。为了考察不同年份的影响，因此，把年份作为虚拟变量引入到因变量中，进行回归分析。

在做空间面板回归之前，先做没有空间效应的回归，作为参照，其 Stata 语句是：

. xtreg y x1 x2 i.year，re

这个回归的具体方法是随机效应广义最小二乘法（Random-effects GLS regression）。回归得到的组内 R^2 值是 0.0496，组间 R^2 值是 0.3575，总体 R^2 值是 0.1953。Wald chi2（4）值是 1158.14， $Prob > chi2 = 0.0000$ 。回归得到的 sigma_u 值是 40180.521，sigma_e 值是 89857.892，而 rho 值是 0.167。

表 6-1：随机效应面板模型回归结果

	回归系数（Coef.）	标准误（Std. Err.）	Z 值	P>|z|
截距项	84102.09	2461.222	34.17	0.000
X_1	0.464	0.342	13.57	0.000

续表

	回归系数（Coef.）	标准误（Std. Err.）	Z 值	P>|z|
X_2	0.226	0.009	25.42	0.000
year				
2002	−72873.15	3320.608	−21.95	0.000
2003	−63557.63	3252.029	−19.54	0.000

这里例子中的数据是空间面板数据，但是，先用不带空间效应的面板模型进行回归，可以基本了解下数据的情况，也可以与接下来的空间面板模型结果进行比较。根据表 6–1 所示，可以发现县年末单位从业人员数和县城镇固定资产投资完成额.这两个变量对于县第二产业增加值的影响都是正向且显著。这说明，对于一个县而言，劳动力和资本投入越多，那么，第二产业发展越快。根据 2002 年和 2003 年的虚拟变量回归系数来看，都是负数，而且都显著。这说明整体而言，从 2001 年到 2003 年，县级第二产业的发展势头在减缓。由于各地都在调产能、去库存、转变发展模型，一些过剩的工业逐渐被淘汰，服服务业发展较为寻迅速，在三大产业中的比重在上升，相对而言，工业的发展就会有所减弱。

接下来，把空间滞后因变量引入到模型中，成为其中的一个自变量，这就是空间滞后模型，其 Stata 语句是：

. spxtregress y x1 x2 i.year，re dvarlag（Wp）

在进行空间回归时，需要给定空间权重矩阵，这里采用的空间权重矩阵是邻近矩阵。进行随机效应空间面板模型回归之后，得到的结果如下：Wald chi2（5）值是 1092.43，$Prob > chi2 = 0.0000$，“准 R^2”（Pseudo R^2）值是 0.1953。对数似然函数（Log likehood）值是 −794000。对于这个空间误差项的 Wald 检验，其 chi2（1）值为 15.85，$Prob > chi2 = 0.0001$。回归得到的 sigma_u 值是 42256.6，sigma_e 值是 91442.85。

表 6–2：随机效应空间面板模型结果（空间滞后因变量）

	回归系数（Coef.）	标准误（Std. Err.）	Z 值	P>|z|
截距项	84491.5	2483.173	34.03	0.000
X_1	0.458	0.353	12.96	0.000
X_2	0.225	0.009	25.05	0.000

续表

	回归系数（Coef.）	标准误（Std. Err.）	Z 值	P>|z|
year				
2002	-72858.46	3315.309	-21.98	0.000
2003	-63560.49	3245.383	-19.58	0.000
WY_t	-3.878	0.974	-3.98	0.000

比较表 6-1 和表 6-2，加入空间滞后因变量的空间面板模型，X_1 和 X_2 的回归系数基本上相似，而且都是显著的。对于 2002 年和 2003 年的虚拟变量的回归系数也都比较接近。但是，WY_t 的回归系数却是显著的，而且系数为负。这说明，从 2001 年到 2003 年整体来看，县第二产业增加值这个因变量存在着空间滞后效应，而且是负效应。这意味着一个县第二产业的发展，往往会对邻近县第二产业的发展产生负面影响。当然，对于这种情形还是要谨慎分析，需要从不同的角度和方法进行多视角剖析，才能真正揭示现象背后的规律和因素之间的关系。

在因变量存在空间滞后效应的情况下，自变量对于因变量的影响就可以分成直接影响和间接影响，采用的是德尔塔方法（Delta Method），其 Stata 语句是：

```
. estat impact x1
```

计算因变量 X_1 对于因变量的影响，得到表 6-3。

表 6-3：自变量对因变量的影响

	影响系数（dy/dx）	标准误（Std. Err.）	Z 值	P>|z|
直接相应	0.4578	0.035	12.96	0.000
间接效应	0.0001	0.00004	3.36	0.001
总效应	0.4579	0.0353	12.96	0.000

根据表 6-3 所示，县年末单位从业人员数的增加对于县第二产业增加值的增加所产生的直接效应是 0.458，间接效应是 0.001，总效应是 0.4579。

若在空间面板回归模型中，改变空间权重矩阵，用反距离权重空间矩阵替换邻近空间权重矩阵，其 Stata 语句是：

```
. spxtregress y x1 x2 i.year, re dvarlag（Mp）
```

得到的结果如下：Wald chi2（5）值是 1509.42，$Prob > chi2 = 0.0000$，“准 R^2”（Pseudo R^2）值是 0.1536。对数似然函数（Log likehood）值是 -79280。对于这个空间误差项的 Wald 检验，其 chi2（1）值为 326.15，$Prob > chi2 = 0.0000$。回归得到的 sigma_u 值是 42058.46，sigma_e 值是 89162.85。

表 6-4：随机效应空间面板模型结果（空间滞后因变量与反距离权重）

	回归系数（Coef.）	标准误（Std. Err.）	Z 值	P>|z|
截距项	6368.973	4918.661	1.29	0.195
X_1	0.386	0.347	11.10	0.000
X_2	0.206	0.009	23.422	0.000
year				
2002	-44399.63	3596.59	-12.34	0.000
2003	-39486.49	3433.588	-11.50	0.000
WY_t	0.843	0.467	18.06	0.000

比较表 6-2 和表 6-4，发现采用反距离空间权重矩阵之后，空间面板模型回归得到的系数估计值，X_1 和 X_2 的系数值都变小了，即这两个自变量对因变量的影响力都有所减小。此外，2002 年和 2003 年虚拟变量的系数估计值的绝对值都有较大幅度减少，这意味着虽然县第二产业增加值在降低，但是，降低的速度比较缓慢。此外，还有一个很重要的区别是，用反距离空间矩阵之后，空间滞后因变量的系数从负数变成了正数，即在发展第二产业上，邻近县之间可以互相促进，共同发展。

在采用反距离空间权重矩阵的情况下，再来计算自变量 X_1 对于因变量的影响，得到表 6-5。

表 6-5：自变量对因变量的影响（反距离权重）

	影响系数（dy/dx）	标准误（Std. Err.）	Z 值	P>|z|
直接相应	0.387	0.035	11.12	0.000
间接效应	1.846	0.647	2.85	0.004
总效应	2.233	0.652	3.43	0.001

比较表 6-3 和表 6-5，发现用反距离空间权重矩阵替换邻近空间权重矩阵，X_1 对因变量的影响会受到比较大的影响，尤其是其间接效应明显增大，

从 0.0001 增加到 1.846，增加的幅度很大。这说明，在反距离空间权重矩阵情况下，X_1 对因变量的间接影响，可以被有效测量出来。与之相对的是，直接效应则略有下降，从之前的 0.458 下降到了 0.387。由于间接效应较大幅度增加，那么，总效应也水涨船高，从之前的 0.458 提高到了 2.233。可见，不同的空间权重矩阵，对于测量自变量对因变量的影响效应，会所有不同。

在空间面板模型中，当需要考虑交互作用时，可以把自变量之间当交互作用引入模型中。例如，在本例子中，年末单位从业人员数很可能与年份存在着交互作用，就把这种交互作用引入到模型到自变量之中，采用反距离空间权重矩阵进行回归，其 Stata 语句是：

. spxtregress y x1 x2 i.year c.x1##i.year，re dvarlag（Mp）

得到的结果如下：Wald chi2（7）值是 1535.36，$Prob > chi2 = 0.0000$，“准 R^2”（Pseudo R^2）值是 0.1314。对数似然函数（Log likehood）值是 −79260。对于这个空间误差项的 Wald 检验，其 chi2（1）值为 328.17，$Prob > chi2 = 0.0000$。回归得到的 sigma_u 值是 44418.25，sigma_e 值是 88060.62。

表 6–6：随机效应空间面板模型结果（空间滞后因变量和交互作用）

	回归系数（Coef.）	标准误（Std. Err.）	Z 值	P>|z|
截距项	1914.072	4974.526	0.38	0.700
X_1	0.506	0.039	12.67	0.000
X_2	0.223	0.009	24.12	0.000
year				
2002	−35595.54	4096.989	−8.69	0.000
2003	−31070.49	3814.023	−8.15	0.000
Year#c.X_1				
2002	−0.434	0.094	−4.63	0.000
2003	−0.411	0.077	−5.36	0.000
WY_t	0.847	0.047	18.12	0.000

根据表 6–6 所示，年份和 X_1 的交互作用是显著的，而且其回归系数估计值都是负数。这说明，县年末单位从业人员数与年份之间会产生交互作用，这种交互作用会对县第二产业增加值产生负面影响。比较表 4 和表 6，发现年份虚拟变量对回归系数估计值的绝对值都明显减小，这说明县第二产业增加

值在不同年份减少的幅度并没有之前的那么大，即之前的减少幅度其实包括了年份与年末单位从业人员数的交互作用。等把这部分作用区分出来，那么，单纯年份对县第二产业增加值的影响就会减弱。

在这种情况下，再来估计自变量 X_1 对于因变量的影响，得到表 6–7。

表 6–7：自变量对因变量的影响分析（反距离权重）

	影响系数（dy/dx）	标准误（Std. Err.）	Z 值	P>lzl
直接效应	0.313	0.034	9.30	0.000
间接效应	1.082	0.322	3.36	0.001
总效应	1.395	0.332	4.21	0.000

比较表 6–5 和表 6–7，无论是直接效应、间接效应还是总效应，都呈减少的情形。这是因为之前的效应之中包含了与年份的交互效应。当把交互作用区分出去后，那么，X_1 对因变量的影响也就会减少。

在做空间面板模型回归时，因变量空间滞后效应是常见的情形，这是因为单独的年份情况下，样本空间观测点上的因变量观察值本身就往往存在着空间滞后效应。这个在本文上一章的内容中已经证实了。随着不同年份的累计，因变量的这种空间滞后效应往往不会随之消失，而是会继续存在，甚至会更加明显。所以，一般空间面板模型都会有因变量的空间滞后效应。其实，若观测的年份足够多，那么，空间面板数据还有可能存在着自变量滞后效应。在本例子中，由于观测的时间仅有 2001 年、2002 年和 2003 年这三年的时间，所以，自变量滞后效应一般都是不明显的。若这个年份增加，比如 10 年，那么，就可以检验自变量滞后效应，看是不是显著存在。

二、空间误差效应

在进行空间面板回归时，残差也可能存在空间效应。与空间误差模型类似，带有空间效应的误差的空间面板模型，本例子中的回归方程式是：

$$Y_t = \alpha l_N + X_{1t}\beta_1 + X_{2t}\beta_2 + (I - \gamma W_2)^{-1} u_t$$

把残差存在空间滞后效应时，这就是空间误差模型。在采用邻近空间权重矩阵，进行随机效应空间面板模型回归，其 Stata 语句是：

```
. spxtregress y x1 x2 i.year, re errorlag ( Wp )
```

得到的结果如下：Wald chi2（4）值是 1057.74，$Prob > chi2 = 0.0000$，“准 R^2”（Pseudo R^2）值是 0.1954。对数似然函数（Log likehood）值是 –794000。对于这个空间误差项的 Wald 检验，其 chi2（1）值为 7.68，$Prob > chi2 = 0.0056$。回归得到的 sigma_u 值是 642391.51，sigma_e 值是 91423.92。

表 6–8：随机效应空间面板模型结果（空间误差）

	回归系数（Coef.）	标准误（Std. Err.）	Z 值	P>|z|
截距项	83775.71	2472.224	33.88	0.000
X_1	0.464	0.353	13.12	0.000
X_2	0.224	0.009	24.84	0.000
year				
2002	–71533.31	3322.498	–21.53	0.000
2003	–62898.48	3196.302	–19.68	0.000
$W\varepsilon_t$	–5.88	2.121	–2.77	0.006

比较表 6–1 和表 6–8，引入残差空间滞后效应之后，对于 X_1 和 X_2 的回归系数估计值影响不大，但是，对于年份虚拟变量的回归系数估计值有所影响。在引入残差空间滞后效应后，年份虚拟变量回归系数的绝对值变小了，这说明，之前县第二产业增加值随着年份减少的幅度里面包括了残差空间滞后因素。当把这种因素分离出来，那么，单纯因为年份不同而导致县第二产业增加值减少的幅度会因此而降低。值得注意的是，$W\varepsilon_t$ 的回归系数估计值是负数而且是显著的，这说明在这里例子中，存在负向的残差空间滞后效应。当然，对于这种负向的空间滞后效应需要谨慎处理。

若采用反距离空间权重矩阵，进行随机效应空间面板模型回归，其 Stata 语句是：

```
. spxtregress y x1 x2 i.year, re errorlag（Mp）
```

得到的结果如下：Wald chi2（4）值是 1580.28，$Prob > chi2 = 0.0000$，“准 R^2”（Pseudo R^2）值是 0.1925。对数似然函数（Log likehood）值是 –79020。对于这个空间误差项的 Wald 检验，其 chi2（1）值为 2184.43，$Prob > chi2 = 0.0000$。回归得到的 sigma_u 值是 35295.93，sigma_e 值是 86759.51。

表 6–9：随机效应空间面板模型结果（空间误差与反距离权重）

	回归系数（Coef.）	标准误（Std. Err.）	Z 值	P>|z|
截距项	88804.74	1646.218	53.94	0.000
X_1	0.361	0.033	10.86	0.000
X_2	0.229	0.009	25.46	0.000
year				
2002	–73806.59	2209.734	–33.40	0.000
2003	–64345.66	2078.48	–30.96	0.000
$W\varepsilon_t$	3.194	0.068	46.74	0.006

比较表 6–8 和表 6–9，用反距离空间权重矩阵替换邻近空间权重矩阵后，年份虚拟变量的回归系数估计值的绝对值变大了，但是，残差空间滞后系数从之前的负数变成了正数。这些变化说明了不同类型的空间权重矩阵对于空间面板模型的回归结果会产生影响。

在本例子中，当年末单位从业人员数与年份存在着交互作用，采用反距离空间权重矩阵进行回归，其 Stata 语句是：

. spxtregress y x1 x2 i.year c.x1##i.year，re errorlag（Mp）

得到的结果如下：Wald chi2（6）值是 1599.53，$Prob > chi2 = 0.0000$，“准 R^2”（Pseudo R^2）值是 0.1918。对数似然函数（Log likehood）值是 –79010。对于这个空间误差项的 Wald 检验，其 chi2（1）值为 2165.23，$Prob > chi2 = 0.0000$。回归得到的 sigma_u 值是 36847.09，sigma_e 值是 86149.25。

表 6–10：随机效应空间面板模型结果（空间误差和交互作用）

	回归系数（Coef.）	标准误（Std. Err.）	Z 值	P>|z|
截距项	85956.67	1806.494	47.58	0.000
X_1	0.442	0.039	11.37	0.000
X_2	0.238	0.009	25.55	0.000
year				
2002	–68653.18	3077.158	–22.31	0.000
2003	–57957.66	2769.434	–20.93	0.000
Year#c.X_1				
2002	–0.241	0.093	–2.58	0.010

续表

	回归系数（Coef.）	标准误（Std. Err.）	Z 值	P>|z|
2003	−0.281	0.076	−3.70	0.000
$W\varepsilon_t$	3.191	0.069	46.53	0.000

根据表 6–10 所示，年份和 X_1 的交互作用是显著的，而且其回归系数估计值都是负数。比较表 6–6 和表 6–10，空间滞后效应与空间误差效应的引入，都会对于空间面板回归模型的估计产生一定的影响。在上述两个模型中，这两个空间效应都是显著的，这说明在实际面板模型的回归与估计上，都不能忽略这些空间效应，否则，相关估计就会产生较大的偏差。

三、空间混合效应

空间面板模型也可以把空间滞后效应和空间误差效应都结合起来一起进行混合回归，那么，本例子回归方程式是：

$$Y_t = \rho WY_t + \alpha l_N + X_{1t}\beta_1 + X_{2t}\beta_2 + (I - \gamma W)^{-1}u_t$$

在采用邻近空间权重矩阵，进行随机效应空间面板模型回归之后，得到的结果如下：Wald chi2（5）值是 1089.22，$Prob > chi2 = 0.0000$，“准 R^2”（Pseudo R^2）值是 0.1953。对数似然函数（Log likehood）值是 −79400。对于这个空间误差项的 Wald 检验，其 chi2（1）值为 16.51，$Prob > chi2 = 0.0003$。回归得到的 sigma_u 值是 42275.39，sigma_e 值是 91433.91。

. spxtregress y x1 x2 i.year，re errorlag（Wp）

表 6–11：随机效应空间面板模型结果（空间混合效应）

	回归系数（Coef.）	标准误（Std. Err.）	Z 值	P>|z|
截距项	84494.33	2483.22	34.03	0.000
X_1	0.458	0.354	12.94	0.000
X_2	0.225	0.009	25.04	0.000
year				
2002	−72831.96	3316.242	−21.96	0.000
2003	−63530.94	3246.478	−19.57	0.000
WY_t	−3.84	0.964	−3.98	0.000

续表

	回归系数（Coef.）	标准误（Std. Err.）	Z 值	P>|z|
$W\varepsilon_t$	–0.125	0.375	0.33	0.739

根据表 6–11 所示，在同时引入空间滞后因变量和空间误差效应滞后，经过检验发现因变量的空间滞后效应是显著的，而空间误差效应是不显著的。也就是说，在这个例子中，可以不考虑空间误差效应。但是，在得出这个结论是，还是需要比较谨慎，因为采用不同的空间权重矩阵，有可能使得结果发生变化。

在采用反距离空间权重矩阵，进行随机效应空间面板模型回归之后，其 Stata 语句是：

. spxtregress y x1 x2 i.year，re dvarlag（Mp）errorlag（Mp）

得到的结果如下：Wald chi2（5）值是 1287.92，$Prob > chi2 = 0.0000$，“准 R^2”（Pseudo R^2）值是 0.1948。对数似然函数（Log likehood）值是 –79030。对于这个空间误差项的 Wald 检验，其 chi2（1）值为 3643.11，$Prob > chi2 = 0.0003$。回归得到的 sigma_u 值是 35881.86，sigma_e 值是 86767.35。

表 6–12：随机效应空间面板模型结果（空间混合效应与反距离权重）

	回归系数（Coef.）	标准误（Std. Err.）	Z 值	P>|z|
截距项	56205.65	8420.268	6.68	0.000
X_1	0.358	0.033	10.74	0.000
X_2	0.226	0.009	25.15	0.000
year				
2002	–63170.91	3653.433	–17.29	0.000
2003	–55407.42	3270.802	–16.94	0.000
WY_t	0.315	0.081	3.9	0.000
$W\varepsilon_t$	2.625	0.044	59.49	0.000

比较表 6–11 和表 6–12，发现空间滞后因变量的回归系数从负数变成了正数，而且都是显著的。这说明在这个空间面板数据模型，不能忽视因变量的空间滞后效应。但是，这种空间滞后效应是对县第二产业增加值的变化启

发正面促进作用还是负面阻碍作用，不同的空间权重矩阵得到的结论则是截然相反。因此，需要进一步研究才能识别其中的影响作用机制。此外，$W\varepsilon_t$ 的回归系数不仅从负数变成了正数，而且其显著性也发生了变化，从不显著变成了显著。也就是说，在这个例子中，不能简单就忽略空间误差效应的存在和作用，因为，至少在采用反距离空间权重矩阵的情况下，这种空间误差效应是显著存在的。

此外，在采用邻近空间权重矩阵，Stata 还可以通过 sarpanel 选项进行随机效应空间面板模型回归。这个选项假设面板层面上的效应与时间层面上的误差一样具有自回归特征。用这个选项进行空间面板模型的回归，其 Stata 语句是：

. spxtregress y x1 x2 i.year，re sarpanel dvarlag（Wp）errorlag（Wp）

得到的结果如下：Wald chi2（5）值是 1072.17，$Prob > chi2 = 0.0000$，“准 R^2”（Pseudo R^2）值是 0.1953。对数似然函数（Log likehood）值是 -79400。对于这个空间误差项的 Wald 检验，其 chi2（1）值为 70.32，$Prob > chi2 = 0.0003$。回归得到的 sigma_u 值是 42373.5，sigma_e 值是 91429.63。

表 6-13：Sarpanel 选项的随机效应空间面板模型结果（空间混合效应）

	回归系数（Coef.）	标准误（Std. Err.）	Z 值	P>|z|
截距项	84570.07	2487.155	34.00	0.000
X_1	0.455	0.035	12.88	0.000
X_2	0.225	0.009	24.97	0.000
year				
2002	-72750.74	3314.272	-21.96	0.000
2003	-63470.16	3245.136	-19.56	0.000
WY_t	-2.572	1.149	-2.24	0.025
$W\varepsilon_t$	2.208	0.927	2.38	0.017

比较表 6-11 和表 6-13，发现采用 sarpanel 选项后，$W\varepsilon_t$ 的回归系数不仅从负变成了正的，而且从不显著变成了显著。可见，当面板层面上的效应也具有自回归特征时，那么，回归结果就会有所不同。

若采用反距离空间权重矩阵，通过 sarpanel 选项进行随机效应空间面板模型回归，其 Stata 语句是：

. spxtregress y x1 x2 i.year, re sarpanel dvarlag（Mp）errorlag（Mp）

得到的结果如下：Wald chi2（5）值是 1583.9，$Prob > chi2 = 0.0000$，“准 R^2”（Pseudo R^2）值是 0.1945。对数似然函数（Log likehood）值是 –78990。对于这个空间误差项的 Wald 检验，其 chi2（1）值为 70.32，$Prob > chi2 = 0.0000$。回归得到的 sigma_u 值是 36828.45，sigma_e 值是 85846.8。

表 6–14：Sarpanel 的随机效应空间面板模型结果（空间混合效应与反距离权重）

	回归系数（Coef.）	标准误（Std. Err.）	Z 值	P>|z|
截距项	66528.55	9952.815	6.68	0.000
X_1	0.339	0.033	10.24	0.000
X_2	0.225	0.009	25.05	0.000
year				
2002	–66416.21	3791.483	–17.52	0.000
2003	–58141.18	3313.013	–17.55	0.000
WY_t	0.219	0.095	2.31	0.021
$W\varepsilon_t$	3.229	0.069	46.51	0.000

比较表 6–13 和表 6–14，一个很显著的不同就是 WY_t 的回归系数从负数变成了正数。这种情形在之前的模型中也出现过。这种情形反复出现表明，当用反距离空间权重矩阵替换邻近空间权重矩阵时，由于空间权重的定义发生了变化，导致空间效应的作用路径发生了变化。在空间邻近权重矩阵中，只有邻近县之间在第二产业发展上会发生互相影响的局面，如果县与县之间不相邻，那么，这些不相邻的县之间不会发生互相影响和作用。但是，在反距离空间权重矩阵中，尽管县与县之间不相邻，但是，也会存在着彼此互相作用和影响的情形，只不过彼此之间距离比较远的县的作用会弱一些。在这种情况下，即便相邻县之间的影响是负的，但是，加上不相邻之间的县的影响，总体上县际影响就有可能是正的。

第三节　固定效应回归

在开展时空社会科学研究时，除了检验随机效应之外，往往也需要对于固定效应进行检验和估计。在复杂多变的社会时空中，有些因素是时刻变化着的，有些因素是不会随着时间的变化而变化的。例如要在多个空间样本观测点进行儿童营养干预试验研究，比较三种不同的营养品对于儿童生长与发展的影响效果。这三种营养品不是从很多种营养品中抽样出来的，其试验结论也不是想要推广到其他营养品上去，即试验研究的结论仅限于这三种营养品。这类研究设计一般采用的是固定效应设计，即这三类营养品在试验过程中是固定不变的，是事先给定的，不是随机抽样选取的。在这个例子中，通过观测不同空间点上采用三种不同营养品的儿童生长发育情况，就可以获得相关的空间面板数据，就可以通过固定效应模型来进行实证研究和检验。

一、空间滞后效应

在做固定效应的空间面板回归之前，先做没有空间效应的回归，作为参照，其 Stata 语句是：

. xtreg y x1 x2 i.year，fe

回归得到的组内 R^2 值是 0.0641，组间 R^2 值是 0.2837，总体 R^2 值是 0.1489。F 值是 70.1，$Prob > F = 0.0000$。回归得到的 sigma_u 值是 75177.41，sigma_e 值是 89857.892，而 rho 值 0.412。

表 6–15：固定效应面板模型结果

	回归系数（Coef.）	标准误（Std. Err.）	Z 值	P>|z|
截距项	100024.8	2440.494	40.99	0.000
X_1	0.016	0.044	0.36	0.718
X_2	0.131	0.013	10.25	0.000
year				
2002	–58237.75	3638.991	–16.00	0.000
2003	–50576.67	3512.485	–14.4	0.000

比较表 6–1 和表 6–15，发现通过固定模型进行回归，X_1 的回归系数从显著变成了不显著。X_2 的回归系数尽管依然是显著的，但是，其值明显变小了。此外，年份虚拟变量回归系数的绝对值也明显变小了。

把空间滞后因变量引入到模型中，成为其中的一个自变量，在采用邻近空间权重矩阵进行固定效应空间面板模型回归，其 Stata 语句是：

. spxtregress y x1 x2 i.year，fe dvarlag（Wp）

得到的结果如下：Wald chi2（5）值是280.67，$Prob > chi2 = 0.0000$，“准R^2”（Pseudo R^2）值是 0.1489。对数似然函数（Log likehood）值是 –52320。对于这个空间误差项的 Wald 检验，其 chi2（1）值为 0，$Prob > chi2 = 0.9763$。回归得到的 sigma_e 值是 89813.99。

表 6–16：固定效应空间面板模型结果（空间滞后因变量）

	回归系数（Coef.）	标准误（Std. Err.）	Z 值	P>|z|
截距项	84491.5	2483.173	34.03	0.000
X_1	0.016	0.044	0.36	0.718
X_2	0.131	0.013	10.26	0.000
year				
2002	–58238.29	3637.258	–16.01	0.000
2003	–50577.2	3510.815	–14.41	0.000
WY_t	–0.015	0.49	–0.03	0.976

加入空间滞后因变量滞后，固定效应空间面板模型的回归结果显示，因变量空间滞后效应并不显著。不过，也不能简单就此得出结果，认为因变量空间滞后效应必定不存在。

若在空间面板回归模型中，改变空间权重矩阵，用反距离权重空间矩阵替换邻近空间权重矩阵，其 Stata 语句是：

. spxtregress y x1 x2 i.year, fe dvarlag（Mp）

得到的结果如下：Wald chi2（5）值是 1477. 33，$Prob > chi2 = 0.0000$，“准 R^2”（Pseudo R^2）值是 0.003。对数似然函数（Log likehood）值是 –52370。对于这个空间误差项的 Wald 检验，其 chi2（1）值为 1171.88，$Prob > chi2 = 0.0000$。回归得到的 sigma_u 值是 42058.46，sigma_e 值是 86093.51。

表 6–17：固定效应空间面板模型结果（空间滞后因变量与反距离权重）

	回归系数（Coef.）	标准误（Std. Err.）	Z 值	P>|z|
截距项	6368.973	4918.661	1.29	0.195
X_1	0.014	0.042	0.33	0.739
X_2	0.199	0.012	16.07	0.000
year				

续表

	回归系数（Coef.）	标准误（Std. Err.）	Z 值	P>|z|
2002	25648.49	4261.55	6.02	0.000
2003	18989.36	3931.303	4.83	0.000
WY_t	3.201	0.094	34.23	0.000

比较表 6–16 和表 6–17，X_1 的回归系数依然是不显著的，而 X_2 的回归系数同样是显著的。这说明，空间权重矩阵的变化，对这两个自变量的显著性都没有影响。在比较年份虚拟变量，发现了明显的不同，这些虚拟变量的回归系数都还是显著的，但是，其系数都已经从负数变成了正数。可见，空间权重矩阵的变化，对于这些变量而言，产生了明显的影响。此外，从 WY_t 的回归系数来看，也有变化。之前是不显著，显著变成了一定程度上的显著。这些变化都表明，空间权重矩阵的调整，往往会产生一定的影响和作用，因此，在研究过程中，要谨慎分析不同空间权重矩阵的影响，避免出现以偏概全的错误出现。

二、空间误差效应

在研究固定效应时，残差空间滞后效应也可以进行研究。在采用邻近空间权重矩阵，进行随机效应空间面板模型回归，其 Stata 语句是：

. spxtregress y x1 x2 i.year，fe errorlag（Wp）

得到的结果如下：Wald chi2（4）值是280.67，$Prob > chi2 = 0.0000$，“准 R^2”（Pseudo R^2）值是 0.1489。对数似然函数（Log likehood）值是 –52530。对于这个空间误差项的 Wald 检验，其 chi2（1）值为 0，$Prob > chi2 = 0.997$。回归得到的 sigma_u 值是 642391.51，sigma_e 值是 89814.01。

表 6–18：固定效应空间面板模型结果（空间误差）

	回归系数（Coef.）	标准误（Std. Err.）	Z 值	P>|z|
截距项	83775.71	2472.224	33.88	0.000
X_1	0.016	0.044	0.36	0.718
X_2	0.131	0.013	10.26	0.000
year				
2002	–58237.81	3637.26	–16.01	0.000

续表

	回归系数（Coef.）	标准误（Std. Err.）	Z 值	P>|z|
2003	–50576.69	3510.779	–14.41	0.000
$W\varepsilon_t$	0.002	0.496	0.00	0.997

根据表 6–18 所示，$W\varepsilon_t$ 的回归系数是显著的，这说明在固定效应中存在着这种忽视的空间误差效应。

若采用反距离空间权重矩阵，进行固定效应空间面板模型回归，其 Stata 语句是：

```
. spxtregress y x1 x2 i.year，fe errorlag（Mp）
```

得到的结果如下：Wald chi2（4）值是 943.24，$Prob > chi2 = 0.0000$，“准 R^2”（Pseudo R^2）值是 0.1603。对数似然函数（Log likehood）值是 –52330。对于这个空间误差项的 Wald 检验，其 chi2（1）值为 1270.28，$Prob > chi2 = 0.0000$。回归得到的 sigma_e 值是 85239.31。

表 6–19：固定效应空间面板模型结果（空间误差和反距离权重）

	回归系数（Coef.）	标准误（Std. Err.）	Z 值	P>|z|
截距项	88804.74	1646.218	53.94	0.000
X_1	0.018	0.042	0.42	0.673
X_2	0.203	0.013	15.46	0.000
year				
2002	–71269.99	2848.455	–25.02	0.000
2003	–62276.66	2635.392	–23.63	0.000
$W\varepsilon_t$	3.157	0.089	35.64	0.000

比较表 6–18 和表 6–19，很明显的区别是年份许虚拟变量的回归系数估计值的绝对值变大了。也就是说，在采用反距离空间权重矩阵时，县的第二产业增加值逐年减少幅度比之前的要大。但是，$W\varepsilon_t$ 的回归系数也显著增强，从 0.002 增加到了 3.157。这说明当采用反距离空间权重矩阵后，空间误差效应变得更强了。因为空间误差效应变强，所以，也导致了县的第二产业增加值逐年递减的幅度有所增大。这里面会存在某种内在的关系，对于这种内在关系的探索，还需要通过更多的数据和方法来做进一步研究。

三、空间混合效应

在固定效应的空间面板模型中，也可以同时引入空间滞后因变量和空间误差，这就是空间混合效应，即可能同时存在这两种空间效应。为了检验这两种空间效应是否存在以及可能的影响，就需要在进行空间面板模型的回归中，对于这两类空间效应进行检验。

在采用邻近空间权重矩阵，进行固定效应空间面板模型回归之后，其Stata语句是：

. spxtregress y x1 x2 i.year，fe dvarlag（Wp）errorlag（Wp）

得到的结果如下：Wald chi2（5）值是280.67，$Prob > chi2 = 0.0000$，“准R^2”（Pseudo R^2）值是0.1489。对数似然函数（Log likehood）值是−52530。对于这个空间误差项的Wald检验，其chi2（2）值为0，$Prob > chi2 = 0.9996$。回归得到的sigma_e值是89813.99。

表6–20：固定效应空间面板模型结果（空间混合效应）

	回归系数（Coef.）	标准误（Std. Err.）	Z值	P>|z|
截距项	84494.33	2483.22	34.03	0.000
X_1	0.016	0.044	0.36	0.718
X_2	0.131	0.013	10.26	0.000
year				
2002	−58238.34	3637.299	−16.01	0.000
2003	−50577.22	3510.822	−14.41	0.000
WY_t	−0.015	0.49	−0.03	0.997
$W\varepsilon_t$	−0.002	0.496	0.00	0.997

根据表6–20所示，固定效应下进行空间面板模型的回归，发现WY_t和$W\varepsilon_t$的回归系数估计值都不显著，这说明在目前这种情况下，并不同时存在这两种空间滞后效应。这里之所以强调同时存在，是因为若这两种空间效应单独进入模型的话，是有可能显著的。这在之前的回归模型中也已经证实的。但是，两种空间效应同时进入模型时，性质可能发生变化，结果是两种空间效应都不显著。

当然，在获得这样的结论时，一定要注意其存在的前提。在这个例子中，得到这个结论的前提是回归所采用是邻近空间权重矩阵。当这个前提发生变化时，回归的结果也可能发生变化。在采用反距离空间权重矩阵，进行固定效应空间面板模型回归，其 Stata 语句是：

. spxtregress y x1 x2 i.year，fe dvarlag（Mp）errorlag（Mp）

得到的结果如下：Wald chi2（5）值是 1406.22，$Prob > chi2 = 0.0000$，“准 R^2”（Pseudo R^2）值是 0.0041。对数似然函数（Log likehood）值是 –52340。对于这个空间误差项的 Wald 检验，其 chi2（2）值为 1410.77，$Prob > chi2 = 0.0000$。回归得到的 sigma_e 值是 85330.86。

表 6–21：固定效应空间面板模型结果（空间混合效应与反距离权重）

	回归系数（Coef.）	标准误（Std. Err.）	Z 值	P>|z|
截距项	56205.65	8420.268	6.68	0.000
X_1	0.15	0.042	0.36	0.720
X_2	0.211	0.013	16.10	0.000
year				
2002	–1236.225	3947.501	–0.31	0.754
2003	–3701.826	3574.705	–1.04	0.300
WY_t	2.257	0.077	29.28	0.000
$W\varepsilon_t$	2.44	0.113	21.53	0.000

比较表 6–20 和表 6–21，采用反距离空间矩阵后，年份虚拟变量的回归系数就变得不显著了。也就是说，从这个回归结果来看，县的第二产业增加值并未随着年份的增加而出现递减的趋势。但是，WY_t 的回归系数从负数变成了正数，且系数绝对值从 0.015 增加到了 2.257，是较大幅度的增加。此外，$W\varepsilon_t$ 的回归系数也从负数变成了正数，且其系数绝对值从 0.002 增加到了 2.44，也是较大幅度的增加。这两个空间滞后效应都是显著的。可见，当空间权重矩阵变换之后，空间面板模型的回归结果也会出现较大变化。

小 结

对社会时空进行动态分析的方法是多种的，其中一种重要的方法就是通过空间面板模型来进行模拟和估计。在进行空间面板模型的实证研究时，需要区分随机效应和固定效应的影响，根据不同的需要和研究设计进行有针对性的回归与估计。无论是随机效应还是固定效应，空间面板模型都可以根据空间效应的具体情况，进行滞后效应、误差效应或者混合效应回归。这些模型使得时空社会科学研究的动态分析更具有多样性，可以对于复杂多变的社会时空进行更多视角的动态检验。

第七章　研究的实例

时空社会科学是一种跨学科的研究范式。由于任何一种社会现象，都是在特定的时空下存在和发展着，因此，时空社会科学研究的基本范式，可以应用到几乎所有社会现象的研究中。这里通过城市创新力、社区健康和省际竞争这三个例子，说明时空社会科学的研究范式在具体研究中的应用以及特点。在使用这种范式进行社会科学研究的过程中，也需要根据具体问题进行设计和研究，不能生搬硬套，否则不仅不能发挥这种方法的优势，还可能产生具有误导性的研究结果，无助于发现和探究社会现象背后的规律。所以，在使用这种方法的过程中，要具体问题具体分析。从方法论上来说，任何一种方法都有其局限性。如何发挥时空分析的特长和优势，这是研究者在采用这种方法开始社会科学研究时需要深入思考的事情。

第一节　城市创新力研究

一个城市是否具有活力，主要看其创新能力。城市中聚集了各式各样的人才，在这方面，它具有乡村所无法比拟的优势。但是，有的城市发展快，而有的城市则逐渐开始落伍。伴随着城市的落后，很多人才流向了更具有创新力的城市，进一步推动了这些城市的发展，使得城市与城市之间的差距逐渐拉大。在信息和交通高度发达的现代化社会中，城市居民“以足投票”的情形越来越普遍。当一个城市的创新能力越来越强时，这个城市就会展现出蓬勃发展的态势，就会吸引越来越多的人才入驻这个城市。相反，若一个城市的创新能力越来越弱，那么，很多人才就会采用“以足投票”的方式离开这个城市，到有前途的城市去发展。可见，创新能力对于现代城市的发展，具有重要的作用。因此，世界各地的城市都在大力推动本地创新能力建设，希望吸引更多的人才、资金和资源，从而在城市创新力发展上具有领先优势。

一、研究背景

在区域研究中，有一个“灯下黑”现象，它是指某个中心城市发展得越来越好，而其周围的城市则发展得越来越暗淡。造成这种“灯下黑”现象的一个重要原因是这个中心城市在发展过程中，不断从其周围城市吸引人才、资金和资源，导致在这个中心城市汇集了越来越多的优势资源，而周围城市的资源则越来越有限。从城市创新力的角度来看，这样的中心城市往往具有旺盛的创造力，而周围城市的创新能力则无法获得有效提升，甚至走下坡路。城市创新力的研究，不仅仅是为了提升某个特定城市的创新力，而是要从区域整体发展的角度去提升城市的综合创新力，并在地区上不同城市之间形成有效的分工，建立起综合的城市创新体系，这才是城市创新力研究的核心和重点。可见，城市创新力研究，不仅仅是为了服务特定城市的发展，更为重要的是服务地区总体的创新能力的提升，推动地区整体的经济与社会的可持续发展。

城市创新力研究，需要放在地区创新系统的框架下来进行。这种地区系统观，因此，不仅要研究单个城市的创新力提升问题，而且还要研究城市与城市之间在创新力发展上的互动关系，以及彼此的分工与协作。在此基础上，建立起高效的区域创新系统，推动整个地区的创新能力的提升，进而为整个地区经济与社会的发展提供驱动力。也就是说，城市是区域创新系统中的重要节点，而区域创新系统是一个网络，对城市创新力的研究，需要在区域创新网络整体的框架下进行，那么，才能有效避免出现“灯下黑”的情形，避免地区资源在少数几个城市高度聚集的情形出现。这是地区经济社会均衡可持续发展的客观需求，也是城市创新力研究所面临的重要课题。

从时空社会科学的视角来看，城市创新力研究的目的其实就是要研究建构城市在创新方面上的有效而可持续的社会时空，从而既能够提升本城市的创新能力，而且又可以对周边城市产生溢出效应，促进周边地区整体的创新能力的提升，进而实现协调可持续的发展。创新能力的提升取决于创新人才的汇聚和创新性知识的产生与扩散，那么，就需要研究创新人才流动和创新性知识扩散的社会时空网络。这种社会时空网络的通畅性与有效性，在一定程度上，就会影响城市的创新力。此外，在这个社会时空网络中，城市管理当局、企业等创新机构、创新者个人都具有各自的社会时空身份，都扮演着各自的角色。这些角色是否能够发挥其应有的作用，也是值得深入研究的问题。

二、相关理论

在知识经济时代，智慧城市（smart city）建设成为一种社会潮流。在国家甚至国际经济与社会体系中，创新能力强的城市往往成为知识共享和扩散的重要集散地（Simmie 2003）。知识扩散和溢出，是城市创新的重要体现。城市作为人才、资金和资源的聚集地，不仅通过创新形成新知识，而且还会把这些新知识源源不断地向周围地区和城市进行扩散，实现知识的传递。在知识传递的过程中，其实就是创新能力的传递和扩散（Pedersen 1970）。可见，创新扩散理论本身就包括了知识在空间上的扩散和传播，而这种知识扩散和传播是需要有时间的，因此，时间和空间因素都内含在创新扩散理论之中，是其重要的内生因素。因此，对于城市创新过程中所产生的新知识及其扩散路径，就需要进行空间上的管理和组织，使其在区域经济和社会均衡可持续发展上发挥出更大的作用（Teirlinck and Spithoven 2008）。这个过程不是静态的过程，而是一个动态的过程，因此，也是需要在时空框架下来进行分析和组织。

城市创新力建设和提升的过程，其实也是创新扩散的过程。一个城市不断提升其创新力，往往会对周围的城市形成外部性（externalities），创新的知识通过空间溢出效应传播到邻近的城市和地区，导致邻近城市的创新能力也能够随之有所提高（Paci and Usai 1999）。当然，这种创新扩散并非没有障碍。在现实世界中，因为邻近城市在经济发展程度、科技发展程度、教育发展情况以及工人工资收入情况等的不同，往往在创新知识吸收方面，存在着差异。因为存在着这些物理以及制度层面上的阻碍，有时候，创新知识不一定能够很有效地传播到邻近城市，导致地区创新能力整体上提升缓慢，创新活动对于经济、社会发展的推动作用有限。这些都是创新力研究的范畴和所需要破解的问题。城市创新理论需要能够精准识别这些现实中的问题，并通过研究找出解决问题的方案，为现实中的城市创新力提升提供重要的理论依据。

每个城市都有其特定的空间位置以及空间上的规模，城市与城市之间的互动和交流以及创新知识的传递，需要克服彼此之间的物理距离，也需要克服其他方面上的阻碍。因此，创新知识在传递上就具有时间差，有的传递速度快，从一个城市传递到邻近的另一个城市所需的时间就短。有的传递速度就慢，城市之间的传播需要花很长的时间。比如中国古代的“四大发明”传播到西方的城市，在当时的交通、通讯和文化差异的条件下，就花费了上百年，甚至是数百年。当然，在现代化通讯和交通的条件下，现在城市之间的知识传递就快得多。但是，无论多快，依然是受到特定的时空的限制，所以，还是需要从时空框架下来研究城市创新力问题，才能透过现象看本质，找出现象背后的规律。

三、数据、变量与方法

中国的城市，规模比较大、对于当地影响力比较强的城市是地级市。具体而言，地级市是指中华人民共和国的第二级行政区划，因层次上与“地区”相同而被称为地级市，属于地级行政区的一种。地级市一般人口规模较大、所辖空间较大、对地区经济社会的发展影响也比较大的城市。与一般城市相比，地级市所聚集的创新资源更多，创新能力普遍比较强。本研究选取了 2014 年到 2016 年 3 年间 265 个地级市的数据作为样本，数据来源为《中国城市统计年鉴》《中国区域经济统计年鉴》以及各城市统计年鉴等。

一个城市的科技创新能力，可用专利授权数来衡量。一般而言，一个城市的专利授权数越多，说明这个城市创新越活跃，创新能力也就越强。影响一个城市创新能力的因素包括了经济水平、科技投入、教育投入以及工资水平，分别用人均 GDP（元）、科学支出（亿元）、教育支出（亿元）、平均工资（元）这四个指标来进行测量。这些变量的描述统计如下：

表 7–1：城市创新指标及其影响因素的描述统计量

年份	变量	观察值	均值	标准差	最小值	最大值
2014	专利授权数	265	4525.966	10403.61	45	99728
2014	人均 GDP	265	50187.35	29680.72	10171	200152
2014	科学支出	265	9.075736	26.47092	0.19	282.71
2014	教育支出	265	63.83623	79.33856	3.12	742.05
2014	平均工资	265	49075.63	9838.037	30235.33	103400.4
2015	专利授权数	265	7372.325	28116.6	62	410410

续表

年份	变量	观察值	均值	标准差	最小值	最大值
2015	人均 GDP	265	51978.9	30307.4	10987	207163
2015	科学支出	265	10.53525	30.28298	0.18	287.8
2015	教育支出	265	72.59785	88.18086	3.59	855.67
2015	平均工资	265	54130.09	10081.02	35790	113073
2016	专利授权数	265	6348.679	14389.94	81	147724
2016	人均 GDP	265	54773.95	32036.9	11892	215488
2016	科学支出	265	12.59532	39.62862	0.08	403.52
2016	教育支出	265	78.16853	94.87748	3.84	887.38
2016	平均工资	265	59045.2	11341.95	38763	122749

根据表 7–1 所示，从 2014 年到 2016 年，城市平均到专利授权数从 4525.966 增加到了 6348.679，呈现递增的趋势。这说明这些年中，整体而言，中国城市在科技创新方面的综合能力在不断提升。创新能力是城市核心竞争能力的重要构成。为了确保在激烈的竞争中能够保持优势，各大城市无不在科技创新上加大力度，提升自己的创新能力，不断强化自己的核心竞争力。这是大势所趋，也是竞争的需要。

从四个解释变量的情况来看，从 2014 年到 2016 年，其均值都呈现出递增的趋势。这说明无论是经济发展水平，还是在科技和教育上的投入，总体而言，中国城市都呈现出蓬勃发展的趋势，经济在走强，科技与教育投入在加大。同时，总体工资水平也在不断上升。这说明，城市居民的生活水平在提升，劳动者的生产效率在不断提升。

四、横截面回归模型及其比较

为了研究不同年份的城市创新能力的影响因素及其作用，在进行线性回归时，把不同年份的数据区分来看，分别进行回归。这是考察时间因素的影响的一种方法，尽管比较粗犷，但是，其结果可以用来作为参照，而且回归得到的残差可以用来进行空间效应的检验。三个年份分别进行回归，得到如下的结果：

表 7–2：线性回归结果

	2014 年	2015 年	2016 年
截距项	–7107.381***	–12988.92	–10634.88***
人均 GDP	0.048***	0.102*	0.05***
科学支出	189.953***	47.568	93.806***
教育支出	40.013***	180.029***	88.794***
平均工资	0.101**	0.028	0.104**

注：*** 是指 99.00% 显著，** 是指 95.00% 显著，* 是指 90.00% 显著

根据表 7–2 所示，2014 年回归模型的 R^2 是 0.8196，其残差进行 Moran 检验，chi2（1）值是 31.70，且 $Prob > chi2 = 0.000$，因此是显著的，这说明存在着空间滞后或误差效应，有必要进行空间回归。从回归系数来看，四个自变量对于城市创新能力的影线都是正向的，且都是显著的。2015 年回归模型的 R^2 是 0.4453，其残差进行 Moran 检验，chi2（1）值是 1.87，且 $Prob > chi2 = 0.1715$，因此是不显著的。从回归系数来看，仅有教育支出和人均 GDP 的系数是显著的，其他两个自变量的系数都是不显著的。这说明，2015 年的情况有所不同。2016 年回归模型的 R^2 是 0.4453，其残差进行 Moran 检验，chi2（1）值是 3.32，且 $Prob > chi2 = 0.0536$，因此是比较微弱的显著。从回归系数来看，四个自变量对于城市创新能力的影线都是正向的，且都是显著的。这说明 2016 年和 2014 年的情况比较类似，但是，与 2015 年的情况则有所不同。

若考虑空间误差效应，那么，采用最大似然法，对于各年的数据进行空间误差模型回归，得到的结果如下：

表 7–3：空间误差回归结果（最大似然法）

	2014 年	2015 年	2016 年
截距项	–885.5674	–15147.58*	–10780.39
人均 GDP	0.052***	0.096*	0.043***
科学支出	186.212***	42.187	86.288***
教育支出	44.298***	184.209***	91.503***
平均工资	–0.031	0.0689	0.083
空间误差	3.05***	–1.129**	1.197***

注：*** 是指 99.00% 显著，** 是指 95.00% 显著，* 是指 90.00% 显著

2014 年空间误差模型的回归结果，Wald chi2（4）值是 1162.55，$Prob > chi2 = 0.0000$，“准 R^2”（Pseudo R^2）值是 0.8122。对数似然函数（Log likehood）值是 –3010.1922。对于这个空间项的 Wald 检验，其 chi2（1）值为 1072.39，$Prob > chi2 = 0.0000$。可见，在 2014 年，人均 GDP、科技支出和教育支出对于城市创新能力的影响都是正的，且都是显著的。平均工资的回归系数是负的，且并不显著。此外，空间误差回归系数是正的且显著。2015 年，情况有所不同。空间误差模型的回归结果，Wald chi2（4）值是 243.48，$Prob > chi2 = 0.0000$，“准 R^2”（Pseudo R^2）值是 0.4452。对数似然函数（Log likehood）值是 –3010.1922。对于这个空间项的 Wald 检验，其 chi2（1）值为 4.55，$Prob > chi2 = 0.0329$。自变量中教育支出回归系数是的正的且显著，人均 GDP 回归系数也是正的且一定程度上是显著的。但是，科学支出和平均工资的回归系数都不显著。此外，空间误差回归系数是负的且在一定程度上是显著的。2016 年空间误差模型的回归结果，Wald chi2（4）值是 1507.26，$Prob > chi2 = 0.0000$，“准 R^2”（Pseudo R^2）值是 0.8588。对数似然函数（Log likehood）值是 –2649.259。对于这个空间项的 Wald 检验，其 chi2（1）值为 18.61，$Prob > chi2 = 0.0000$。可见，在 2016 年，人均 GDP、科技支出和教育支出对于城市创新能力的影响都是正的，且都是显著的。平均工资的作用并不显著。此外，空间误差回归系数是正的且显著。

若考虑空间误差效应，那么，采用广义空间二阶最小二乘法，对于各年的数据进行空间误差模型回归，得到的结果如下：

表 7–4：空间误差回归结果（广义空间二阶最小二乘法）

	2014 年	2015 年	2016 年
截距项	–1893.345	–17005.55 ***	–12954.81 ***
人均 GDP	0.05***	0.09**	0.042 ***
科学支出	186.262***	32.583	86.885 ***
教育支出	44.383***	193.836***	90.089 ***
平均工资	–0.01	0.098	0.105 **
空间误差	2.263***	–2.874	1.114 ***

注：*** 是指 99.00% 显著，** 是指 95.00% 显著，* 是指 90.00% 显著

2014 年空间误差模型的回归结果，Wald chi2（4）值是 1168.17，

$Prob > chi2 = 0.0000$，“准 R^2”（Pseudo R^2）值是 0.814。对于这个空间项的 Wald 检验，其 chi2（1）值为 24.43，$Prob > chi2 = 0.0000$。可见，在 2014 年，人均 GDP、科技支出和教育支出对于城市创新能力的影响都是正的，且都是显著的。平均工资的回归系数是负的，且并不显著。此外，空间误差回归系数是正的且显著。2015 年，情况有所不同。空间误差模型的回归结果，Wald chi2（4）值是 341.43，$Prob > chi2 = 0.0000$，“准 R^2”（Pseudo R^2）值是 0.445。对于这个空间项的 Wald 检验，其 chi2（1）值为 2.25，$Prob > chi2 = 0.1318$。自变量中教育支出回归系数是的正的且显著，人均 GDP 回归系数也是正的且一定程度上是显著的。但是，科学支出和平均工资的回归系数都不显著。此外，空间误差回归系数是负的但并不显著。2016 年空间误差模型的回归结果，Wald chi2（4）值是 1533.27，$Prob > chi2 = 0.0000$，“准 R^2”（Pseudo R^2）值是 0.8591。对于这个空间项的 Wald 检验，其 chi2（1）值为 159.38，$Prob > chi2 = 0.0000$。可见，在 2016 年，人均 GDP、科技支出、教育支出和平均工资对于城市创新能力的影响都是正的，且都是显著的。此外，空间误差回归系数是正的且显著。

根据表 7–2、表 7–3 和表 7–4，2014 年和 2016 年的回归结果比较相似，而 2015 年的回归结果比较与众不同。这说明了不同年份的相关情况和内部联系有所不同，即存在着时间效应。比较表 7–3 和表 7–4，2014 年和 2016 年空间误差效应都是显著的，且回归系数都是正的。但是，2015 年的情况则有所不同。这说明，对于这些年份的数据而言，既要考虑空间效应，又要考虑时间效应。时间因素和空间因素都会对于城市创新能力的形成和发展产生重要的影响。因此，在实证研究中，有必要把时间和空间因素整合起来进行研究。

五、空间面板模型

对于城市创新的面板数据的分析，可以分成两类。一类是没有空间效应的面板模型，另一类是有空间效应的模型。每类模型都分成固定效应模型和随机效应模型。在普通面板模型的基础上，引入进空间滞后误差，就可以检验是否存在空间误差效应以及其具体影响。在这里，计算空间效应时，采用的都是反距离空间矩阵。具体回归的结果如下：

表 7–5：城市创新力的面板模型结果

	普通面板回归（固定效应）	普通面板回归（随机效应）	空间面板回归（固定效应）	空间面板回归（随机效应）
截距项	–2239.914	–9089.556 ***		–9133.031 ***
人均 GDP	–0.034	0.07 ***	0.033	0.07***
科学支出	62.692	89.478 ***	63.641	89.482***
教育支出	103.439	112.53 ***	100.693	112.471***
平均工资	0.038	0.046	0.026	0.047
空间误差			0.103	0.015

注：*** 是指 99.00% 显著，** 是指 95.00% 显著，* 是指 90.00% 显著

根据表 7–5 所示，空间误差效应并不显著，这说明没有必要引入空间滞后误差因素。此外，无论是普通面板模型，还是空间面板模型，固定效应模型的回归结果都相似，而随机效应模型的回归结果也很相似。之所以很相似，道理其实很简单，因为引入的空间滞后误差并没有发挥显著作用，因此，空间面板模型和普通面板模型的回归结果就很接近。

若引入空间滞后效应，那么，情况可能会有所不同。为了检验时间的直接效应，也可以引入两个时间虚拟变量，对应于 2015 年和 2016 年。具体回归的结果如下：

表 7–6：城市创新力面板数据的空间滞后效应

	空间面板回归（固定效应）	空间面板回归（随机效应）	空间面板回归（固定效应）	空间面板回归（随机效应）
截距项		–9761.072 ***		–11144.52 ***
人均 GDP	–0.033	0.065***	–0.005	0.06***
科学支出	63.641	90.165***	66.745	87.623***
教育支出	100.693	111.901***	92.971	110.8***
平均工资	0.026	0.033	0.07	0.074
年份				
2015			2186.53	571.397
2016			–21.80639	–1545.606
空间滞后	0.103	0.284*	–0.223	0.261

注：*** 是指 99.00% 显著，** 是指 95.00% 显著，* 是指 90.00% 显著

根据表 7–6，当把空间滞后因变量引入模型之后，在固定效应模型中，空间滞后回归系数不显著，但是在随机效应模型中，空间滞后效应在一定程度上是显著的。这说明，不能简单地否定空间滞后效应的影响和作用。加入年份虚拟变量后，其回归系数都不显著，这说明年份的影响并不明显。也就是说，从 2014 年到 2016 年期间，总体而言，并没有明显的变化。这也符合城市创新能力提升的客观规律，因为一个城市不可能在短期获得在创新能力上的显著提升。也就是说，城市提升其创新能力是个过程，需要长期的积累，才能逐渐体现在创新能力上的明显提升。

六、讨论与结论

在知识经济时代，创新能力是城市的核心竞争力的重要构成。没有创新力，哪有竞争力？这是城市管理者的一个普遍共识。一个城市的创新能力强与弱，与其自身的条件和资源有关，但是，也与其所处的空间位置有关。也就是说，城市创新力的形成和提升受到城市内部因素和外部因素的共同影响。城市内部因素包括经济发展程度、科技上的投入、教育上的投入以及工资收入等因素，这些因素会从内部影响一个城市创新力的发展水平。所以，对于特定城市而言，需要强化内部投入，为提升创新力提供必要的内部保障。

城市创新力的培养和提升，会受到时间因素的影响。创新体现在新技术、新发明、新专利等之上，而这些成果的产生和确认，都存在着与时间赛跑的紧迫性。比如在专利注册上，稍微落后，那么，专利就成了别人的专利。可见，城市创新力的形成和提升，不仅会受到时间的影响，而且还要跑赢时间，跑到别的竞争者前头去，比别的竞争者更快地获得成果并且更快地获得法定的确认。时间对于城市创新力的影响有短期影响和长期影响。有的关键性科技的创新和突破，需要长期积累才能完成，那么，城市在产业布局和科技投入上要有长远的战略规划，要能够打持久战，去赢得最终的胜利。这类科技创新需要厚积薄发，投入大，周期长，但是，一旦成功，就可以为城市带来巨大的收益。除了这些长期项目之外，城市在科技创新布局上，需要做到长期和短期结合。有些科技研发项目属于短、频、快的类型，能够很快见效，这类短期研发和创新项目，也是城市创新力建设的一个重要组成部分。

区域空间的因素，对于城市创新力的影响，是不容忽视的。当前，绝大多数的城市是属于区域性的，对于周围地区的发展产生辐射性，同时也受到周边地区发展的影响和约束。根据研究表明，城市创新力在一定程度上存在着空间滞后效应。也就是说，邻近城市之间在创新方面，会互相影响，存在着彼此依赖的关系。现代创新体系，是一个系统工程，需要各方面的投入和支持。一个城市关起门来搞创新，但这种闭门造车式的创新法很难奏效。在这个大数据时代，邻近的几个城市往往通过分工与合作，打破城市边界的约束，形成创新共同体，实现数据共享和共同利用，共建开放的创新系统，从而显著提升创新的效率和质量。

第二节　社区健康研究

社区健康建设是基层卫生与预防建设的重要组成部分。社会卫生保健具有不同的层次，根据不同的情况进行有针对性地实施相关的卫生保健活动，提供对应的卫生保健服务。一般而言，社会的社会卫生保健体系可以分成三级：一级卫生保健（primary healthcare）、二级医疗服务（secondary healthcare）和三级医疗服务（tertiary healthcare）。社区层面上的卫生保健是一级卫生保健的重要支撑。为了确保国家的卫生保健政策能够真正覆盖到社会的所有人群，基层卫生保健的建设就显得尤为重要，因为，社区是面向居民和广大人民群众的社会基层组织，建设和完善社区健康体系，才能真正让国家的相关政策落地，才能真正让老百姓享受到具体的卫生保健服务。国家在社区上持续加大投入，提高社区在卫生保健上的响应能力，切实帮助社区居民改善其健康状况，取得了良好的成绩，社区居民的满意度也在持续提高。当然，在社区健康建设上，也面临着挑战，出现了一些新的问题，需要及时加以研究和总结。

一、研究背景

实现全民健康覆盖是世界各国在2015年讨论通过可持续发展目标时所设定的目标之一，是联合国可持续发展目标之卫生目标的关键基石。中国将全民健康覆盖放在优先发展的战略地位。2015年，“健康中国”上升为国家战略；2016年，中国政府印发了《“健康中国2030”规划纲要》；2017年，习近平总书记所作的党的十九大报告提出“实施健康中国战略”，强调“人民健康是民族昌盛和国家富强的重要标志”；在2018年政府工作报告中，推进健康中国战略被纳入提高保障和改善民生水平的重点工作；2019年，《国务院关于实施健康中国行动的意见》印发。在以人民健康为中心的大卫生、大健康的理念指导下，自十八大以来，中国的卫生事业取得了令世界瞩目的成就。中国拥有世界上规模最大的、覆盖城乡的基本医疗保障系统，大病保险制度惠及13.5亿多居民。这些都表明，我国在面向全体社会人群的卫生健康体系在不断完善和壮大，所覆盖的面越来越广，人民群众的健康程度也获得了很好的改善。

我国的卫生体制改革，遵循了“从上到下、从下到上和上下结合”的基本原则。国家把健康上升到战略高度，从战略层面来进行顶层设计，制定覆盖全社会的卫生健康政策，并在全社会进行实施和贯彻，这是从上到下的过程。同时，及时掌握和了解广大人民群众的需求和健康情况，把卫生保健的重点放在基层，这是从下到上的过程。这两方面的工作，最终要汇集在一起，这是上下结合的过程。《“健康中国2030”规划纲要》中提到的，“共建共享、全民健康”，是建设健康中国的战略主题。核心是以人民健康为中心，坚持以基层为重点，以改革创新为动力，预防为主，中西医并重，把健康融入所有政策，人民共建共享的卫生与健康工作方针，针对生活行为方式、生产生活环境以及医疗卫生服务等健康影响因素，坚持政府主导与调动社会、个人的积极性相结合，推动人人参与、人人尽力、人人享有，落实预防为主，推行健康生活方式，减少疾病发生，强化早诊断、早治疗、早康复，实现全民健康。这里特别强调了“坚持以基层为重点”的卫生保健思想和理念，与社区健康建设的思路是完全吻合的。社区是社会的重要的基层组织，也是广大老百姓生活、休息和社交的重要场域。因此，加强社区健康建设，是实施《“健康中国2030”规划纲要》的重要组成内容。

二、数据、变量和方法

本研究数据源自北京大学中国社会科学调查中心的中国家庭追踪调查（China Family Panel Studies，简称CFPS）。中国家庭追踪调查（CFPS）是一项全国性、综合性的社会追踪调查项目，旨在通过追踪调查的方式来系统性地收集个体、家庭、社区三个层次的数据，反映中国社会、经济、人口、教育和健康的现状及其变迁轨迹和未来发展的趋势，从而为学术研究和公共政策分析提供数据基础。

2010年CFPS的基线调查，调查对象是全国的25个省市、基线161个区县、649个村居，总共有15000户家庭、57155位个人。CFPS的样本覆盖中国除香港、澳门、台湾、新疆、西藏、青海、内蒙古、宁夏和海南 之外的 25 个省、市、自治区的人口。这 25 个省、市、自治区的人口约占全国总人口（不含港、澳、台）的 95%，因此，CFPS 的样本可以视为一个全国代表性样本（吕萍 2017）。从实际执行的情况来看，CFPS 在全国 25 个省、市、自治区正式实施基线调查，共发放样本 19986 户，最终完成了 14960 户家庭、33600 名成人，8990 名少儿的访问。由于人口流动较快，因此，到了 2016 年，就有 2897 多个村居，69799 人。

为了弥补村居问卷不连续上的不足，本研究采用另一条思路来进行社区相关指标的测量与估计工作，就是根据 CFPS 的家庭和成人问卷，利用村居内的样本均值以实现对村居发展程度的度量和估计。由于每一轮 CFPS 调查，都要对样本家庭和个人进行追踪，而且根据家庭和个人的社区编码，就可以识别出其所在的社区。因此，就可以通过计算社区中的家庭和个人在相关指标上的均值的方式，来估算和测量社区的相关指标。2010 年的基线调查共涉及全国 15 个省市 649 个村居的样本。但是，后面的追踪调查，有些社区已经无法接受调查了，因此，就需要删掉。结果，本研究仅保留 2010 年、2012 年、2014 年和 2016 年这四轮调查中均有受访家庭的共 549 个村居以实现对村居发展监测在时间上的连续性。

社区健康是通过社区内受访者对于其身体健康自我评价的均值来衡量。受访者身体状况自我评价打分分成三类，其中 1= 健康，2= 一般，3= 不健康。因此，其得分均值在 1 到 3 之间，越接近于 3，那么，总体而言，越不健康。为了方便分析，这里对健康得分均值进行反向计算，用 3 减去上述健康得分均值，得到了社区健康的测量值。这个值在 0 到 2 之间，越接近 2，说明社区健康程度越好。自变量是人均教育支出，单位是万元。这里也是以社区为单位，计算人均教育支出的社区均值，作为社区在教育支出上的测量指标。这两个变量的描述统计汇总在表 7。

表 7–7：不同年份的描述统计分析

变量	年份	均值	标准差	最小值	最大值
社区健康	2010	1.344	0.205	0.790	1.921
	2012	1.500	0.206	0.779	2.000
	2014	1.550	0.204	0.908	2.000
	2016	1.453	0.211	0.640	2.000

续表

变量	年份	均值	标准差	最小值	最大值
教育支出	2010	0.081	0.083	0.001	1.119
	2012	0.086	0.122	0.001	2.342
	2014	0.094	0.077	0.002	0.659
	2016	0.118	0.146	0.003	2.388

根据表 7–7 所示，社区健康从 2010 年的 1.344 上升到 2016 年 1.453，其中 2012 年和 2014 年的得分还超过了 1.5。由于这个得分是在 0 到 2 之间，所以，总体而言，从 2010 年以来，社区健康处于较好的状况，进行呈现出上升趋势。同时也表明，时间对于社区健康会有所影响，因为不同年份的社区健康程度有所不同。当然，这种时间效应的影响也不一定就是线性的，比如 2010 年到 2014 年，社区健康呈现上升趋势，但是，2016 年的得分反而比 2014 年有所减少。这说明，时间对社区健康的影响，也是比较复杂的。

从教育支出的指标变量来看，总体呈现出递增的趋势。也就是说，从 2010 年以来，社区在人均教育支出上，越来越多，社区居民越来越重视教育，愿意在教育上花费更多的钱。这里的教育也包括健康卫生教育。随着社区居民对于健康的重视程度的增加，愿意花钱去接受健康相关的知识和学习，因此，导致了人均教育支出的总体上涨。

三、时空效应研究

社区健康不是一成不变的，而是会因为不同的地理空间和不同的时间而呈现出不同的变化。这就是时空效应对于社区健康的影响，也是需要通过实证研究来进行检验和分析的重要。为了分析时空因素和社会因素对于社区健康的影响，这里采用了随机效应模型。因变量是社区健康，自变量是教育支出以及年份虚拟变量。年份虚拟变量的引入，有助于分析不同年份上的社区健康的变化情况及其趋势，可以直观判断时间对于社区健康的直接影响。

此外，时间对于社区健康的影响还可能通过交互作用来实现，那么，就需要引入交互变量进行实证检验。在这里，通过教育支出和年份虚拟变量的交互作用来进行检验，看这种交互作用是否显著。若这种交互作用显著，那么，就意味着时间对于社区健康的影响，本身还会受到其他因素的影响或者干扰。也就是说，时间和教育支出会交织在一起共同影响社区健康。

表 7–8：社区健康的面板数据模型结果

	普通面板回归（随机效应）	普通面板回归（随机效应）	空间面板回归（随机效应）	空间面板回归（随机效应）
截距项	1.335***	1.323***	1.317***	1.306 ***
教育支出	0.11***	0.253***	0.098**	0.239***
年份				
2012	0.156***	0.162***	0.154***	0.159***
2014	0.205***	0.195***	0.201***	0.192***
2016	0.105***	0.131***	0.104***	0.13***
交互				
2012		–0.076		–0.072
2014		0.087		0.087
2016		–0.266**		–0.263***
空间滞后			0.055***	0.054***

注：*** 是指 99.00% 显著，** 是指 95.00% 显著，* 是指 90.00% 显著

根据表 7–8 所示，社区人均教育支出对于社区健康的影响是正向且显著的。这意味着人均教育支出越高的社区，其整体健康程度也就越好。一般受过良好教育的人，更注重健康的生活环境和生活习惯，因此，其健康状况比较好。当受过良好教育的人居住在同一个社区时，对于社区环境的要求也就更高，希望社区的环境适合居住的同时，适合身心的健康。这个过程是双向的，受过良好教育的人选择在良好的居住环境的社区中居住，而这种社区又有利于其居住的身心健康。此外，注重教育的居民，重视知识的力量，会主动去学习健康相关的知识，并在其所居住的社区内进行交流，从而促进了健康社区的建设。

社区健康的发展，具有明显的空间滞后效应。根据表 7–8 所示，空间滞后回归系数都是正的，而且都是显著的。这说明邻近社区在健康建设上是互动的，是互相影响的。当一个社区在健康环境、健康设施等方面的软件和硬件都进行升级并获得了明显的成效时，这种做法很容易传到邻近的社区去，使得邻近社区也开始效仿着进行健康社区的建设与发展。邻近社区的这些做法，又会反过来促进目标社区在健康社区建设上的投入力度。如此，邻近社

区之间在健康社区建设上，就形成了良性的循环和反馈系统，结果彼此互相学习和激励，共同推动了健康社区的建设。邻近社区之间在这方面的互相学习机制和成效，体现在空间滞后的回归系数上。

当然，除了空间因素之外，对于健康社区的建设，还有很重要的因素就是时间因素的影响。根据表 7–8 所示，从 2010 年以来，社区健康呈现出逐年递增的趋势。在上述四个模型中，所有年份虚拟变量的回归系数都是正的，而且都是显著的。这说明时间对于社区健康的影响是很明显的，这种趋势表明健康社区建设存在着积累和学习过程。人们是在社区健康建设的实践中不断摸索，并通过及时总结的方式，找到提升社区健康水平的方法，使得社区健康水平逐年提升。

时间除了直接影响社区健康建设之外，还通过交互作用对健康社区建设产生影响。根据社区人均教育支出与年份虚拟变量而形成的交互变量的回归系数来看，2016 年是显著的且回归系数是负数。这说明，在 2016 年期间，社区人均教育支出与时间的交互作用是负向的，也就是时间对于社区健康建设的影响因为社区人均教育支出的存在而减弱了，也可以认为社区人均教育支出对于社区健康的影响因为时间的因素而减弱了。这两种解释都是因为交互变量回归系数为负且显著的结果。这可以视为时间与社会系统之间的互相作用。当然，当存在空间滞后效应时，这种互相作用会更为复杂，已经不单纯是时间和社会系统之间的互动，而是时空和社会系统之间的互动与互相作用了。

在 Stata 中，采用 contrasts 命令对于教育支出与时间的交互作用进行进一步检验，得到的结果显示其 chi2（3）值为 14.57，$Prob > chi2 = 0.0022$。可见，在影响社区健康程度上，社区的人均教育支出与时间存在着显著的交互作用。因此，有必要进一步分析不同年份社区人均教育支出的直接效应和间接效应，并进行不同年份的比较。

表 7–9：不同年份社区人均教育支出影响分析

	2010 年	2012 年	2014 年	2016 年
直接效应	0.239***	0.167***	0.325***	–0.0247
间接效应	0.003*	0.002*	0.005**	–0.0003
总效应	0.242***	0.169***	0.33***	–0.025

根据表 7–9 所示，从 2010 年到 2014 年，无论是直接效应还是间接效应，社区人均教育支出对于社区健康的影响都是正的，而且都是显著的。这说明，社区人均教育支出越多，那么，该社区的健康程度也就越高。但是，到了2016年，无论是直接效应还是间接效应，都变成了负的，不过，都不显著。也就是说，到了 2016 年，社区人均教育支出对于社区健康的影响可以忽略不计。当然，这个结论还需要进一步的证据，因为这里分析的是单变量的影响与作用。当进行多变量、多元分析时，比如加入了时间许年变量以及交互变量，那么，结果就会有所不同。比如表 7–8 通过空间面板模型来进行多元回归，那么，考察的是从 2010 年到 2016 年总体上的关系，结果表明社区人均教育支出对于社区健康的影响不仅是正向且显著的，而且还有交互作用。

四、讨论与结论

社区健康是社会初级卫生保健体系的重要基层支撑。社区健康建设的好坏，会直接影响到社会健康系统的运行效率，也会直接影响到社会的基层民生状况。当前，国家实施“以人民健康为中心”的健康国家战略，明确提出“重心在基层”的健康服务体系建设的思路，为全覆盖的社会卫生保健系统打好扎实的社会地基。“健康中国”体现的是大卫生、大健康的发展思路，社区建设是“健康中国”国家战略的重要社会基层支撑与保障，其重要性不言而喻。不同社区的具体情况有所不同，因此，在社区健康建设上，要因地制宜，采取有针对性的政策。同一个社区，在不同的时间上也会有所不同。也就是说，现实社会中的社区，都是在特定时空下的社区，是具体的社区，而不是抽象的社区概念。对于具体问题，需要具体分析。在“健康中国”国家战略的指导下，不同社区的健康建设则不能搞“一刀切”，而是应该有针对性，而且需要与时俱进。

本研究发现，社区健康与社区人均教育支出有关，社区人均支出教育越高，那么，社区健康程度越好。社区人均教育支出体现的社区居民在教育上的投入程度，也反映了社区居民重视知识、努力好学的程度。所以，社区要鼓励居民求知好学，努力建设“学习型社区”。这种“学习型社区”的建设，对于社区健康建设则会直接产生有益的促进和推动作用，因为两者之间存在着内在的关联。在“学习型社区”的建设过程中，也要与时俱进，因为时间因素是影响社区建设的重要因素。不同的年份，社区所处的环境会变化，那么，社区建设的策略也需要调整。此外，社区教育支出与时间之间存在着交互作用，会对社区健康建设产生显著的影响。因此，要妥善处理与管控好社区健康建设活动的各项进展，有条不紊地推进相关建设事项。

空间因素是社区健康建设重要的影响因素。处于不同地理空间上的社区，所处的外部环境是不一样的。在空间位置上，邻近社区之间会存在着互相作用和互相依赖的关系。这种空间邻近性，对于社区健康建设，也会产生显著影响。邻近社区之间在健康建设上，会存在互相学习的效应。一个社区好的做法，会很快被邻近社区所掌握，并通过学习和借鉴的方式应用到本社区的健康建设上来。这就是邻近社区健康建设的学习效应。在实证模型中，空间滞后效应是显著的。也就是说，邻近社区之间在健康建设上彼此不可分割，社区健康建设会突破社区的物理边界而传播到邻近社区中去，从而以点带面，形成地区性特色。

第三节 省际竞争研究

在地区的经济与社会发展上，往往存在着不均衡的现象，有的地区发展快，有的地区发展慢。比如在中国，东部地区发展比较快，西部地区发展比较慢。在全国经济持续增长的趋势下，各地在发展经济上，存在着你追我赶的竞争局面。比如邻近省市之间，往往存在省际竞争，彼此在人才、资金、材料等等方面，互相竞争。这种竞争有积极的一面，就是促进了各省市加快自身的经济、社会建设，提高自身的竞争优势和吸引力，优化本地的产业结构，从而吸引高质量资金和高素质人才的到来。当然，任何事物都是需要辩证地看待。省际竞争也会有对社会不利的结果，比如造成省市上在发展上的重复建设，以及为了招商引资而进行的恶意竞争。这些做法，不利于社会资源和生产要素在省际层面上的优化配置，因此，对于社会经济的发展而言，具有消极作用。对于省际竞争的研究，一个主要的目的就是如何发挥省际竞争的积极作用，而避免省际竞争的消极作用。

一、研究背景

经济学里有一个基本假设，就是完全竞争市场假设。在这个假设中，市场是没有分割的，是完全竞争的，是信息对称的。但是，现实中的市场却是分割的，是不完全竞争的，是信息不对称的。比如现实中的国家，内部都有具体的行政区划和物理边界，这些物理边界从行政意义上把国内市场分割成了不同的部分。当然，这种市场分割也有积极的一面，比如对辖区内的经济活动进行更专业的管理、不同地区的专业分工可以更加明确和细分，等等。除了这些之外，学术界对于省际竞争很感兴趣。省际竞争是邻近省市之间的互相竞争。因为社会资源是有限的，所以，在跨省配置上，有的省会获得和吸引更多的社会资源，因此，经济和社会发展得更快，但是，有的省则可能仅能吸引比较有限的社会资源，会限制其发展。在这种情况下，各个省市都努力建立自己的竞争优势，试图在省际竞争中获得主动，赢得胜利。

在知识经济时代，各地在人才竞争上的投入越来越大，人才竞争也越演越烈。各地在人才竞争上的策略主要有两个方向，其一就是从外地吸引人才进来，其二就是本地兴办高等教育来培养人才。一般地方上都是双管齐下，努力在上述两个方面投入力量和资金，从而获得更多的人才来建设本地，提升经济发展速度的同时也能够提升经济发展的质量，推动本地经济的结构优化和产业升级，进而实现长期可持续发展。在这方面，有的地方提出了从人口大省迈向人才大省的发展战略，并投入大量的人力、物力、财力实施这样的发展战略。从省际竞争的角度来看，这是为了在地区竞争中占据人才的制高点，从而可以主导地区性竞争的全局，并在竞争中占据持续性的竞争优势。

从省际博弈的视角来看，若邻省之间都采取了相似的竞争策略去争夺人才，那么，结果就不好预测了。这就是所谓的竞争的趋同性，同质化的竞争策略使得省际博弈变得更加不好预测，也更加激烈。从空间因素来看，省际竞争的活动具有跨空间边界的特征。邻省之间的竞争具有省内竞争，也有省际竞争，而且这两种竞争会交织在一起，让局面更加复杂多变。因此，这种空间博弈比一般的博弈模型还要复杂。而且，省际的这种空间博弈本身也是动态的，属于动态博弈的范畴，即空间博弈会受到时间因素的影响，会随着时间的变化而呈现出不同的博弈局面和策略。要了解这种动态的空间博弈，就需要对于省际博弈进行时空分析，揭示其时空特征和影响机制，才能揭示省际竞争的本质。

二、数据、变量和方法

这里通过实证的方法，模拟省际竞争中的空间博弈。根据《新中国六十五年》得到全国三十一个省、市、自治区从 1996 年到 2008 年共 13 年的数据。也就是说，这是一个多阶段的动态空间博弈。在这个多阶段动态空间博弈中，时间和空间的因素发挥着重要的角色，因为任何现实中的博弈，都是在特定时空下发生和继续的，因此，相较于一般的动态博弈模型，多阶段的动态空间博弈更贴近现实的世界。

因变量是每万人口在校大学生数（人），这是用来衡量一个地区教育发展情况，也是衡量地区人力资源质量的重要指标。自变量是人均 GDP（万元）和城乡居民储蓄存款（亿元）。前者是衡量地区经济发展程度的重要指标，后者是衡量地区居民存款意愿的重要指标。

表 7–10：历年每万人在校大学生数描述统计分析

年份	观察值	均值	标准差	最小值	最大值
1996	31	36.874	55.789	10.05	319
1997	31	37.899	56.429	10.67	323
1998	31	40.695	61.882	11.63	355
1999	31	46.729	66.362	15.22	382
2000	31	58.129	74.813	21	432
2001	31	73.132	82.092	26	474
2002	31	89.642	94.714	31.99	546
2003	31	107.012	101.162	38.62	583
2004	31	124.265	106.454	45.43	620
2005	31	142.446	113.404	45.07	658
2006	31	157.413	116.218	56.01	690
2007	31	166.806	113.636	60.8	683
2008	31	176.361	102.285	70.53	623

表 7–10 是从 1996 年到 2008 年各地区每万人在校大学生人数的情况，其均值从 1996 年每万人 37 个在校大学生持续增加到 2008 年每万人的 177 个在校大学生，保持了逐渐持续增长的态势。这段时间，也是中国高等教育规模不断扩张的时期，大学生扩招以后，在校生规模持续扩大，在校大学生在人口中的比例也是持续上升。随着高等教育规模的扩张，地区之间在发展高等教育上的差异也在加大。根据表 7–10 所示，标准差从 1996 年的 56 增加到了 2008 年 102，这说明地区之间的差距在扩大。

表 7-11：历年人均 GDP 描述统计分析

年份	观察值	均值	标准差	最小值	最大值
1996	31	0.588	0.400	0.003	2.065
1997	31	0.659	0.456	0.004	2.340
1998	31	0.712	0.501	0.005	2.521
1999	31	0.760	0.547	0.006	2.707
2000	31	0.841	0.613	0.008	3.005
2001	31	0.919	0.668	0.009	3.233
2002	31	1.019	0.748	0.011	3.545
2003	31	1.167	0.858	0.012	4.013
2004	31	1.386	1.004	0.012	4.676
2005	31	1.600	1.127	0.014	5.206
2006	31	1.835	1.260	0.017	5.770
2007	31	2.165	1.438	0.018	6.637
2008	31	2.541	1.585	0.021	7.312

根据表 7-11 所示，我国人均 GDP 从 1996 年的 5880 元增加到了 2008 年的 25410 元，增加幅度还是很明显的，增加的速度也很快。总体而言，人均 GDP 在 1996 年以来都是逐年增加的，这表明总体而言，我国经济发展态势良好，呈现出蓬勃的发展态势。随着经济水平的不断提高，对于人力资源的要求也会随着不断提高，尤其是对于受过高等教育的高素质人才的需求，成了经济增长的内在需求。

表 7-12：城乡居民储蓄存款描述统计分析

年份	观察值	均值	标准差	最小值	最大值
1996	31	1014.078	823.708	0.009	2817.711
1997	31	1196.586	988.448	0.010	3265.733
1998	31	1371.306	1130.656	0.012	3735.377
1999	31	1545.962	1273.243	0.013	4131.980
2000	31	1681.397	1377.466	0.015	4466.715
2001	31	1928.309	1577.614	0.018	5172.830
2002	31	2267.198	1863.024	0.021	6276.200
2003	31	2694.125	2231.002	0.024	7638.180

续表

年份	观察值	均值	标准差	最小值	最大值
2004	31	3092.619	2561.650	0.031	8863.100
2005	31	3653.870	3039.289	0.036	10581.270
2006	31	4189.071	3501.794	0.042	12183.470
2007	31	4483.887	3744.960	0.047	13014.920
2008	31	5691.127	4813.305	0.061	16721.180

根据表 7–12，从 1996 年以来，城乡居民储蓄存款总体上呈现逐渐递增的趋势。随着经济的发展和收入的提高，人们储蓄的意愿依然很强烈。城乡居民储蓄存款的持续增加，一方面，表明老百姓的投资渠道还是比较少，除了部分投资到股票市场之外，很大一部分都存到了银行；另一方面，老百姓风险规避的储蓄动机比较明显，存钱主要为了未来买房子或者为了子女的教育。这些都是为了家庭的长远发展着想，为了未来的保障而存钱。

在实证研究方法上，采用随机效应的空间面板模型来进行回归，用的是反距离空间权重矩阵。在自变量中，除了人均 GDP 和城乡居民储蓄存款之外，考虑到时间效应，因此，引入了年份虚拟变量，从 1997 年到 2008 年共 12 个年份虚拟变量，旨在考察这些年份对于各地高等教育发展的影响。省际竞争是促动地区发展的重要的外部因素。邻近省和地区之间，往往存在着互动和竞争，这种空间效应就需要引入到实证模型中进行检验和研究。在本研究中，既要考察因变量的空间滞后效应，又要考察自变量的空间滞后效应，还要考察空间误差效应，因此，在空间面板模型中，这些空间效应都一起被纳入模型中进行回归和检验。当时间期数比较少时，比如三期，一般不用能自变量滞后效应。但是，本研究中时间期数是十三期，所以有足够的信息用来进行自变量滞后效应的检验和研究。这里，对除年份虚拟变量之外的两个自变量的空间滞后效应进行检验，进而分析这些自变量在地区高等教育和人力资源竞争中的作用和影响机制。

三、时空分析

省际竞争与互动，受到时间和空间的因素的影响，这是因为经济往来是在特定的时空下进行的，经济与社会系统的运行，不仅具有时空特征，也是时空因素影响的产物。从某种意义上来说，对于社会经济系统的运行及其结果，时空因素可以是外因，因为社会系统都是在给定的时空环境下运行的，所以，时空因素可以是外生变量。但是，其实社会系统和时空之间还会存在着互动，尤其是社会系统会在一定程度上改变人们对于时空的感知。在这种情况下，时空也可以被视为社会系统的内在变量，即是社会系统的内生因素。比如在省际竞争与互动的过程中，邻近地区在高等教育发展和本地人力资源提升的竞争上，往往是互相影响的，这种影响会受到本地经济社会发展情况的影响，也会因为地缘关系而受到邻近地区的发展情况的影响，即存在空间滞后效应。邻近地区在人才竞争上，也可能还会受到一些还未被识别因素的影响，因此，可能存在空间误差效应。这些空间效应又会因为特定的年份而有所不同，即会受到时间效应的影响。通过空间面板模型来进行回归和估计，对于这些时间与空间效应进行检验，回归的结果汇总在表 7–13。

表 7–13：省级面板数据空间回归分析

	系数	标准误	Z 值	P 值
截距项	–10.067	13.456	–0.750	0.454
人均 GDP	38.227	3.347	11.420	0.000
城乡居民储蓄存款	–0.005	0.001	–4.220	0.000
年份				
1997	–0.800	8.107	–0.100	0.921
1998	1.011	8.183	0.120	0.902
1999	5.443	8.279	0.660	0.511
2000	7.362	8.255	0.890	0.372
2001	16.526	8.448	1.960	0.050
2002	26.799	8.992	2.980	0.003
2003	37.211	9.350	3.980	0.000
2004	37.422	9.472	3.950	0.000
2005	45.368	10.029	4.520	0.000
2006	49.125	10.459	4.700	0.000
2007	28.262	11.413	2.480	0.013
2008	39.668	11.999	3.310	0.001
空间滞后				

续表

	系数	标准误	Z值	P值
人均 GDP	101.001	23.497	4.300	0.000
城乡居民储蓄存款	−0.042	0.008	−5.080	0.000
万人在校大学生数	0.396	0.141	2.810	0.005
空间误差	0.434	0.191	2.270	0.023

根据表 7–13 所示，人均 GDP 的回归系数是正的且是显著的，这说明地区经济越发达，对于地区高质量人力资源的需求就越高，对于发展高等教育越重视，因此，每万人大学在校生的人数就会越多。从中国的情况来看，高校主要聚集在北京、上海、广东、浙江、武汉和西安等地或城市，这些地区往往也是经济相对比较发达的地区。一般而言，高等教育的发达程度与地区经济发展程度呈现出正相关性，这种正向关系，在这个实证研究结果中也获得了印证。此外，城乡居民储蓄存款的回归系数是负的且也是显著的。这说明居民储蓄额越高，储蓄意愿越强，那么，当地的高等教育发展比较落后。在中国，居民储蓄的目的主要是为了购房以及为子女的教育。当下储蓄越多，意味着家庭当前在高等教育上的投入越少，所以，当地的大学在校生人数较少。

地区人力资源的提升和高等教育的发展，有个积累和发展的过程，因此，一般都会具有时间效应。根据表 7–13 所示，从年份虚拟变量的回归系数及其显著性来看，从 1997 年到 2000 年之间，地区高等教育发展并不显著。但是，到了 2000 年之后，年份虚拟变量回归系数都是正的，而且都是显著的。这说明进入千禧年以后，地区在提升人力资源质量以及发展高等教育方面，呈现出逐年递增的上升趋势。进入千禧年之后，知识经济的作用越来越明显，地区之间在人力资源培养和开发上的竞争越来越激烈，各地都在大力发展高等教育，努力提升本地的人力资源存量和质量。

除了时间效应之外，空间效应的存在也使得地区之间在人力资源上的竞争变得更为复杂。根据表 7–13 所示，存在着三类空间滞后效应。这三类空间滞后效应分别是自变量的空间滞后效应以及两个自变量的空间滞后效应。也就是说，从每万人在校大学生这个因变量来说，其空间滞后系数是正的且显著，这说明邻近地区在培养和开发本地人力资源上存在着互相影响和促进的作用，彼此之间学习好的做法和经验，使得本地的人力资源都获得了长足的发展。从自变量来看，人均 GDP 的空间滞后系数是正的且显著，这说明邻近地区在发展经济时会产生正向的溢出效应，有助于促进邻近其他地区在人力资源上的发展。但是，城乡居民储蓄存款的空间滞后系数是负的且显著，这说明一个地区的居民储蓄额上升，对于邻近其他地区的资金会产生吸附效应，会吸引一部分资金到这个地区进行储蓄，结果导致邻近地区的资金减少，不利于这些邻近地区发展高等教育和提升其人力资源质量。

除了这三种空间滞后效应，还存在着空间误差效应。根据表 7–13 所示，空间误差系数为正且显著，这说明地区在发展教育提升本地人力资源质量的同时，会受到邻近地区的影响。相邻地区在人力资源竞争上，存在着良性循环，是种正面促进作用。也就是说，邻近地区在发展高等教育上，有竞争也有合作，是竞争与合作并存的局面。在当前地区之间联系越来越紧密的时代中，谁也不可能关起门来搞教育，高等教育所生产的知识本身就具有地区扩散性，这种扩散不仅对于本地的人力资源提升和经济社会发展有利，还会促进周边地区的共同发展。

四、讨论与结论

在知识经济时代，人才的创造力成了一种稀缺资源。为了在创新创业上获得领先优势，各地无不参与各种各样的人才争夺战，而且这种竞争愈演愈烈。邻省因为地缘因素，彼此的竞争会更加激烈。这种省际竞争在一定程度上促进了各省的发展，形成了你追我赶的良性竞争局面。研究发现，一般经济实力越强的省，在人才竞争中的优势越牢固，越可能吸引人才。此外，若省内的居民储蓄额越高，反而对发展本地高等教育不利。这种情形值得关注，因为很多居民储蓄存款的目的其实是规避未来的风险，现在储蓄是为了将来子女能够接受高等教育。在这种情况下，可能导致当下家庭对高等教育的投资有限。但是，对于未来本地高等教育的发展，应该是有利的。所以，在考察省际竞争过程中，需要考察省内的情况，并且考虑到现在和未来的时间效应的影响。

由于存在着省际竞争和省内竞争，因此，一个省的人力资源情况，不可能是一成不变的，而是会随着年份的变化而进行变化。这就是时间的直接效应，即不同年份的情况是不一样的。根据实证研究表明，从 1996 年以来，总体情况是各省人力资源质量呈现不断上升的趋势，但是，有的年份上升明显，有的年份并不明显。此外，空间因素的影响也很重要。邻省之间在人才竞争上的空间博弈，会在不同的层面展开。研究表明，因变量存在着空间滞后效应，即邻省之间在人才上的省际竞争效应很显著，但这种省际竞争和博弈所产生的效果却是积极的，对于地方上提升人力资源质量而言，都是促进作用。与之不同的是，尽管自变量也存在着显著的空间滞后效应，但是，所造成的结果却不同。邻省在经济发展上的博弈，有助于地区发展人力资源，但是，在居民存款上的博弈，对地方上人力资源的发展，却起到了限制作用。研究还表明，除了空间滞后效应之外，还存在着空间误差效应。这说明，省际竞争是复杂而多元的，动态空间博弈的过程也是复杂的。

小 结

本章用三个具体的例子，演示了时空社会科学研究的基本范式和方法。无论是城市创新力、社区健康还是省际竞争，都发生在特定的时间和空间下，都会受到时空因素的影响。因此，相关的研究，都需要结合时空因素进行展开，才能发现这些社会现象背后的规律。对于社会现象的时空分析，有多种具体的方法，应用过程中要根据研究的问题和对象进行有针对性的使用。时间因素可以是以年份虚拟变量的方式引入到实证模型中，也可以用交互变量的方式进行深入研究。空间因素则通过各种空间效应来进行研究和检验，比如空间滞后效应、空间误差效应，等等。当然，时空因素对于社会现象的影响往往是复杂的，因此，在对时空效应进行实证研究和检验时，需要采用多组模型，从多个角度来进行检验。此外，在对实证研究的结果进行解释时，需要对社会现象的深入研究，才可能做到有的放矢，真正找出现实世界中的社会规律。

第八章　发展趋势与挑战

对于社会现象的时空分析，其基本思想古已有之，但是，很多实证分析方法，近些年才陆续出现。随着时空数据可获得性的不断增强以及相关实证方法的软件化，开展时空社会科学的研究，已经越来越普及，时空社会科学研究的基本范式也日趋成熟。随着经济社会的发展，出现了很多新的事物和社会问题，并对时空社会科学的研究，提出了更高的要求。任何研究方法都具有一定的局限性，时空社会科学的研究方法也不例外。但是，随着时空社会科学的不断向前发展，新的研究方法也不断地涌现了出来，在丰富了研究内容的同时，也使得时空社会科学具有更大的研究范畴和影响力。当然，在开展时空社会科学研究的过程中，也存在着挑战。作为跨学科的研究，要突破传统学科的门户之见和学科壁垒，实现知识的整合，这本身就是一项挑战。所幸在这方面，时空社会科学已经获得了一定的成绩。不过，未来的征程还很漫长。

第一节　交互作用

时空社会科学研究，主要探讨的是时间、空间和社会这三者之间的内在联系。由于这三者之间的关系往往不是独立存在的，而是存在着某种交互作用，那么，对于这种交互作用的研究，成了时空社会科学研究的重要内容和核心议题之一。根据常用的学术术语的解释，交互作用（interaction）是指一个因素在各个水平之间反应量的差异随其他因素的不同水平而发生变化的现象。它的存在说明同时研究的若干因素的效应并非独立的。交互作用的效应可度量一个因素在不同水平的效应变化依赖于另一个或几个因素的水平的程度。这种情形在时空社会科学研究中会经常碰到，因为，时间、空间和社会之间往往存在着各种交互作用。其实，社会时空系统本身就是因为时间、空间和社会的交互而出现的，也因为这三者之间的交互而动态变化着的。在开展时空社会科学的动态分析时，时间、空间和社会的交互是动态分析的核心内容。

一、空间与社会

社会与空间的交互作用思想，在社会空间这个概念中，已经有所体现。但是，在实证研究中，如何检验社会与空间的交互作用，长久以来一直没有很好的方法。在这方面，近期，笔者和另一位学者共同提出了“空间 – 制度”互动类型识别方法（马玉娜和顾佳峰 2018a）。这套方法和步骤的基本思想是通过多次使用 Moran’ s I 值检验的方法来进行识别和诊断，具有一定的说服力，并发表在《北京大学学报（哲学社会科学版）》。接下去关于这种方法的说明，基本原文引用了这篇论文。当然，要全面了解这种方法，还是建议读者去研读这篇论文。通过实证方法来识别和检验“空间 – 制度”互动类型，需要有一定的程序。具体而言，主要有如下几个步骤：

第一步，建构包含制度结构和空间结构自变量的 OLS 回归模型及实施 Moran’s I 值检验。当 OLS 模型中的 Moran’s I 值检验不显著时，说明 OLS 模型残差项中不存在显著的空间依赖性，制度结构自变量与空间结构的互动对因变量的影响不显著，因此，不需要再继续检验。当 Moran’s I 值检验显著，则说明构建的 OLS 模型残差项中仍然存在显著的空间依赖性，这很可能是来自制度结构自变量与空间结构的互动，说明 OLS 的估计结果存在有偏性，需要进一步对“空间 – 制度”互动效应进行检验，则进入第二步。

第二步，建构包含制度结构和空间结构自变量的空间误差回归模型及实施比较分析。把 OLS 回归模型结果和空间误差回归模型结果相比较，能够得到四种可能的情况，分别对应四种可能的“空间 – 制度”互动关系类型，具体见表 3。

表 8–1：“空间 – 制度”互动类型识别表

	OLS 模型估计结果	空间误差回归模型估计结果			
		结果 1	结果 2	结果 3	结果 4
制度自变量	显著	显著	不显著	不显著	显著
空间自变量	显著	显著	不显著	显著	不显著
空间误差系数		显著	显著	显著	显著
“空间 – 制度”互动类型		部分交互	完全交互	制度依附	空间依附

在结果 8–1 中，制度自变量和空间自变量均显著，说明制度自变量和空间自变量分别会对因变量产生显著影响。同时，空间误差系数显著，说明存在制度自变量与空间结构的互动，也就是在制度因素和空间因素的单独影响之外，制度因素与空间因素还会通过互动对因变量产生显著影响。制度因素和空间因素既单独对因变量产生显著影响，又通过互动对因变量产生显著影响。这种互动类型，我们将其定义为“空间 – 制度”部分交互，即空间结构因素和制度结构因素之所以对因变量产生显著影响，部分原因是二者的交互作用。

在结果 2 中，制度自变量和空间自变量均不显著，说明制度自变量和空间自变量不会单独对因变量产生显著影响。同时，空间误差系数显著，表明制度因素和空间因素会通过互动对因变量产生显著影响。制度因素和空间因素均不单独发挥作用，仅通过互动对因变量产生显著影响。这种互动类型，我们将其定义为“空间 – 制度”完全交互，即空间结构因素和制度结构因素之所以对因变量产生显著影响，完全是由于二者的交互作用。

在结果 3 中，空间自变量显著，但制度自变量不显著，说明空间自变量会单独对因变量产生显著影响，但制度自变量对因变量的影响是不显著的。同时，空间误差系数显著，表明制度因素和空间因素会通过互动对因变量产生显著影响。制度因素不单独对因变量产生显著影响，且制度因素和空间因素通过互动对因变量产生显著影响。这种互动类型，我们将其定义为“制度依附”，即制度因素之所以对因变量产生显著影响，是由于制度依附在空间结构上，通过与空间结构的互动作用而产生的。

在结果 4 中，制度自变量显著，但空间自变量不显著，说明制度自变量会单独对因变量产生显著影响，但空间自变量却不会。同时，空间误差系数显著，表明制度因素和空间因素会通过互动对因变量产生显著影响。空间因素不单独对因变量产生显著影响，且空间因素和制度因素通过互动对因变量产生显著影响。这种互动类型，我们将其定义为“空间依附”，即空间因素之所以对因变量产生影响，是由于空间依附在制度结构上，通过与制度结构的互动作用产生的。

上述内容摘自《“空间 – 制度”互动与公共福利资源配置：以机构养老为例》一文。该文以中国机构养老为例子，提出了检验空间与社会互动的实证方法。这种方法以及空间与社会交互作用的具体分类，为研究这种交互作用及其机制，提供了一个新的方向。当然，目前这种方法还是空间与社会交互作用的间接检验，以后，还应该在这个方面上继续进行深入研究，最好能提出一些可以进行直接检验的具体统计方法。

二、时间与社会

在社会科学研究中，时间的影响无所不在。在常用的实证研究中，时间往往直接作为自变量引入到模型中，从而考察事物发展的时间趋势。因为随着时间的流逝，事物总是在发生着某种变化。从时间视角对于社会事物的研究，可以挖掘事物背后的规律，进而对于事物未来发展趋势进行有效的预测和干预。在对社会现象进行时间分析的过程中，根据不同的情形有不同的实证模型，比如时间滞后模型、时间序列模型，等等。在分析过程中，还会遇到随机游走情形以及单位根检验。这些方法从一个方面表明了时间与社会之间存在着复杂的关系，而要刻画和分析这些复杂的关系，就需要对应的实证方法和模型。当然。在对社会现象进行时间分析的过程中，面临的一个很重要的挑战就是预测。所有的时间分析，都是依据已经发生的现象和数据来对于还未发生的社会现象进行预测。但是，影响事物在未来发生的特征的因素中，可能还会有新的因素，而这类新因素并未在之前的时间序列模型中进行分析，结果导致预测的低效甚至是无效。比如在科技预测方面，会出现所谓的“黑天鹅”现象，导致之前所采用的结构性预测方法无效。

时间和社会的交互，往往通过时间变量与社会变量的交互作用来进行检验。引入交互作用变量，可以检验时间因素和社会因素对于特定社会现象的影响。但是，这种方法也存在一定的局限性，比如很难在多个因素之间的交互作用进行综合检验。在社会系统中，时间因素往往会同时和多个社会变量存在着交互作用，而且，这种交互作用彼此交织在一起，因此，很难分成两两一组的交互作用。若强行分成时间与某个社会变量的两两一组的交互作用，那相当于把社会现象进行人为地肢解了，容易造成以偏概全的错误。当然，这类问题也是有应对办法的。克里斯托弗·西姆斯（Christopher Sims）曾对这个问题进行过深入研究，提出了向量自回归模型（Vector Autoregression）模型，即 VAR 模型，用来分析多个变量同时存在着时间滞后效应的情形（Christiano 2012）。VAR 模型是用模型中所有当期变量对所有变量的若干时间滞后变量进行回归，即同时考虑时间因素对多个变量的影响效应。VAR 模型是在不带有任何事先约束条件的情况下，用来估计联合内生变量的动态关系，这种内生性动态关系，就是时间与社会变量的交互作用的一种体现。

在社会现象的发展演变过程中，往往存在着某种随机性，这为预测社会现象的发展带来了挑战。在实证研究中，有个术语就是共积过程（integrated processes），指的就是社会现象发展演变过程中的随机过程。比如常见的随机游走（random walk）过程，其实就是共积过程中的一种。分析社会现象的时间趋势，必然会遇到这些问题。从社会研究的角度，这就是社会随机性问题。因为有社会随机性问题的存在，所以，对于社会现象未来发展趋势的预测和分析，就需要考虑到随机作用的可能影响。现在对于社会现象的时间序列分析的实证方法，大多集中在解决这个问题上。这从一个侧面也体现了社会系统预测的复杂性和挑战性，也表明社会系统自身运行过程中的复杂性。在时间序列上，特定社会现象呈现出一定的趋势，但是，导致这种趋势产生的因素是复杂的，而且因素之间都会有交互关系，作用过程中都是交织在一起，共同影响了社会现象在时间上的呈现结果。这就要求在开展社会科学研究过程中，时间、空间和社会因素都能够纳入实证研究的范畴，并从中找出规律来，提高对于社会现象的解释和预测能力，从而为改善社会提供重要的理论支持。

时间和社会的互动，形成了一个新的名词，就是社会时间（social time）。社会时间是与物理时间相对应的一个概念，强调了时间的社会性，这种时间是社会建构的时间（Olma 2006）。在开展时空社会科学研究的过程中，不同的学者对于社会时间的界定往往会有所不同，社会时间往往被赋予了不同的社会隐喻（social metaphors），代表着不同社会意涵（Torre 2007）。无论采用何种社会隐喻的社会时间概念，都需要解释时间和社会的交互，才能有效解读社会时间的各种隐喻，才能揭示其社会含义。时间和社会的交互，归根到底是统一于社会实践，时间本身就是社会实践（Moran 2015）。尽管，从时间和社会交互的角度提出了多种社会时间的概念及其界定，但是，目前的这些研究大多属于思辨性质的，这些概念如何才能通过实证检验，还需要大量的研究工作。

三、时空与社会

任何社会事物和现象都是在特定的空间下产生和发展的，因此，时间序列分析就不能单纯预测未来时间点上可能发生的事情，而且还要能够精准地预测出未来时间点在何地发生何事。这就需要时间分析和空间分析相结合起来，这就是社会时空的概念，而不仅仅是社会空间。社会空间强调的是社会与空间的互相作用关系，而社会时空则是强调社会、时间和空间这三者之间的互相作用关系。因为有时间因素的加入，那么，社会空间就不再是静态的概念，而是一个动态的概念。因此，社会空间其实是社会时空的一种降维后的概念。当在不同时间点上的社会空间整合起来，就形成了立体动态的社会时空。在进行时空社会科学研究的过程中，不仅仅要从社会空间的概念入手，更重要的是要从社会时空的概念入手，通过社会时空的框架来分析特定社会现象的产生及其变化，从而发现社会现象背后的规律。这是时空社会科学研究的一般性范式，也是其核心内容。

在社会科学研究中，时空既是一种客观存在，也是一种社会化的概念。社会现象中，既存在所谓的“时空延伸”（time-space distanciation）现象（Gregory 1984）。在全球化过程中，随着通讯、交通技术的不断创新和突破，“地球村”的概念已经深入人心，全球分工与合作体系已经在高效地运转，社会关系在全球范围内进行时空延伸，使得地球上的人们越来越紧密。这种社会关系的时空延伸是社会生产力提升的结果，也是社会关系在全球范围内进行发展的结果。这种时空延伸具有积极的效果，也有消极的后果。从积极方面来看，因为时空延伸导致了不同地区之间的物理距离感被缩短，使得即便是在地理上处于边缘的人们，也能参与到国际化分工与协作中，从而提高了全球范围内的整体生产效率。当然，任何事物都是一分为二的。社会关系在全球范围内的时空延伸，也有一些消极的影响。随着世界主流文化的侵入，一些地区性、民族性的文化会逐渐被稀释甚至是消失。此外，一些疾病在全球范围内的蔓延也成为一个国际性难题。这些都与社会关系在全球范围内的时空蔓延有关。

在社会关系的动态变化过程中，与时空蔓延同时存在的一种过程，就是所谓的时空压缩（compression of time and space），即社会关系会在时空中呈现出不断被压缩的情形（David 1999）。在全球化趋势中，世界上一些国际性的大城市，从世界范围内吸引了大量的人才、资本和技术。但是，即便在这些国际性的大城市，存在着时空压缩的社会现象。在城市的某些地方，低收入阶层全家都居住在非常狭小的屋子里面，与城市中的精英人群虽然同处一城，但是，生活空间天壤之别。社会劣势群体的生活空间面临着不断被压缩的困境，而城市精英人群的居住空间还在不断扩大。这是一个时空蔓延和时空压缩并存的世界，而伴随着这种时空变化的是社会关系的蔓延和压缩。这不仅仅是后现代研究的一个重要课题，也是时空社会科学研究的重要内容。

第二节　时空网络

包括互联网在内的各种网络的高速发展，使得人类进入了一个网络的时代。在这个网络时代中，世界各地的很多事物都通过网络互相连接，让信息的传递和共享更为便捷，人际关系互动和社会结构也在快速地网络化。社会网络化，加剧了时空蔓延和时空压缩的过程。一方面，随着网络在全球的蔓延，社会时空也随之进行蔓延。这种时空蔓延不仅在现实世界中发生，而且还蔓延到了虚拟世界；另一方面，社会时空压缩也在加剧，抗拒网络化的力量也在积聚。这两股力量交织在一起，对时空社会科学的研究提出了新的挑战的同时，也推动了时空社会科学的发展。社会时空网络研究的兴起，就是在这样的背景下产生的。

一、流量分析

时空网络模型的本质还是时空模型，只不过更强调时空结构的动态性和系统性。时空网络模型一般分成纵横两个维度，纵轴代表时间，横轴代表空间的支点，而网络则由若干个弧和结点构成。这就是时空网络模型的基本结构。当然，在具体实证研究中，空间支点、弧和结点的定义都是不同的。比如用时空网络模型来模拟和分析机场上的航班管理，那么，横轴上的空间支点就是特定的机场，网络中的弧表示的是航班，而网络中的结点包含了机场在该时间节点的所有活动，包括飞机的起飞、降落、过夜等相关的航班行为信息。比如，用时空网络模型来分析社区层面上的人口迁徙，那么，横轴上的空间支点就是特定的社区，网络中的弧表示的是迁移中的人，而网络中的结点包含了社区在该时间节点的所有活动，包括居民的迁出、迁入、居住等等相关的迁徙行为信息。这些都是经典时空网络模型的基本结构，可以根据具体的研究问题和场景进行定义和应用。

在时空网络模型中，都会涉及一个共同的问题，那就是从起点到终点的流量。没有流量的网络是个空壳，不是真正意义上的网络。在时空网络中，事物发生是有始有终的，因此，都会有起点和终点，而且，在起点和终点之间会有各式各样的信息流量，表明从起点到终点的过程中事物及社会关系的发展与演变。在传统上，常用重力模型（The gravity model）来分析起点和终点之间的流量和流向。但是，由于这种流量往往存在着时间上和空间上的依赖性，因此，需要引入时空来进行模拟和分析。在时空网络模型中，可以通过引入空间联结矩阵（spatial connectivity matrix）的方式来实现这个目的（LeSage and Pace 2008）。这种空间联结矩阵可以把起点和终点以及过程中的相关信息都集中在一个矩阵中，进而动态地模拟研究对象在时空网络中的发展与变化，掌握其发展规律，预测其发展趋势。

在时空结构给定的前提下，那么，社会时空网络分析的终点就是从起点到终点的流量分析。所谓的流量分析，其实是社会事物从起点到终点的演化过程分析。对此，有个专门术语，就是起点－终点流量（origin-destination flows），英语简称就是OD。例如在国际贸易研究中，商业贸易起点和终点的流量分析是研究全球贸易格局及其走势的重要基础。在一个全球化且贸易多极化的时空网络格局中，就会出现所谓的"'双'重力"（'Dual' Gravity）的情形（Behrens et al. 2012）。这种贸易格局的出现，其实是全球贸易时空网络发展和演进的必然结果，尤其是贸易多极化的必然产物。当然，这种贸易格局的产生也会存在着各种阻力，因为，新的全球贸易格局的形成过程其实就是对过去旧的贸易格局的一种否定。传统势力不会就甘愿退出全球舞台，会不惜一切代价来维持自己在全球贸易时空网络中的地位和优势。因此，新旧势力的对抗就不可避免。这种对抗可能会通过时空蔓延而波及全球各个角落，也可能通过时空蔓延而影响全球经济、社会的其他方面。

同时，也会产生时空压缩效应，体现在一些国家和地区的反全球化政策和举措中。一些国家或地区，为了捍卫自身在传统全球贸易时空网络中的地位，不惜通过发起贸易战等方式，打击竞争对手的发展。随着关税的提高，国际贸易时空网络的流量必然会减少，全球化贸易体系会受到遏制，而地区性保守趋势会抬头。这是时空压缩的体现，是反贸易全球化的基本特征。可见，在时空网络分析的过程中，要结合利益相关者分析法，才能真正揭示时空结构演变的背后驱动力量和驱动机制，才能真正掌握时空网络发展的规律。也就是说，社会时空网络并非存在于"真空"的世界，而是存在于现实的世界，而现实世界中的利益纠葛往往会对于社会时空网络的演变和发展产生重要的影响。

二、虚拟距离

建立空间权重矩阵是空间模型的基础，也是关键的一个环节。空间权重矩阵主要依据具体的距离以及具体的空间位置来建立，因此，就有一个明显的局限性，就是要求研究对象是具有物理距离和地理位置。但是，有些社会行为发生在虚拟的环境中，因此，并不存在物理意义上的距离。比如人与人之间的社会距离，并非物理距离。每天见面，人与人之间也可能是陌生人，而彼此身处天涯海角的人，也可能是非常熟悉的人。也就是说，人与人之间的熟悉程度，是一个社会心理学意义上的距离，而非物理意义上的距离，因此，不能简单地用物理距离来测量。对于这类问题，时空社会科学也有对应的方法，方法就在空间权重矩阵的建构上。空间权重矩阵不仅可以建立在物理距离的基础上，也可以建立在虚拟距离的基础上，这就为扩展时空社会科学研究提供了重要的方法上的支撑。只要能够合理定义好虚拟距离，就可以根据虚拟距离的相关数据建构其对应的空间权重矩阵，就可以进行空间实证研究与分析。

社会现象往往存在着所谓的传染（contagion）特征，即某种社会现象通过某种传播渠道蔓延到其他地方。无论是创新的扩散、知识的传播还是社会潮流的盛行，都体现了这种社会传染（social contagion）的特征（Christakis and Fowler 2013）。无论是有形的物理世界还是无形的虚拟世界，社会传染都是在特定时空背景下进行的，因此，可以通过时空模型来进行模拟和研究。若要研究物理世界中的社会传染，可以采用物理距离来建构空间权重矩阵。但是，若要研究非物理层面上的社会传染，就需要通过非物理距离的界定和测量，来建构对应的空间权重矩阵。比如在研究社会影响上，由于人与人之间的关系不同，因此，社会影响的作用也不同。在进行实证研究时，就需要考虑到这种邻近关系，才能有效揭示社会影响的作用机制，而通过沟通程度和比较程度来建构空间权重矩阵则是一种有效的方式（Leenders 2002）。当然，除了用沟通程度和社交程度来测量社会影响之外，还可以从其他维度来进行测量。这就需要把社会影响概念予以操作化，即进行操作性定义。一旦完成了操作性定义，就可以找到对应的指标来进行测量，就可以依据这些指标来建构空间权重矩阵。

可见，建构基于非物理距离的空间权重矩阵，关键在于对所要测量的概念的操作性定义。只要把概念进行合理的操作性定义，就可以测量样本观察点之间的非物理距离，可以据此建立对应的空间权重矩阵。在实际操作上，这种类型的空间权重矩阵的建立都是人工完成，通过逐个输入观察点之间的测量距离，来建立空间权重矩阵。由于相关空间权重数据都是人工输入的，因此，这类研究的观察点不能过多。如果观察点过多，那么，人工输入的工作量就会很大，空间权重矩阵建构的难度就会迅速增加。这是这类空间权重矩阵建构的难点之一。此外，还有一个难点在于相关概念的操作性定义是否合理，是否能够获得认可。物理距离就是空间上两个点之间的距离。这样的测量是常识，没有任何异议。但是，对于社会概念的非物理距离的定义和测量，就很难有个公认的标准，因此，其合理性和科学性就会受到质疑。

三、网络空间权重

在社会时空网络框架下，传统的空间权重矩阵不一定能够发挥作用，因此，就需要建构网络空间权重（network spatial weights）。尤其是当所采用的数据是网络数据集（network datasets）时，那么，往往是通过直接根据网络数据集来建构网络空间权重矩阵。网络数据集包括了点、线以及弧等数据，还包括了这些数据要素之间的联结信息。在这类网络数据集的基础上，就可以建构网络空间权重矩阵，进行时空分析。这种建构方法其实有个基本假设，空间权重是外生给定的。如果空间权重是内生的，那么，情况就不同了。比如在对交通网络数据集进行时空分析时，那么，就其空间权重是内生的，就需要根据具体情况进行具体分析。在实证模型中，当把空间特征信息纳入模型之中，就会发现在空间权重、联结模式和空间距离之间存在着相关性（Barrat et al. 2005）。也就是说，在网络的世界中，空间权重并非一成不变的，而是会随着环境以及网络的变化而发生变化。这是动态的社会时空网络，空间权重的变化体现了整个社会时空网络的演化。

在非物理距离的研究中，一般会采用经济社会相似性来作为一种距离，进行建构空间权重矩阵。在社会系统中，人与人之间都会存在着社会距离（social distance），这种社会距离会对社会运行和经济发展都会产生深层次影响（Akerlof 1997）。在社会空间中，每个人都会有其特定的位置，而人与人之间的社会距离就会对社会决策产生影响。社会互动可能会让社会距离变得更短，但是，也可能会让社会距离变得更大。伴随着社会距离的变化，个体的社会觉得也会发生变化。因为存在着社会距离，就产生了另一个概念，就是社会邻近性（social proximity）。一般社会距离越远，那么，社会邻近性越差。根据社会心理学的研究，这种社会邻近性会对个体的情绪等产生重要影响（Beckes and Coan 2011）。与之相关的另一个概念就是心理距离（psychological distance），即个体对另一个体或群体亲近、接纳或难以相处的主观感受程度，表现为在感情、态度和行为上的疏密程度，这是心理空间（psychological space）中的重要概念（Shepard 1957）。可见，空间的内涵是很丰富的，从社会空间到心理空间，对应的距离都会对决策和行为产生影响。

在现实中，往往是多重空间同时存在和互相作用。除了物理空间之外，还有社会空间和心理空间等，这些空间在时间的影响下，呈现出动态变化的特征，这就是时空社会科学研究的范畴。时空社会科学研究的不仅仅是一个时空内部的均衡，还研究的是多个时空之间的均衡。经济学的一般均衡理论，主要研究的是现实世界中的经济均衡，但是，现实世界是多种空间的交织和交汇，所以，真正称得上是一般均衡理论的，应该研究多时空均衡的问题。在研究这类问题时，一般采用是社会、经济、心理等距离和物理距离并用的方法，采用多种类型的距离进行空间权重矩阵的建构，从而进行多时空一般均衡的探索。比如在研究出口贸易决策时，心理距离会对目标出口地的选择产生重要的影响。尽管地理距离会对出口贸易产生影响，但是，这种影响其实是建立在心理距离的基础上的，在很大程度上体现的是心理距离的作用（Dow 2000）。此外，经济和社会距离对于失业具有显著的影响（Conley and Topa 2002）。

因为采用非物理距离进行测量，那么，就可以建构网络空间权重，就可以对社会网络进行时空分析。这大大拓展了时空社会科学研究的范畴，使其能够摆脱物理距离的限制，进而可以分析社会网络、经济网络甚至个体心理因素的影响，实现了现实时空和虚拟时空的统一。可见，只要合理定义出距离及其测量方法，那么，也就界定了所研究的时空类型，就可以对目标现象进行时空分析。这种时空分析的目的不仅仅是为了实现某一时空的均衡，而是要实现多时空的均衡，实现物理时空、社会时空、经济时空、心理时空等等的跨时空均衡，实现在多时空下和谐发展的态势。这是多时空一般均衡的基本研究目标，也是时空社会科学的重要研究课题。唯有实现多时空一般均衡，才能真正实现社会的和谐可持续发展。

第三节　时空诊断

时空社会科学的研究目的之中，还有一个很重要的内容，就是进行时空诊断（time and space diagnosis）。在朝鲜半岛曾经爆发过一场影响世界格局的战争，那就是朝鲜战争。战后，很多人都在反思这场战争。美国国内就有“在错误的时间、错误的地点，同错误的敌人打的错误的战争”这样的反思和认识。这就是典型的时空诊断的例子。社会现象和活动都是在特定的时空下发生和发展的，当结果出现之后，人们都会及时总结和反思，思考事情的来龙去脉以及发生与演变的过程，从而其中获得经验与教训。这种社会性反思往往都是从事情发生的空间和时间入手，从时间、空间和社会三方面进行综合评估和思考，从中找出某种规律和启示，避免类似的不利情形在未来再次出现。这种时空诊断不仅仅是事后的，也可以是事前的。在进行社会活动和规划时，就可以通过时空诊断和模拟，进行沙盘推演，进而准确预测去事情发生的未来趋势，从而获得良好的社会成果。《孙子兵法》中就有“天时、地利、人和”的成功三要素分析，这就是时空社会科学分析的三要素，也是进行社会诊断的重要基础。时空诊断体现了时空社会科学对于现实社会实践的价值，是这种理论和研究方法在现实世界中的重要应用。

一、区位的作用

在对特定社会现象和事物进行时空诊断时，一般需要有一定参照物，比较其异同，从而找出问题产生的根源。在经济领域，为了掌握某项政策对于经济发展的影响，往往会通过设立“经济特区”的方式来进行试点。所以，经济特区其实就是经济试验区，把一些政策放在这个试验区做社会实验，看具体效果如何。1980 年改革开放初期，设立的四个经济特区，分别是深圳、厦门、珠海和汕头。经过了四十年的发展，这些特区发展情况差别比较大，深圳领先，汕头垫底，珠海与厦门平分秋色（叶世绮 and 莫剑芳 2002）。究其原因，是多方面的，但是，基本上也没有离开过时间因素、空间因素和社会层面上的因素。也就是说，都是在时空社会科学的基本分析框架之内。当时的经济特区，在制度层面上，基本上四个特区所获得的相关政策比较接近，即所谓的特区政策。在时间上，也大体差不多。其中一个很重要的区别，在于具体的地理空间上。四个经济特区在地理空间上的差别，即在所谓的区位优势上的差别，对于其发展产生了直接的影响。深圳的高速发展，与毗邻的香港是密不可分的。随着港珠澳大桥的开通，这种地理空间上的距离被进一步压缩，深圳在港珠澳大湾区建设上具有得天独厚的优势。这就是区位的作用，是否具有区位优势是时空诊断的重要内容。

区位并非一个静态的概念，也非仅仅是个地理位置的概念，而是承载着社会关系的一种空间，因此，也包含了社会空间以及心理空间。所以，区位是个时刻动态变化的概念，区位的边界也是时刻变化的，并非仅仅限于地理上的边界。例如在土地诊断中，就往往采用不用的时空尺度（spatio-temporal scales）来进行分析，诊断出土地规划过程中可能存在的问题，并且予以预防与处理（Bastian et al. 2006）。在经济社会的区位规划中，土地诊断是重要的一个环节。2010 年出台的《全国主体功能区规划》，就是建立在土地规划的基础上的，通过对于土地进行综合性规划，根据当地的实际情况建立起与之相对应的功能区，从而实现可持续发展的社会发展目标。地方政府在《全国主体功能区规划》的指导下，因地制宜地进行本地经济与社会规划，推动本地经济与社会的发展。可见，区位不仅仅是地理的位置，而且还是社会治理中的重要概念，体现了中央与地方的分权和分工。

在进行经济地理的时空诊断时，会采用一些量化的方法进行量化诊断，比如区位熵（location quotient）就是常用的方法之一。通过测算区位熵，可以计算出社会现象在特定区域内部分布的疏密程度，从而确定具体的区位分布特征，为进行有效的干预提供重要的量化决策支撑（Bastian et al. 2006）。在时空诊断时，除了量化诊断工具之外，还需要辅以质性研究的相关诊断工具。为了能够提高时空诊断的效果，往往需要把不同领域的专家汇集在一起，通过头脑风暴法进行碰撞，对于特定的问题进行探讨和诊断，从而便于及时发现问题的症结所在，并在此基础上找出解决问题的方法。可见，对于社会现象以及问题的时空诊断，是一门科学，也是一门艺术。从科学的层面来说，时空诊断是根据一定的步骤、采取一定的量化工具、系统性地开展诊断，具有专业性。从艺术的层面来说，时空诊断过程中也需要灵光闪现的瞬间，需要一些智慧。两者的有机结合，那么，就能够透过现象看本质，能够及时找到问题的根源所在。

二、全局诊断

对于社会系统的时空诊断，由于诊断目标的不同，可以在不同的时空尺度下进行。由于时空尺度的不同，因此，诊断的重点也是不同的，能够获得的结果也是不同的。为了能够掌握全局层面上的发展规律，一般就会采用全时空尺度进行诊断，即全局诊断。这是一种整体意义上的诊断，强调的是整体性的运行和发展规律及其特征，是为了能够把握整体上的发展方向。在诸如战略层面上的规划和诊断，一般都是需要进行全局诊断，才能看出问题所在。事物在全局层面上的分布特征，有助于从整体上揭示事物发展的规律，便于预测其发展方向。例如在房地产发展上，就需要全局视野，把握全局上的发展规律（Anselin 1998）。在进行顶层设计时，尤其需要这种全局诊断，从大局入手进行规划和设计。顶层设计是战略规划设计中的一种系统理论，是一种从全局上对系统中的各个层次、构成进行协调统筹的整体性规划与设计。要做好顶层设计，很重要的一个基础就是对系统进行全局诊断，找出系统内部可能存在的短板，进行有针对行的设计。

在空间实证分析中，常用的全局诊断方法就是用 Moran's I（莫兰指数）进行统计检验，看是否具有显著性。若具有显著性，那么，认为从全局上来看，这个空间上的目标社会现象存在着空间自相关性，即彼此之间存在着互相依赖的特征。当然，这种关系可能是正向的关系，也可能是负向的关系。此外，这种空间自相关性并非一成不变的，会随着时间的变化而变化。因此，这种方法也被用来进行全局层面上的时空自相关性的检验。在不同的时间计算出空间上的莫兰指数并检验其显著性，通过比较莫兰指数的大小及其显著性来判断空间上的自相关程度随着时间的变化而所呈现的趋势。这种对于莫兰指数动态分析，其实就是对时空自相关程度的分析。在具体应用过程中，如果随着时间的推移，莫兰指数的绝对值越来越大，那么，这说明全局空间上的社会现象自相关程度也就越来越强，事物之间的联系也就越来越紧密。这种过程，其实就是社会关系的时空压缩过程。若随着时间的推移，莫兰指数的绝对值越来越小，也就是越来越接近于零，那么，全局空间上的事物之间的关联性程度越来越低，彼此之间的独立性也就越强。

这是从全局的视角来检验社会现象空间自相关性的一种方法。这种莫兰指数计算的方法并不复杂，但是，却提供了一种很有效的时空自相关程度的动态检验。此外，由于莫兰指数是从 -1 到 1 的值，因此，可以分成两部分，即从 -1 到 0 和从 0 到 1。若以此为纵轴和横轴，那么，就可以分成四个象限。这四个象限可以结合空间博弈进行分析，那么，就是特定时空下的空间博弈的具体策略（Gu 2012c）。而且，这种空间博弈还是动态的。随着时间的变化，处于四个象限中的观测样本也会发生变化，可能从原来所处的象限转移到新的象限中。这种变化就是时间变化后的空间博弈格局的变化，导致了博弈参与者需要根据环境的变化进行及时调整而形成新的博弈策略。可见，在全局分析中，就有动态性。对于空间博弈的全局诊断，体现了博弈参与者的全局观，对于博弈成败具有重要的影响力。这是全局分析和诊断的核心所在，通过把握全局性趋势使得自己处于有利的位置，从而获得持久的优势。

三、局部诊断

诊断可以是全局的，也可以是局部的。全局诊断强调的是看大势，分析社会发展的大趋势和大方向。这是属于战略层面上的分析和诊断，也就是战略诊断。但是，很多时候，在分析社会发展上，不仅要把握大的方向，而且要精准把握局部上的具体情况，从而制定正确的战术。这属于战术层面上的分析和诊断，也就是战术诊断。这种诊断要求的时空尺度比较小，聚焦于局部进行深度诊断和分析，从局部中找出具有价值的信息，从而为制定正确的战术提供支持。当然，这种局部分析具有很多现实的需求。麻雀虽小，五脏俱全。尽管是局部分析，但是，局部是总体的一部分。所以，局部分析其实也是要推测总体的情况。在社会发展过程中，很多关键性的局部往往会对总体产生重要的影响，甚至决定了总体的发展趋势和格局。因此，对于这些关键性的局部的分析，就需要格外投入精力，就需要进行深入解剖式分析。

局部分析的实证方法比较多，常用的就是一种名为局部空间相关指标（Local Indicators of Spatial Association，简称 LISA）的方法（Boots 2002）。这种方法是一种局部的莫兰指数检验法，即在局部范围内应用莫兰指数进行检验和测量，从而揭示局部上的特征（Anselin 1995）。局部的特征表现是多方面的，其中之一就是局部聚集特征。社会现象在局部的聚集有多种类型的，比如 LISA 分析中就有四种类型，分别是高 - 高、低 - 低、高 - 低和低 - 高。

这四种类型体现了社会现象在局部的四种聚集特征，其中高－高和低－低聚集类型是局部正相关的关系，而高－低和低－高聚集类型是局部负相关的关系。可见，根据 LISA 法就可以识别和界定局部聚集的具体类型，从而根据不同类型可以制定有针对性的政策。

在进行局部诊断时，要注意时间的影响。社会现象在局部的聚集不是一成不变的，而是会随着时间的变化而改变的。比如在 LISA 分析中，曾经处于高－高聚集的类型，会随着时间的变化而变成高－低的聚集类型，再变成低－低的聚集类型，还有可能继续变化，变成了低－高的聚集类型。也就是说，在进行局部诊断和分析的过程中，要采用动态的视角来分析，才可能把握住社会事物发展的规律。此外，在局部诊断时，对于局部所呈现的特征，往往不是一个因素影响的结果，而是多个因素共同作用的结果。因此，就需要分析多因素的作用机制。这些因素作用可以分成直接作用和间接作用，也可以是交互作用，所以，局部诊断和分析并不简单，而要真正从中找出规律也不是很容易的事情。这就需要研究者具有深厚的分析能力和敏锐的洞察力，当然，也需要有灵光闪现的领悟能力。除了量化分析能力之外，还需要有辩证分析能力，能够透过现象看本质。

小　结

作为一种跨学科的研究，时空社会科学具有很强的发展空间。时间、空间和社会的交互是跨学科研究的一个重要方向。时空和社会是交织在一起的，彼此之间除了直接作用之外，还有交互作用，即共同作用来产生影响。这种交互作用相对而言，比一般的直接作用更为复杂，但是，其中往往蕴含着重要的信息。因此，时空与社会的交互作用影响，将是一个充满挑战但又可能产生重大成功的研究领域和方向。随着网络的飞速发展，时空网络的研究也成了重要的议题。时空网络研究中的一个核心就是虚拟时空和虚拟距离的研究。一旦引入虚拟距离的概念，那么，时空社会科学的研究范畴就可以获得极大的拓展，除了物理世界的时空研究之外，还可以研究无形的包括社会距离、心理距离、文化距离等等在内的时空特征及其发展规律。时空社会科学研究具有很强的应用价值，其中很重要的一个方面就是进行时空诊断。这也是未来一个重要的发展方向，尤其是时空社会科学研究对于现实社会的启示，这不仅体现了其应用价值，而且更是知行合一的科学探索精神之所在。

参考文献

Acemoglu, D. (2012). "Introduction to economic growth." *Journal of economic theory*, 147 (2), 545–550.

Akerlof, G. A. (1997). "Social distance and social decisions." *Econometrica: Journal of the Econometric Society*, 65 (5), 1005–1027.

Alonso, A. M. (1994). "The politics of space, time and substance: state formation, nationalism, and ethnicity." *Annual review of anthropology*, 23 (1), 379–405.

An, L., Tsou, M.–H., Crook, S. E., Chun, Y., Spitzberg, B., Gawron, J. M., and Gupta, D. K. (2015). "Space – time analysis: Concepts, quantitative methods, and future directions." *Annals of the Association of American Geographers*, 105 (5), 891–914.

Anselin, L. (1988). *Spatial Econometrics: Methods and Models*: Springer.

Anselin, L. (1995). "Local Indicators of Spatial Association—LISA." *Geographical Analysis*, 27 (2), 93–115.

Anselin, L. (1998). "GIS research infrastructure for spatial analysis of real estate markets." *Journal of Housing Research*, 9 (1), 113–133.

Anselin, L. (1999). "The future of spatial analysis in the social sciences." *Geographic information sciences*, 5 (2), 67–76.

Anselin, L. (2010). "Thirty Years of Spatial Econometrics." *Papers in Regional Science*, 89 (1), 3–25.

Anselin, L., and Kelejian, H. H. (1997). "Testing for Spatial Error Autocorrelation in the Presence of Endogenous Regressors." *International Regional Science Review*, 20 (79), 153–182.

Arnott, R. (1987). "Spatial Economics", in P. Macmillan, (ed.), *The New Palgrave Dictionary of Economics*. London: Palgrave Macmillan.

Arriola, E. R., and Broniowski, W. (1992). "The Problem of Time in Sociology An Overview of the Literature on the State of Theory and Research on the 'Sociology of Time', 1900–82." *Time & Society*, 1 (1), 81–134.

Asada, T., and Ishikawa, T. (2007). *Time and Space in Economics*: Springer.

Baltagi, B. H., Fingleton, B., and Pirotte, A. (2014). "Spatial lag models with nested random effects: An instrumental variable procedure with an application to English house prices."

Journal of Urban Economics, 80 (1), 76–86.

Baltagi, B. H., and Liu, L. (2011). "Instrumental variable estimation of a spatial autoregressive panel model with random effects." *Economics Letters*, 111 (2), 135–137.

Barrat, A., Barthélemy, M., and Vespignani, A. (2005). "The effects of spatial constraints on the evolution of weighted complex networks." *Journal of Statistical Mechanics: Theory and Experiment*, 2005 (05), P05003.

Bastian, O., Krönert, R., and Lipský, Z. (2006). "Landscape diagnosis on different space and time scales – a challenge for landscape planning." *Landscape Ecology*, 21 (3), 359–374.

Beckes, L., and Coan, J. A. (2011). "Social baseline theory: The role of social proximity in emotion and economy of action." *Social and Personality Psychology Compass*, 5 (12), 976–988.

Beckmann, M., and Puu, T. (1985). *Spatial economics: density, potential, and flow*: North-Holland.

Behrens, K., Ertur, C., and Koch, W. (2012). " 'Dual' gravity: Using spatial econometrics to control for multilateral resistance." *Journal of Applied Econometrics*, 27 (5), 773–794.

Berry, B. J. L., and Marble, D. F. (1968). *Spatial analysis: A reader in statistical geography*: Prentice-Hall.

Bertuglia, C. S., Lombardo, S., and Nijkamp, P. (1997). *Innovative Behaviour in Space and Time*: Springer.

Bivand, R. (2002). "Spatial econometrics functions in R: Classes and methods." *Journal of Geographical Systems*, 4 (4), 405–421.

Boots, B. (2002). "Local measures of spatial association." écoscience, 9 (2), 168–176.

Bourdieu, P. (1989). "Social Space and Symbolic Power." *Sociological Theory*, 7 (1), 14–25.

Bulmer, S. (2009). "Politics in Time meets the politics of time: historical institutionalism and the EU timescape." *Journal of European Public Policy*, 16 (2), 307–324.

Burchfield, M., Overman, H. G., Puga, D., and Turner, M. A. (2006). "Causes of Sprawl: A Portrait from Space." *Quarterly Journal of Economics*, 121 (2), 587–633.

Burt, R. (1995). *Structural Holes: The Social Structure of Competition*, Harvard University Press.

Burt, R. S., Jannotta, J. E., and Mahoney, J. T. (1998). "Personality correlates of structural holes." *Social Networks*, 20 (1), 63–87.

Cahnman, W. J. (2017). "Concepts of geopolitics" , *Social Issues, Geopolitics, and Judaica*. Routledge, pp. 155–161.

Catania, L., and Billé, A. G. (2017). "Dynamic spatial autoregressive models with autoregressive and heteroskedastic disturbances." *Journal of Applied Econometrics*, 32 (6), 1178–1196.

Chen, J., and Rodden, J. (2013). "Unintentional gerrymandering: Political geography and electoral bias in legislatures." *Quarterly Journal of Political Science*, 8 (3), 239 -269.

Cheng, T., Wang, J., Haworth, J., Heydecker, B., and Chow, A. (2014). "A Dynamic Spatial Weight Matrix and Localized Space - Time Autoregressive Integrated Moving Average for Network Modeling." *Geographical Analysis*, 46 (1), 75–97.

Chrisman, N. R. (1991). "The error component in spatial data." *Geographical information systems*, 1 (12), 165–174.

Christakis, N. A., and Fowler, J. H. (2013). "Social contagion theory: examining dynamic social networks and human behavior." *Statistics in medicine*, 32 (4), 556–577.

Christiano, L. J. (2012). "Christopher A. Sims and vector autoregressions." *The Scandinavian Journal of Economics*, 114 (4), 1082–1104.

Clark, C. (2019). *Time and Power: Visions of History in German Politics, from the Thirty Years' War to the Third Reich*: Princeton University Press.

Cliff, A., and Ord, J. (1981). *Spatial Process: Methods and Applications*: Pion Ltd.

Cliff, A., and Ord, K. (2010). "Testing for Spatial Autocorrelation Among Regression Residuals." *Geographical Analysis*, 4 (3), 267–284.

Cliff, A. D., and Ord, J. K. (1973). *Spatial Autocorrelation*: Pion Ltd.

Cliff, A. D., and Ord, K. (1970). "Spatial autocorrelation: a review of existing and new measures with applications." *Economic Geography*, 46 (S1), 269 - 292.

Colacchio, G., and Soci, A. (2003). "On the aggregate production function and its presence in modern macroeconomics." *Structural Change & Economic Dynamics*, 14 (1), 75–107.

Combes, P.-P., Mayer, T., and Thisse, J.-F. (2008). *Economic Geography: The Integration of Regions and Nations*: Princeton University Press.

Conley, T. G., and Topa, G. (2002). "Socio - economic distance and spatial patterns in unemployment." *Journal of Applied Econometrics*, 17 (4), 303–327.

David, H. (1999). "Time-space Compression and the Postmodern Condition", in M. Waters, (ed.), *Modernity: Critical Concepts*. London and New York: Routledg, pp. 98 - 118.

Descartes, R. (1964). "of the Priciples of Human Knowledge, Principles of Philosophy", in J. Veitch, (ed.), *The Meditations, and Selections from the Principles of René Descartes (1596-1650)*. HardPress.

Dodds, K., Kuus, M., and Sharp, J. (2016). "Introduction: Geopolitics and its critics", in W. J. Cahnman, (ed.), *The Routledge Research Companion to Critical Geopolitics*. Routledge, pp. 23–36.

Doreian, P. (1980). "Linear Models with Spatially Distributed Data Spatial Disturbances or Spatial Effects?" *Sociological Methods & Research*, 9 (1), 29–60.

Doreian, P. (1981). "Estimating Linear Models with Spatially Distributed Data", in S. Leinhardt,

(ed.) , *Sociological Methodology*. Jossey–Bass, pp. 359–388.

Doreian, P. (2014). "Estimating Linear Models with Spatially Distributed Data." *Sociological Methodology*, 12 (1), 359.

Dow, D. (2000). "A note on psychological distance and export market selection." *Journal of International Marketing*, 8 (1), 51–64.

Dueñas, M., Mastrandrea, R., Barigozzi, M., and Fagiolo, G. (2017). "Spatio–Temporal Patterns of the International Merger and Acquisition Network." *Scientific Reports*, 7 (1), 10789.

Duranton, G. (2008). "Spatial Economics" , in P. Macmillan, (ed.) , *The New Palgrave Dictionary of Economics*. London: Palgrave Macmillan.

Elden, S. (2004). *Understanding Henri Lefebrve*: Continuum.

Elhorst, J. P. (2003). "Specification and estimation of spatial panel data models." *International regional science review*, 26 (3), 244–268.

Faden, A. M. (1977). *Economics of Space and Time: The Measure-Theoretic Foundations of Social Science*: Iowa State Pr.

Farber, S., and Li, X. (2013). "The Social Interaction Potential of Metropolitan Regions: A Time–Geographic Measurement Approach Using Joint Accessibility." *Annals of the Association of American Geographers*, 103 (3), 483–504.

Farber, S., Neutens, T., Miller, H. J., and Li, X. (2013). "The Social Interaction Potential of Metropolitan Regions: A Time–Geographic Measurement Approach Using Joint Accessibility." *Annals of the Association of American Geographers*, 103 (3), 483–504.

Firestone, S. M., Ward, M. P., Christley, R. M., and Dhand, N. K. (2011). "The importance of location in contact networks: Describing early epidemic spread using spatial social network analysis." *Preventive Veterinary Medicine*, 102 (3), 185–195.

Fry, C., Mention, A.–L., Temel, S., and Torkkeli, M. (2016). "Exploring time lag effects of open innovation practices on performance during economic turmoil." *International Journal of Business Innovation and Research*, 10 (2–3), 184–208.

Gallego, F. J. (2010). "A population density grid of the European Union." *Population & Environment*, 31 (6), 460–473.

Gerring, J. (2006). *Case study research: Principles and practices*: Cambridge university press.

Giddens, A. (1984). *The Constitution of Society: Outline of the Theory of Structuration*: Polity Press.

Giddens, A. (1990). *Social Theory of Modern Societies: Anthony Giddens and his Critics*: Cambridge University Press.

Gieryn, T. F. (1983). "Boundary–Work and the Demarcation of Science from Non–Science: Strains and Interests in Professional Ideologies of Scientists." *American Sociological*

Review, 48 (6), 781–795.

Gieryn, T. F. (2000). "A Space for Place in Sociology." *Annual Review of Sociology*, 26 (1), 463–496.

Goodchild, M., Anselin, L., Appelbaum, R., and Harthorn, B. (2000). "Toward spatially integrated social science." *International Regional Science Review*, 23, 139 - 159.

Goodchild, M. F., and Janelle, D. G. (2004). *Spatially integrated social science*: Oxford University Press.

Gottdiener, M. (1994). *New Urban Sociology*: McGraw–Hill.

Granovetter, M. S. (1973). "The Strength of Weak Ties 1." *American Journal of Sociology*, 78 (6), 1360–1380.

Gregory, D. (1984). "Space, time, and politics in social theory: an interview with Anthony Giddens." *Environment and Planning D: Society and Space*, 2 (2), 123–132.

Gregory, I. N., and Geddes, A. (2014). *Toward spatial humanities: Historical GIS and spatial history*: Indiana University Press.

Gregory, T., and Patuelli, R. (2015). "Demographic ageing and the polarization of regions—an exploratory space - time analysis." *Environment and Planning A*, 47 (5), 1192–1210.

Gruver, G. W., and Xu, D. (1994). "Optimal Location and Production: A Profit Function Analysis in Cartesian Space." *Journal of Urban Economics*, 35 (1), 46–70.

Gu, J. (2012a). "Harmonious expansion of China's higher education: a new growth pattern." *Higher Education*, 63 (4), 513–528.

Gu, J. (2012b). "Spatial dynamics and determinants of county–level education expenditure in China." *Asia Pacific Education Review*, 13 (4), 617–634.

Gu, J. (2012c). "Spatial recruiting competition in Chinese higher education system." *Higher Education*, 63 (2), 165–185.

Gu, J. (2015a). "Price collusion or competition in US higher education." *Studies in Higher Education*, 40 (2), 253–277.

Gu, J. (2015b). "Spatial Diffusion of Social Policy in China: Spatial Convergence and Neighborhood Interaction of Vocational Education." *Applied Spatial Analysis & Policy*, 9 (4), 1–25.

Gurvitch, G. (1964). *The Spectrum of Social Time*, M. Korenbaum, translator: Springer Netherlands.

Hall, P. A. (2016). "Politics as a process structured in space and time", in O. Fioretos, J. Lynch, and A. Steinhouse, (eds.), *The Oxford handbook of historical institutionalism*. Oxford University Press, pp. 31–50.

Harvey, D. (2013). *Rebel Cities: From the right to the city to the urban revolation*: Verso.

Hassard, J. (1990). *The Sociology of Time*: Palgrave Macmillan.

Hawtrey, R. S. W. (1972). "Socrates and the Acquisition of Knowledge*." *Antichthon*, 6(1972), 1–9.

Henderson, J. V., Storeygard, A., and Weil, D. N. (2012). "Measuring Economic Growth from Outer Space." *American Economic Review*, 102 (2), 994–1028.

Hoeben, E. M., Bernasco, W., Weerman, F. M., Pauwels, L., and van Halem, S. (2014). "The space–time budget method in criminological research." *Crime Science*, 3 (1), 12–27.

Holly, S., Pesaran, M. H., and Yamagata, T. (2010). "A spatio–temporal model of house prices in the USA." *Journal of Econometrics*, 158 (1), 160–173.

Jenkins, R. (1996). *Social Identity*: Routledge.

Jones, G. (1999). " 'THE SAME PEOPLE IN THE SAME PLACES' ? SOCIO–SPATIAL IDENTITIES AND MIGRATION IN YOUTH." *Sociology*, 33 (1), 1–22.

Kesteloot, C. (1994). "Three Levels of Socio–Spatial Polarization in Brussels." *Built Environment* (*1978-*), 20 (3), 204–217.

Keynes, J. M. (1936). *The General Theory of Employment, Interest, and Money*: Macmillan.

Kleynhans, W., Salmon, B. P., Wessels, K. J., and Olivier, J. C. (2015). "Rapid detection of new and expanding human settlements in the Limpopo province of South Africa using a spatio–temporal change detection method." *International Journal of Applied Earth Observations & Geoinformation*, 40, 74–80.

Krugman, P. (1998). "Space: the final frontier." *Journal of Economic Perspectives*, 12 (2), 161–174.

Krugman, P. (2007). "The 'New' Economic Geography: Where Are We?" , in M. Fujita, (ed.), *Regional Integration in East Asia*. London: Palgrave Macmillan.

Kumar, N. (2007). "Spatial Sampling Design for a Demographic and Health Survey." *Population Research & Policy Review*, 26 (5/6), 581–599.

Lambert, D. M., Brown, J. P., and Florax, R. J. (2010). "A two–step estimator for a spatial lag model of counts: Theory, small sample performance and an application." *Regional Science and Urban Economics*, 40 (4), 241–252.

Land, K., and Deane, G. (1992). "On the large–sample estimation of regression models with spatial or network–effect terms: A two stage least squares approach" , in M. P, (ed.), *Sociological methodology.*: Jossey–Bass.

Lanen, S. V. (2017). "Living austerity urbanism: space – time expansion and deepening socio–spatial inequalities for disadvantaged urban youth in Ireland." *Urban Geography* (1), 1–11.

Lee, L.–f., and Yu, J. (2010a). "Some recent developments in spatial panel data models." *Regional Science and Urban Economics*, 40 (5), 255–271.

Lee, L. F., and Yu, J. (2010b). "Some recent developments in spatial panel data models."

Regional Science & Urban Economics, 40 (5), 255–271.

Leenders, R. T. A. (2002). "Modeling social influence through network autocorrelation: constructing the weight matrix." *Social networks*, 24 (1), 21–47.

Lefebvre, H. (1992). *The Production of Space* D. Nicholson-Smith, translator: Wiley-Blackwell.

LeSage, J. P., and Pace, R. K. (2008). "Spatial econometric modeling of origin - destination flows." *Journal of Regional Science*, 48 (5), 941–967.

Lewis, J. D., and Weigert, A. J. (1981). "The Structures and Meanings of Social Time." *Social Forces*, 60 (2), 432–462.

Liaschenko, J. (1997). "Ethics and the Geography of the Nurse Patient Relationship: Spatial Vulnerabilities and Gendered Space." *Scholarly Inquiry for Nursing Practice*, 11 (1), 45–60.

Lourenço, D., and Sá, C. (2019). "Spatial competition for students: What does (not) matter?" *The Annals of Regional Science*, 63 (1), 147–162.

Low, S. M. (2011). "Claiming space for an engaged anthropology: Spatial inequality and social exclusion." *American anthropologist*, 113 (3), 389–407.

Luhmann, N. (1997). "Globalization or World society: How to conceive of modern society?" *International Review of Sociology*, 7 (1), 67–79.

Luke, D. A., and Harris, J. K. (2007). "Network Analysis in Public Health: History, Methods, and Applications." *ANNUAL REVIEW OF PUBLIC HEALTH*, 28 (1), 69–93.

Lumley, J. L., and Corrsin, S. (1959). "A Random Walk with Both Lagrangian and Eulerian Statistics †." *Advances in Geophysics*, 6, 179–183.

Mackinder, H. J. "On the scope and methods of geography." *Presented at Proceedings of the Royal Geographical Society and Monthly Record of Geography.*

Mackinder, H. J. (2004). "The geographical pivot of history (1904)." *The geographical journal*, 170 (4), 298–321.

Matthews, J. L., and Matlock, T. (2010). *The Spatial and Temporal Underpinnings of Social Distance*: Springer.

McNamara, T. P., Halpin, J. A., and Hardy, J. K. (1992). "Spatial and temporal contributions to the structure of spatial memory." *Journal of Experimental Psychology: Learning, Memory, and Cognition*, 18 (3), 555.

Meštrović, S. G. (1987). "Durkheim's concept of anomie considered as a' total'social fact." *British Journal of Sociology*, 567–583.

Millo, G., and Piras, G. (2012). "splm: Spatial panel data models in R." *Journal of Statistical Software*, 47 (1), 1–38.

Misra, K., Grimes, P. W., and Rogers, K. E. (2012). "Does competition improve public school efficiency? A spatial analysis." *Economics of Education Review*, 31 (6), 1177–1190.

Mitchell, E. J. (1969). "Some econometrics of the Huk rebellion." *American Political Science Review*, 63 (4), 1159–1171.

Moran, C. (2015). "Time as a social practice." *Time & Society*, 24 (3), 283–303.

Mulgan, G. (2017). "The Arrival of Time Politics", in T. Aldrich, (ed.), *About Time: Speed, Society, People and the Environment*. Routledge.

Nordhaus, W. D. (2006). "Geography and macroeconomics: new data and new findings." *Proc Natl Acad Sci U S A*, 103 (10), 3510–3517.

Olma, S. (2006). "Social Time." *Theory, Culture & Society*, 23 (2–3), 127–129.

Ono, Y. (2011). "The Keynesian Multiplier Effect Reconsidered." *Journal of Money Credit & Banking*, 43 (4), 787–794.

Ord, K. (1975). "Estimation Methods for Models of Spatial Interaction." *Journal of the American Statistical Association*, 70 (349), 120–126.

Paci, R., and Usai, S. (1999). "Externalities, knowledge spillovers and the spatial distribution of innovation." *GeoJournal*, 49 (4), 381–390.

Pahl, R. (1975). *Whose City? And Further Essays On Urban Society*: Penguin.

Pangle, and Thomas, L. (1989). *The rebirth of classical political rationalism: an introduction to the thought of Leo Strauss*: The University of chicago Press.

Parent, O., and LeSage, J. P. (2012). "Spatial dynamic panel data models with random effects." *Regional Science and Urban Economics*, 42 (4), 727–738.

Parsons, T. (1964). "Evolutionary Universals in Society." *American Sociological Review*, 29 (3), 339–357.

Parsons, T., and Shills, E. A. (1953). "Toward a general theory of action." *World Politics*, 5 (4), 530–554.

Pedersen, P. O. (1970). "Innovation diffusion within and between national urban systems." *Geographical Analysis*, 2 (3), 203–254.

Plato. (1992). *Republic*: Hackett Publishing Company, Inc.

Porter, J. R., and Howell, F. M. (2012). *Geographical Sociology: Theoretical Foundations and Methodological Applications in the Sociology of Location* Springer.

Porter, J. R., and Howell, F. M. (2013). *Geographical Sociology: Theoretical Foundations and Methodological Applications in the Sociology of Location*: Springer.

Pred, A. (1977). "The choreography of existence: comments on Hägerstrand's time-geography and its usefulness." *Economic geography*, 53 (2), 207–221.

Pred, A. (1981). "Social reproduction and the time-geography of everyday life." *Geografiska Annaler. Series B, Human Geography*, 63 (1), 5–22.

Proost, S., and Thisse, J. F. (2019). "What Can Be Learned from Spatial Economics?" *Journal of*

Economic Literature 57（3），575–643.

Quah，D.（2011）.“The Global Economy's Shifting Centre of Gravity.”*Global Policy*，2（1），3–9.

Rankin，D.（2010）.“Philosopher–Kings：The Argument of Plato's Republic.”*Philosophical Books*，31（2），72–74.

Rex，J.，and Moore，R.（1969）. *Race，Community and Conflict：Study of Sparkbrook* Oxford University Press.

Rinke，E. M.，and Röder，M.（2011）.“Media ecologies，communication culture，and temporal–spatial unfolding：Three components in a communication model of the Egyptian regime change.”*International Journal of Communication*，5，1273–1285.

Robertson，C.，Nelson，T. A.，MacNab，Y. C.，and Lawson，A. B.（2010）.“Review of methods for space – time disease surveillance.”*Spatial and spatio-temporal epidemiology*，1（2–3），105–116.

Rogers，T.（2002）.“Henri Lefebvre，space and folklore.”*Ethnologies*，24（1），21–44.

Rowe，S.，and Wolch，J.（2015）.“Social Networks in Time and Space：Homeless Women in Skid Row，Los Angeles.”*Annals of the Association of American Geographers*，80（2），184–204.

Rushworth，A.，Lee，D.，and Mitchell，R.（2014）.“A spatio–temporal model for estimating the long–term effects of air pollution on respiratory hospital admissions in Greater London.”*Spat Spatiotemporal Epidemiol*，10，29–38.

Saunders，P.（1986）. *Social Theory and the Urban Question*，Routledge，translator.

Schaefer，F. K.（1953）.“Exceptionalism in Geography：A Methodological Examination.”*Annals of the Association of American Geographers*，43（3），226–249.

Schill，M. H.，and Wachter，S. M.（1995）.“The spatial bias of federal housing law and policy：Concentrated poverty in urban America.”*University of Pennsylvania Law Review*，143（5），1285–1342.

Schmitz Weiss，A.（2015）.“Place–based knowledge in the twenty–first century：The creation of spatial journalism.”*Digital Journalism*，3（1），116–131.

Sharkey，P.（2014）.“Spatial segmentation and the black middle class.”*American Journal of Sociology*，119（4），903–954.

Shaw，S. L.（2015）.“Exploring space – time paths in physical and social closeness spaces：a space – time GIS approach.”*International Journal of Geographical Information Science*，29（5），742–761.

Shepard，R. N.（1957）.“Stimulus and response generalization：A stochastic model relating generalization to distance in psychological space.”*Psychometrika*，22（4），325–345.

Shields，R.（2010）.“社会空间化与文化拓扑.”文化艺术研究，5（3），249–252.

Shields，R.（2013）. *Spatial Questions：Cultural Topologies and Social Spatialisation*：SAGE

Publications Ltd.

Short, J. R. (1991). *The humane city: cities as if people matter*: Blackwell.

Simmie, J. (2003). "Innovation and urban regions as national and international nodes for the transfer and sharing of knowledge." *Regional studies*, 37 (6–7), 607–620.

Soja, E. (1989). *Postmodern Geographies: The Reassertion of Space in Critical Social Theory*: Verso.

Sorokin, P. (1937). "Social-time: A Methodological and Functional Analysis." *American Journal of Sociology*, 42 (5), 615–629.

Stimson, R. (2014). *Handbook of research methods and applications in spatially integrated social science*: Edward Elgar Publishing.

Sun, H., Tu, Y., and Yu, S. M. (2005). "A Spatio-Temporal Autoregressive Model for Multi-Unit Residential Market Analysis." *Journal of Real Estate Finance & Economics*, 31(2), 155–187.

Teirlinck, P., and Spithoven, A. (2008). "The spatial organization of innovation: Open innovation, external knowledge relations and urban structure." *Regional Studies*, 42 (5), 689–704.

Tickamyer, A. R. (2000). "Space Matters! Spatial Inequality in Future Sociology." *Contemporary Sociology*, 29 (6), 805–813.

Tilley, C. Y. (1994). *A phenomenology of landscape: places, paths and monuments*: Oxford: .

Tobler, W. R. (1970). "A Computer Movie Simulating Urban Growth in the Detroit Region." *Economic Geography*, 46, 234–240.

Torre, R. R. (2007). "Time's Social Metaphors: An empirical research." *Time & Society*, 16(2–3), 157 –187.

Urry, J. (1985). "Social Relations, Space and Time", in D. Gregory and J. Urry, (eds.), *Social Relations and Spatial Structures*. Palgrave.

Urry, J. (2004). "The Sociology of Space and Place", in J. R. Blau, (ed.), *The Blackwell Companion to Sociology*. Blackwell Publishing.

Walker, R. B. (1991). "On the spatiotemporal conditions of democratic practice." *Alternatives*, 16 (2), 243–261.

Walks, R. A. (2001). "The Social Ecology of the Post-Fordist/Global City? Economic Restructuring and Socio-spatial Polarisation in the Toronto Urban Region." *Urban Studies*, 38 (3), 407–447.

Walton, J. (1993). "Urban Sociology: The Contribution and Limits of Political Economy." *Annual Review of Sociology*, 19 (1), 301–320.

Waluda, C. M., Yamashiro, C., Elvidge, C. D., Hobson, V. R., and Rodhouse, P. G. (2004). "Quantifying light-fishing for Dosidicus gigas in the eastern Pacific using satellite remote sensing." *Remote Sensing of Environment*, 91（2）, 129–133.

Yu, J., and Lee, L.–f.（2012）. "Convergence: A spatial dynamic panel data approach." *Global Journal of Economics*, 1（01）, 1250006.

冯烽.（2015）. "解释变量内生假定下非参数空间计量模型的局部线性工具变量估计." 预测, 34（3）, 57–60.

叶世绮和莫剑芳.（2002）. "四个经济特区宏观经济投入产出有效性分析." 暨南大学学报：自然科学与医学版, 23（3）, 15–19.

安东尼·吉登斯.（2002）. 现代性的后果, 田禾, translator：译林出版社.

吕萍.（2017）. "抽样信息在复杂调查数据中的应用研究." 统计研究, 34（1）, 108–118.

吴国盛.（2010）. 希腊空间概念：中国人民大学出版社.

周扬明.（2000）. 时空经济学论纲：人民出版社.

塔尔科特·帕森斯.（2003）. 社会行动的结构, 张明德, 夏遇南和彭刚, translator：译林出版社.

奥古斯特·孔德.（2011）. 论实证精神, 黄建华, translator：译林出版社.

安东尼·吉登斯.（1998a）. 现代性与自我认同：现代晚期的自我与社会, 赵旭东, 方文和王铭铭, translator：三联书店.

安东尼·吉登斯.（1998b）. 社会的构成：结构化理论纲要, 李康和李猛, translator：三联书店.

安东尼·吉登斯.（2000）. 现代性的后果, 田禾, translator：译林出版社.

安东尼·吉登斯.（2003）. 社会理论与现代社会学, 文军和赵勇, translator：社会科学文献出版社.

康德.（2017）. 纯粹理性批判, 邓晓芒, translator：人民出版社.

景天魁, 何健, 邓万春和顾金土.（2012）. 时空社会学：理论和方法：北京师范大学出版社.

李坤明和方丽婷.（2018）. "空间滞后分位数回归模型的工具变量估计及参数检验." 统计研究, 35（10）, 105–117.

林珲和周成虎.（2010）. 空间综合人文学与社会科学研究：科学出版社.

林珲, 张捷, 杨萍和刘佳.（2012）. "空间综合人文学与社会科学研究进展." 地球信息科学学报, 8（2）, 30–37.

梅洛·庞蒂.（2012）. 知觉现象学, 姜志辉, translator：商务印书馆.

沈体雁, 王伟东, 侯敏, 郭兆成, 薛领和杨开忠.（2007）. "城市增长时空系统动态学模拟研究." 系统工程理论与实践, 27（1）, 10–17.

涂尔干.（1999）. 宗教生活的基本形式, 渠东和汲喆, translator：上海人民出版社.

涂尔干.（2008）. 自杀论, 冯韵, translator：商务印书馆.

爱德华·W·苏贾.（2004）. 后现代地理学, 王文斌, translator：商务印书馆.

爱德华·索亚.（2005）. 第三空间, 陆扬和刘佳林, translator：上海教育出版社.

王恩涌, 王正毅, 楼耀亮, 沈伟烈, 李亦鸣和李贵才.（1998）. 政治地理学：时空中的政治格局：高等教育出版社.
米歇尔·福柯.（2001）.“不同空间的正文与上下文”，in 包亚明，（ed.），后现代性与地理学的政治. pp. 18.
米歇尔·福柯.（2003）.激进的美学锋芒：中国人民大学出版社.
胡焕庸.（1935）.“中国人口之分布——附统计表与密度图.”地理学报，2，33–74.
赵璐和赵作权.（2014）.“中国沿海地区经济空间差异的动态演化.”世界地理研究，23（1），45–54.
路德维希·费尔巴哈.（1984）.费尔巴哈哲学著作选集（上卷），荣震华、李金山，translator：商务印书馆.
道格拉斯·诺斯.（1994）.制度、制度变迁和经济绩效，刘守英，translator：上海三联书店.
顾佳峰.（2008）.“中国基础教育财政收敛性实证研究——基于空间计量视角.”教育与经济（4），48–53.
顾佳峰.（2010）.中国教育资源非均衡配置研究：空间计量分析：光明日报出版社.
顾佳峰.（2012）.“大学竞争的场域理论：空间和策略.”清华大学教育研究（1），87–93.
顾佳峰.（2013）.调查机构管理：理论与实践：人民出版社.
顾佳峰.（2016）.减少不平等和可持续发展：社会科学文献出版社.
顾佳峰.（2017）.全数据时代的炼金师：人民邮电出版社.
顾佳峰.（2018）.大数据时代的调查师：人民邮电出版社.
马丁·海德格尔.（2005）.演讲与论文集，孙周兴，translator：三联书店.
马克思.（2004a）.资本论：人民出版社.
马克思.（2004b）.资本论（第1卷）：人民出版社.
马克思和恩格斯.（1980）.《马克思恩格斯全集》（第46卷下）：人民出版社.
马玉娜和顾佳峰.（2015）.“县际公共养老福利资源配置研究——兼论空间与制度结构的影响.”社会学研究（3），146–169.
马玉娜和顾佳峰.（2018a）.““空间－制度”互动与公共福利资源配置：以机构养老为例.”北京大学学报（哲学社会科学版），55（1），124–132.
马玉娜和顾佳峰.（2018b）.““空间－制度”互动与公共福利资源配置：以机构养老为例.”北京大学学报（哲学社会科学版），Vol.55（1），124–132.
高楹，宋辞，舒华和裴韬.（2018）.“北京市摩拜共享单车源汇时空特征分析及空间调度.”地球信息科学学报，20（8），1123–1138.
黑格尔.（1950）.小逻辑，贺麟，translator：商务印书馆.
黑格尔.（1966）.逻辑学（上），杨一之，translator：商务印书馆.
黑格尔.（1980）.自然哲学，梁志学，translator：商务印书馆.

后　记

每一部著作的完成，都有很多人需要感谢。感谢北京大学光华管理学院秦宛顺和靳云汇两位教授。我的计量经济学和实证研究方法都是跟着这两位老师学的。因为有了这个基础，所以，后来当遇到空间计量经济学的方法时，就很自然地采用了这种方法来开展社会科学的研究。感谢北京大学教育学院的闵维方、丁小浩等教授。当时，我在北京大学教育学院做博士后研究期间，遇到了空间计量经济学，并开始了相关的研究。当时，完成了《中国教育资源非均衡配置研究：空间计量分析》一书。感谢美国科学院院士卢克·安瑟伦（Luc Anselin）教授，最初我就是用他的 Geoda 软件来开展时空社会科学研究，并且独立在国际SSCI期刊上发表了五篇英文论文，获得了国际上的认可。后来，卢克·安瑟伦教授也到北京大学中国社会科学调查中心了解空间与社会科学研究的进展，当时，有幸与他进行深入探讨和交流。

感谢中国科学院科技政策与管理科学研究所赵作权研究员、北京大学政府管理学院沈体雁教授、中国人民大学社会与人口学院张耀军教授。曾经我们四个人一个月聚一次，通过每月一次的空间经济学研讨会的形式，定期进行内部研讨。通过十多次这种内部研讨会，使得我对空间经济学的发展情况有了更深刻的认识，对于相关方法的应用也有了直观的掌握。这类研讨会所积累起来的知识与方法，为本书的写作提供了重要的素材。在研讨会上，我也报告了自己的一些研究成果，大家也从各个角度提出了建议和意见，对于完善这些研究很有帮助。

此外，还要特别感谢下面这几位诺贝尔经济学奖得主，他们是埃里克·马斯金（Eric. Maskin）、本特·霍姆斯特罗姆（Bengt Holmstrom）、罗伯特.C. 默顿（Robert C.Merton）、奥利弗·哈特（Oliver Hart）和彼得·戴蒙德（Peter Diamond）。我有幸受到这些国际著名经济学家的邀请，前去交流，对于空间博弈和空间经济学等相关议题进行面对面的探讨，大大提升了我对这个领域的认知，也给予我很大的启发。这种交流和对话，使我进一步认识到跨学科研究的重要性，对于时空社会科学的研究则更有信心。还要感谢耶鲁大学经济学系的威廉·诺德豪斯（William D.Nordhaus）教授，他因为在空间与经济学研究上的成就而获得2018年诺贝尔经济学奖。受他邀请，我访问了耶鲁大学并在他办公室与他就时空社会科学的研究进行了面对面深入交流和探讨，获得了他的肯定。

还要感谢北京大学中国社会科学调查中心主任李强教授以及美国科学院院士、普林斯顿大学社会学系谢宇教授。感谢中国青年政治学院社会工作学院的马玉娜老师，我们曾经在社会福利与养老领域一起开展过空间分析，并发表了相关的论文。她的想法也启发了我对时空社会科学的思考和研究。本书的形成得益于我在北京大学的长期教学。在教学过程中，学生们对于时空社会科学研究的热烈兴趣，始终是激励我写本书的重要内在动力。所以，也向这些学生表示感谢。我的学生孙华东为本书提供了部分数据，对此表示感谢。

此外，感谢经济日报出版社的大力支持。感谢所有关心和支持我的人。